Existe-t-il encore
un seul *non bis in idem*
aujourd'hui ?

Comité International des Pénalistes Francophones

La présente collection se destine à la publication des travaux du Comité des Pénalistes francophones. Elle comprend notamment les actes des congrès internationaux organisés par le Comité.

Sous la direction de
Delphine Brach-Tiel

Existe-t-il encore un seul *non bis in idem* aujourd'hui ?

L'Harmattan

5-7, rue de l'École-Polytechnique, 75005 Paris

http://www.editions-harmattan.fr

ISBN : 978-2-343-11828-4

EAN : 9782343118284

Les auteurs

Delphine BRACH-THIEL, *Maître de conférences-HDR à l'Université de Lorraine, Institut François Gény*

Jean-Marie BRIGANT, *Maître de conférences à Le Mans Université, Membre du Themis Um, Membre associé de l'Institut François Gény*

Daniel FLORE, *Chargé de cours à l'Université de Liège, Directeur du SPF Justice*

Vanessa FRANSSEN, *Chargée de cours à l'Université de Liège, Chercheuse affiliée à la KU Leuven*

Véronique JAWORSKI, *Maître de conférences-HDR à l'Université de Strasbourg*

Jérôme LASSERRE CAPDEVILLE, *Maître de conférences-HDR à l'Université de Strasbourg*

Sabrina LAVRIC, *Maître de conférences à l'Université de Lorraine, Institut François Gény*

Adrien MASSET, *Professeur extraordinaire à l'Université de Liège, Avocat au Barreau de Verviers*

Frédéric STASIAK, *Professeur à l'Université de Lorraine, Institut François Gény*

Pieter VAN CLEYNENBREUGEL, *Chargé de cours à l'Université de Liège*

Anne WEYEMBERGH, *Professeur à l'Université libre de Bruxelles*

Avec le concours de l'Institut François Gény (EA 7301)

Avant-Propos
Non bis in idem : du mythe à la réalité

Delphine BRACH-THIEL

Maître de conférences-HDR à l'Université de Lorraine,
Institut François Gény (EA 7301)

Non bis in idem – que certains appellent « *ne bis in idem* » sans qu'il ne faille y voir une quelconque différence – est un grand principe, presque mythique. Faustin Hélie, il y a presque deux cent ans déjà, disait de ce principe qu'il « appartient au droit universel des nations »[1]. Traduction latine du principe de l'autorité de la chose jugée, il met en exergue ce qui devrait être une évidence : nul ne doit pouvoir être jugé et condamné deux fois à raison des mêmes faits, et *a fortiori* dans le domaine fondamental de la matière pénale. Mais présenté ainsi, les difficultés apparaissent déjà, tant chacune de ces notions – « mêmes faits », « jugé », « matière pénale » – portent en soi les prémices de nombreuses difficultés d'interprétation. Car si le principe est simple, c'est précisément son interprétation par de très nombreuses juridictions – pas toujours à l'unisson – qui pose questions et explique que ce mythe est revenu sur le devant de la scène aujourd'hui.

L'une de ses particularités, c'est d'être reconnu dans la plupart des instruments internationaux consacrés aux droits de l'homme, mais curieusement pas dans tous. Autre point saillant, c'est qu'il ne souffre d'aucune exception dans les législations internes des États pour ce qui concerne la matière strictement pénale, alors que sur la scène internationale, son application se révèle nettement plus controversée, voire compromise. Enfin, l'actualité française a récemment remis à l'honneur une question fondamentale aux confins des contours de la matière pénale – dans un contexte marqué par le sceau de la jurisprudence européenne – concernant le cumul des sanctions pénales et para-pénales au sens large.

---

[1] Faustin HÉLIE, *Traité de l'instruction criminelle*, 2ème éd., 1866, t. 2, n° 1010.

I. *Non bis in idem* en droit international et européen

En droit international, c'est l'article 14§7 du Pacte international relatif aux droits civils et politiques qui est le siège de la matière. Pour autant, le Comité des droits de l'homme a refusé dès 1987 toute portée internationale à ce texte[2], qui ne s'applique donc pas pour ce qui concerne les jugements rendus en matière pénale par des juridictions d'États différents. En droit européen, *non bis in idem* n'apparaît pas dans la Convention européenne des droits de l'homme, mais seulement dans l'article 4§1er du Protocole n°7[3]. Ici encore, seule une dimension purement interne à un État apparaît exprimée.

À la différence de la Convention européenne des droits de l'homme, ce sont les textes de l'Union européenne qui ont dès le départ considéré que le principe *non bis in idem* devait trouver à s'appliquer dans les relations interétatiques, et donc concernait les décisions pénales rendues par des États différents. Il en va ainsi pour la Convention d'application de l'accord de Schengen (CAAS) et la Charte des droits fondamentaux de l'Union européenne qui consacrent tous deux l'utilisation du principe *ne bis in idem* dans les relations interétatiques.

L'article 54 CAAS prévoit qu'une personne « qui a été définitivement jugée par une Partie contractante ne peut, pour les mêmes faits, être poursuivie par une autre Partie contractante, à condition que, en cas de condamnation, la sanction ait été subie ou soit actuellement en cours d'exécution ou ne puisse plus être exécutée selon les lois de la Partie contractante de condamnation ». L'article 50 de la Charte des droits fondamentaux empêche quant à lui de poursuivre ou condamner une personne l'ayant déjà été « dans l'Union ». L'avancée majeure est alors consécutive à l'introduction des dispositions de la Convention de Schengen dans le *corpus* juridique de l'Union européenne par le traité d'Amsterdam, puisque, en application de l'article 35 du traité, la Cour de justice de l'Union européenne devient compétente pour interpréter

---

[2] CPPR/C/31/D/204, 1986, 2 novembre 1987, *A.P. c/ Italie*.

[3] Article 4 du Protocole n° 7 à la Convention européenne des droits de l'homme, « Droit à ne pas être jugé ou puni deux fois », « Nul ne peut être poursuivi ou puni pénalement par les juridictions du même État en raison d'une infraction pour laquelle il a déjà été acquitté ou condamné par un jugement définitif conformément à la loi et à la procédure pénale de cet État. / Les dispositions du paragraphe précédent n'empêchent pas la réouverture du procès, conformément à la loi et à la procédure pénale de l'État concerné, si des faits nouveaux ou nouvellement révélés ou un vice fondamental dans la procédure précédente sont de nature à affecter le jugement intervenu ».

l'article 54 de la CAAS[4]. Ainsi, pour apprécier la portée transnationale du principe *non bis in idem* actuellement, il convient de se tourner vers ce texte et l'interprétation qu'en donne la CJUE. Cette dernière apparaît plutôt souple, favorable à la reconnaissance de ce grand principe[5]. Pour autant, il convient de souligner que l'objectif poursuivi par la CJUE est moins de sauvegarder, en soi, un droit essentiel de procédure pénale que de promouvoir, plus largement, le principe communautaire de la libre circulation des personnes dans l'espace. Il s'agit véritablement là du leitmotiv de ses décisions et *in fine* de la grille de lecture de sa jurisprudence.

Ainsi donc, le mythique principe *non bis in idem* trouve une traduction concrète dans les relations interétatiques entre les États européens en matière pénale. Et si la question se pose quant à l'opportunité ou la pertinence de cette traduction, voire son étendue, elle est aujourd'hui supplantée par un autre aspect de *non bis in idem* vers qui tous les regards convergent : la question du cumul ou non des poursuites et des sanctions lorsque l'on se situe en dehors du cadre pénal au sens strict, et que l'on approche le domaine para-pénal au sens large, dans le cadre strictement français cette fois.

II. *Non bis in idem* à l'épreuve des sanctions pénales et para-pénales

Au regard de la coexistence de deux systèmes juridiques – celui des sanctions pénales mais aussi celui des sanctions non pénales ou para-pénales comme les sanctions administratives, fiscales ou disciplinaires – des sanctions différentes pour des mêmes faits sont susceptibles d'être prononcées, alourdissant singulièrement le schéma punitif dudit fait en question. Cette dualité des systèmes répressifs se pose fréquemment et la question trouve une réponse parfois différente en fonction de la juridiction saisie : chambre criminelle de la Cour de cassation, Conseil constitutionnel, CJUE, CEDH voire Conseil d'État.

---

[4] « Une personne qui a été définitivement jugée par une Partie contractante ne peut, pour les mêmes faits, être poursuivie par une autre Partie contractante, à condition que, en cas de condamnation, la sanction ait été subie ou soit actuellement en cours d'exécution ou ne puisse plus être exécutée selon les lois de la Partie contractante de condamnation ».

[5] CJCE 11 févr. 2003, n° C-187/01 et C-385/01, *Gözütok et Brügge*, *AJDA* 2003.377, chron. J.-M. BELORGEY, S. GERVASONI et C. LAMBERT ; *D.* 2003.1458, note F. JULIEN-LAFERRIÈRE ; *RSC* 2003.618, obs. F. MASSIAS ; *Rec. CJCE* I-1345. Cette décision sera suivie de nombreuses autres. Voir notamment Bernadette AUBERT, « Le principe *Ne bis in idem* dans la jurisprudence de la CJUE », *AJ Pénal* 2015, 175.

L'hypothèse la plus fréquente en droit interne apparaît lorsqu'une sanction pénale double une sanction administrative – au sens large : une sanction fiscale par exemple – qui pour le justiciable concerné sera toujours vécue comme une double sanction. Or, force est de constater que jusqu'à très récemment, en droit interne français, les juridictions judiciaires et le Conseil constitutionnel avaient toujours admis un cumul des poursuites pénales et quasi pénales.

Cette réalité, qui fait peu de cas du principe *non bis in idem,* a été mise en perspective lorsque – mais avec beaucoup de prudence – le Conseil constitutionnel, dans sa décision du 18 mars 2015, a répondu à une triple QPC par une déclaration d'inconstitutionnalité partielle[6]. Dans cette décision très récente qui a fait grand bruit – et qui continue de faire parler d'elle aujourd'hui – il confirme que le principe *non bis in idem* n'a pas, de manière générale, un rang constitutionnel. Ce que l'on avait peut-être oublié, au regard notamment des progrès faits ces dernières années du côté européen. C'est de mauvais augure pour *non bis in idem* : la réticence du Conseil constitutionnel à faire évoluer sa jurisprudence – malgré le puissant mouvement européen – souligne les enjeux attachés à la répression en la matière.

La réalité de *non bis in idem* aujourd'hui apparaît dans l'extrême complexité du magma jurisprudentiel qui prospère autour de ce grand principe et de l'incertitude qui règne, peu en adéquation avec les principes directeurs du procès pénal. Les avocats se sont ainsi emparés de ce grand principe – et de ses possibilités – et les recours se multiplient que ce soit en droit interne ou au niveau de la Cour européenne des droits de l'homme ou de la Cour de justice de l'Union européenne. Certains de ces recours ont prospéré, par exemple de façon assez inattendue devant le Conseil constitutionnel : ainsi en est-il de la décision *EADS* du Conseil constitutionnel du 18 mars 2015. Dans le sillage de cette décision du Conseil constitutionnel, le nerf de la guerre sera désormais d'apprécier ce que *non bis in idem* recouvre comme hypothèses, notamment ce qu'il convient d'entendre par « poursuites » ou

---

[6] Cons. constit. 18 mars 2015, n° 2014-453/454 QPC et n° 2015-462 QPC ; *AJDA* 2015.1191, étude P. IDOUX, S. NICINSKI et E. GLASER ; *D.* 2015.894, et les obs., note A.-V. LE FUR et D. SCHMIDT ; *ibid.* 874, point de vue O. DÉCIMA ; *ibid.* 1506, obs. C. MASCALA ; *ibid.* 1738, obs. J. PRADEL ; *ibid.* 2465, obs. G. ROUJOU DE BOUBÉE, T. GARÉ, C. GINESTET, M.-H. GOZZI et S. MIRABAIL ; *AJ pénal* 2015.172, étude C. MAURO ; *ibid.* 179, étude J. BOSSAN ; *ibid.* 182, étude J. LASSERRE CAPDEVILLE ; *Rev. sociétés* 2015.380, note H. MATSOPOULOU ; *RSC* 2015.374, obs. F. STASIAK ; *ibid.* 705, obs. B. DE LAMY ; *RTD com.* 2015.317, obs. N. RONTCHEVSKY.

par « jugement », voire même par « mêmes faits »[7]. Et si la Cour de cassation, le Conseil constitutionnel, la CEDH et la CJUE semblent avoir chacun leur « *non bis in idem* », c'est-à-dire qu'ils n'en n'ont pas tous la même vision, des interactions existent, expliquant au demeurant certaines des fluctuations des jurisprudences de ces cours. En droit interne, la Cour de cassation n'hésite d'ailleurs pas à manifester son autonomie[8].

C'est alors sans grande surprise que le Conseil constitutionnel a répondu notamment à la QPC du procès de Jérôme Cahuzac – concernant le cumul d'une sanction pénale avec une sanction fiscale – en continuant à ciseler sa jurisprudence tout en montrant son peu de faveur pour le principe *non bis in idem* et surtout son appétence pour le cumul des sanctions. L'affaire concernait l'ancien ministre du budget, Jérôme Cahuzac, et son épouse, tous deux poursuivis pour fraude fiscale, blanchiment de fraude fiscale et minoration de la déclaration de patrimoine de l'ex-membre du gouvernement alors que le couple – aujourd'hui séparé – avait déjà réglé la somme de 2,5 millions d'euros à titre de redressement et de pénalités.

Le Conseil constitutionnel déclare pourtant dans sa décision du 24 juin 2016[9] l'application combinée des dispositions contestées des articles 1729 et 1741 du Code général des impôts conforme à la Constitution. Plus exactement, il considère que « le principe de nécessité des délits et des peines ne saurait interdire au législateur de fixer des règles distinctes permettant l'engagement de procédures conduisant à l'application de plusieurs sanctions afin d'assurer une répression effective des infractions » (§ 21, *in limine*).

C'est ainsi que la réalité de *non bis in idem* en droit interne se réduit à peau de chagrin et qu'il est fort probable, pour des considérations d'efficacité répressive, que nous ayons perdu ce grand principe en

---

[7] La CEDH consacre la notion d'*idem* factuel dans l'arrêt *Grande Stevens c/ Italie*. Les faits doivent être envisagés indépendamment de leur qualification juridique. CEDH 4 mars 2014, n° 18640/10, *D.* 2015.1506, obs. C. MASCALA ; *Rev. sociétés* 2014.675, note H. MATSOPOULOU ; *RSC* 2014.110, obs. F. STASIAK ; *ibid.* 2015.169, obs. J.-P. MARGUÉNAUD ; *RTD eur.* 2015.235, obs. L. d'AMBROSIO et D. VOZZA

[8] Cass. Crim., 8 juillet 2015, n° 14-84562, *AJ Pénal* 2015 p. 613, note L. HENRIOT. En l'espèce, la chambre criminelle a pris le contre-pied de l'affaire *EADS* en admettant pour une même opération financière un cumul de poursuites pénales et administratives dès lors que les informations privilégiées visées étaient différentes. Elle fait dès lors peu de cas de la jurisprudence européenne sur cette notion centrale de « mêmes faits ».

[9] Cons. const. 24 juin 2016, n° 2016-545 QPC et Cons. const. 24 juin 2016, n° 2016-546 QPC.

cours de route, cantonné désormais à un simple principe de technique juridique, malléable au gré des enjeux.

Du mythe à la réalité, n'oublions pas que *non bis in idem* est un des droits processuels fondamentaux de la personne, inspiré par « l'intérêt supérieur de dignité, de justice et d'humanité »[10]. Pour cela, il mérite d'être promu, mais pas dévoyé.

Juillet 2016

[10] Cour d'assises des Pyrénées orientales, 18 juillet 1870, *S.* 1871.II. 153.

Le principe *ne bis in idem* en droit pénal européen

Daniel FLORE

Chargé de cours à l'Université de Liège,
Directeur général au service public fédéral belge de la Justice

L'objectif de la présente contribution est de donner un aperçu général du principe « *ne bis in idem* » – son origine, ses raisons d'être, ses manifestations – et de dresser un état de la situation en ce qui concerne son application, à la lumière de l'interprétation qui en est donnée par la Cour de justice de l'Union européenne.

1. Le principe et ses contours

1.1. Le principe se comprend de façon intuitive

Cette expression latine parle même au profane. Elle renvoie à ce qui paraît être une évidence : pas deux fois pour la même chose. Elle indique le droit de toute personne de ne pas devoir faire face deux fois à la justice, de ne pas faire l'objet deux fois d'une procédure pénale (*ne bis*), pour la même cause, le même comportement, les mêmes faits (*in idem*). Le principe vise à la fois la protection des citoyens contre un exercice répété de la justice par l'État et le respect de l'autorité de la chose jugée et la sécurité juridique qui en découle[1].

1.2. L'apparente simplicité couvre une série de questions

Toutefois, derrière cette première évidence se cache une série de questions qui en rendent la concrétisation moins simple.

« *Ne bis* » , d'accord, mais à l'égard de quelle action la personne doit-elle être protégée : poursuite, jugement, condamnation ? Et quelle action antérieure peut entraîner l'application du principe : poursuite, non-poursuite, jugement, condamnation, acquittement et toute la palette de mesures par lesquelles une procédure pénale peut se conclure ? De quelle nature doit être cette action : « pénale » mais que sont une procédure et une sanction pénales ? Quelles sont les autorités dont les actions peuvent entraîner la mise en œuvre du principe : juge, procureur, policier, autorité administrative ? Et enfin, la personne doit-

[1] J. VERVAELE, « The transnational *ne bis in idem* principle in the EU. Mutual recognition and equivalent protection of human rights », *Utrecht Law Review*, 2005, p. 100.

elle être protégée uniquement contre l'action d'une autorité du pays qui a déjà mené la première action ou doit-elle également être protégée des actions d'autorités d'autres États ?

Si l'on se tourne du côté du « *Idem* », les questions ne manquent pas non plus. Quand doit-on considérer qu'il y a identité des actions, comportements, faits et à partir de quel moment des faits liés entre eux doivent-ils être considérés comme distincts au point de légitimer une deuxième procédure ? Par ailleurs, lorsque des actions ont été menées par plusieurs personnes, le principe doit-il automatiquement s'appliquer à l'ensemble d'entre elles ?

Autant de questions qui montrent qu'au-delà de l'apparente simplicité du principe, celui-ci appelle la mise en place de normes précises et détaillées.

2. Le principe et ses concrétisations

Si le principe s'impose d'emblée comme une évidence, malgré la complexité des questions qu'il suscite, sa consécration normative a été longue et on peut à cet égard distinguer le développement d'un principe « *ne bis in idem* » interne – historiquement le plus ancien –, ensuite les manifestations d'un principe « *ne bis in idem* » international et enfin le développement d'un principe « *ne bis in idem* » européen – l'Europe du Conseil de l'Europe pour l'élaboration, l'Europe de l'Union européenne pour l'application effective et les développements les plus importants.

Il y a lieu de préciser qu'on entend par « *ne bis in idem* » « interne » le principe qui concerne la relation entre deux décisions ou procédures émanant du même ordre juridique, tandis que le « *ne bis in idem* » « international » concerne quant à lui la relation entre deux décisions ou procédures qui relèvent d'États différents (un principe international horizontal).

Une troisième forme de *ne bis in idem* existe, qui ne sera pas abordée ici, c'est le principe qui concerne les relations entre les décisions prises et les procédures menées par des autorités nationales et les décisions prises et les procédures menées par des juridictions internationales, telles que le Cour pénale internationale (un principe international vertical).

2.1. *Ne bis in idem* interne

Le principe est aussi ancien que la codification du droit à la fin de l'époque romaine, mais il a mis plus de temps à s'imposer dans le droit moderne, comme principe général[2], ou comme règle consacrée en droit interne par la loi voire la Constitution, enfin comme une norme reconnue sur le plan international.

C'est le Pacte international relatif aux droits civils et politiques, du 16 décembre 1966, qui, dans son article 14.7., consacre le principe sur le plan mondial : « nul ne peut être poursuivi ou puni en raison d'une infraction pour laquelle il a déjà été acquitté ou condamné par un jugement définitif conformément à la loi et à la procédure de chaque pays ».

Sur le plan du Conseil de l'Europe, le principe n'était pas contenu dans la Convention européenne de sauvegarde des libertés et droits fondamentaux, plus ancienne (4 novembre 1950), mais sera consacré par un Protocole 7 à cette convention, du 22 novembre 1984[3], dans un article 4 qui s'énonce comme suit : « nul ne peut être poursuivi ou puni pénalement par les juridictions du même État en raison d'une infraction pour laquelle il a déjà été acquitté ou condamné par un jugement définitif conformément à la loi et à la procédure pénale de cet État »[4].

Ce principe consacre le droit d'une personne à ne pas faire l'objet d'une nouvelle action judiciaire pénale dans l'État qui a déjà agi à son encontre. Il s'agit donc d'un principe dont la portée est limitée aux actions menées au sein d'un même ordre juridique. Aussi essentiel soit-il dans le cadre d'un État de droit, ce principe est donc néanmoins insuffisant pour tenir compte de la réalité du monde contemporain, en particulier des conséquences de la mobilité des personnes dans l'espace international.

---

[2] En droit belge. V. à cet égard, M-A. BEERNAERT, H-D.BOSLY et D. VANDERMEERSCH, *Droit de la procédure pénale*, La Charte, Bruges, 7ème édition, 2014, p. 223 et suiv.

[3] Ratifié par la Belgique seulement le 13 avril 2012.

[4] Sur le plan de l'Union européenne, l'article 50 de la Charte consacre également le principe, en énonçant que : « Nul ne peut être poursuivi ou puni pénalement en raison d'une infraction pour laquelle il a déjà été acquitté ou condamné dans l'Union par un jugement pénal définitif conformément à la loi ». Néanmoins, il s'agit dans ce cas d'un principe qui a à la fois une portée interne et une portée européenne, raison pour laquelle nous y reviendrons plus loin.

2.2. *Ne bis in idem* international

Il n'existe pourtant pas de principe *ne bis in idem* international de portée générale. Le principe apparaît seulement, en droit pénal international, comme incident dans le cadre de procédures judiciaires transnationales, l'occurrence d'une telle situation étant susceptible d'entraîner le refus de la coopération. L'exemple archétypique de l'application de ce principe dans le cadre de la coopération est l'article 9 de la Convention européenne d'extradition du 13 décembre 1957, qui dispose que « l'extradition ne sera pas accordée lorsque l'individu réclamé a été définitivement jugé par les autorités compétentes de la Partie requise, pour le ou les faits à raison desquels l'extradition est demandée. L'extradition pourra être refusée si les autorités compétentes de la Partie requise ont décidé de ne pas engager de poursuites ou de mettre fin aux poursuites qu'elles ont exercées pour le ou les mêmes faits ». Il s'agit donc d'un principe flexible, assez large puisqu'il couvre non seulement l'hypothèse d'un jugement définitif, mais également celle de l'abandon des poursuites. Ce principe est néanmoins le plus souvent limité aux cas où la décision antérieure a été rendue dans l'État auquel la coopération est demandée (l'État requis)[5].

Il se situe ainsi à mi-chemin entre un *ne bis in idem* interne et un *ne bis in idem* international. En effet, c'est l'État requis qui est empêché d'agir pour accorder la coopération, en raison d'une décision antérieure rendue par ses autorités (dimension interne), même si la demande de coopération se fonde sur une procédure menée dans un autre pays (dimension internationale).

S'il n'est pas donc pas consacré de façon générale par une norme internationale, le principe *ne bis in idem* international a par contre été progressivement intégré dans le système juridique de nombreux États. En Belgique par exemple, c'est l'article 13 du titre préliminaire du Code de procédure pénale belge qui le prévoit (par une loi du 17 avril 1878).

---

[5] L'exception notable est celle du mandat d'arrêt européen, qui étend la cause de refus à tous les jugements européens, de façon obligatoire (art.3.3.) et à ceux rendus par des États tiers, de façon facultative (art.4.5.). Décision-cadre 2002/584/JAI du 13 juin 2002 relative au mandat d'arrêt européen et aux procédures de remise entre États membres, *J.O.C.E.*, n° L 190 du 18/07/2002, pp. 1-20.

2.3. *Ne bis in idem* européen : Conseil de l'Europe

Le Conseil de l'Europe est sans conteste l'organisation internationale qui a mené la première, dès la fin des années 1950, une réflexion approfondie et transversale sur la coopération judiciaire internationale, dans ses différentes formes et manifestations. Dans ce cadre, le Conseil de l'Europe a adopté le 28 mai 1970 une convention européenne sur la valeur internationale des jugements répressifs, qui avait pour ambition de réglementer l'ensemble des effets internationaux à conférer à une décision judiciaire rendue dans un État partie à l'égard de tous les autres États parties.

Un de ces effets est l'effet *ne bis in idem*, qui est défini à l'article 53.1. de la convention comme le fait qu'« une personne qui a fait l'objet d'un jugement répressif européen ne peut, pour le même fait, être poursuivie, condamnée ou soumise à l'exécution d'une sanction dans un autre État contractant lorsqu'elle a été acquittée, lorsque la sanction infligée a été entièrement subie ou est en cours d'exécution, ou a fait l'objet d'une grâce ou d'une amnistie portant sur la totalité de la sanction ou sur la partie non exécutée de celle-ci, ou ne peut plus être exécutée en raison de la prescription, [ou encore] lorsque le juge a constaté la culpabilité de l'auteur de l'infraction sans prononcer de sanction ».

L'article 53 ouvre toutefois la possibilité de faire exception à l'application de cet effet dans trois cas : si le fait a été commis « contre une personne, une institution, ou un bien, qui a un caractère public » dans l'État requis, si le fait a été commis par une personne qui a elle-même un caractère public dans cet État (alinéa 2) ou enfin si le fait a été commis sur le territoire de cet État (alinéa 3).

2.4. *Ne bis in idem* européen : de la Convention d'application de l'Accord Schengen (CAAS) à l'Union européenne

Dans le cadre de la réflexion sur les mesures compensatoires à adopter suite à la suppression des contrôles aux frontières intérieures, les États parties aux Accords de Schengen ont identifié le principe *ne bis in idem* comme un élément important, la mobilité accrue des personnes suite à la suppression des contrôles faisait en effet penser que le nombre de situations de conflits entre décisions et procédures des différents États parties risquait d'augmenter considérablement.

L'article 54 de la CAAS, reprenant largement, mais pas intégralement, l'article 53 de la convention européenne, prévoit qu'« une personne qui a été définitivement jugée par une Partie Contractante ne peut, pour les mêmes faits, être poursuivie par une autre Partie Contractante, à condition que, en cas de condamnation, la sanction ait été subie ou soit actuellement en cours d'exécution ou ne puisse plus être exécutée selon les lois de la Partie Contractante de condamnation ».

L'article 55.1. instaure également des possibilités d'exception à l'application du principe, dans les trois hypothèses suivantes, qui diffèrent quelque peu de celles de la convention européenne : « lorsque les faits visés par le jugement étranger ont eu lieu soit en tout, soit en partie sur son territoire » (a)) [6]; « lorsque les faits visés par le jugement étranger constituent une infraction contre la sûreté de l'État ou d'autres intérêts également essentiels de cette Partie Contractante » (b)) ou « lorsque les faits visés par le jugement étranger ont été commis par un fonctionnaire de cette Partie Contractante en violation des obligations de sa charge » (c)).

Par le traité d'Amsterdam, les dispositions de la CAAS sont devenues des normes de l'Union européenne.

2.5. *Ne bis in idem* européen : la Charte des droits fondamentaux

L'Union européenne s'est toutefois dotée d'une autre base juridique pour asseoir ce principe, non plus dans le droit dérivé, mais dans le droit primaire de l'Union, en l'incorporant dans la Charte des droits fondamentaux, à l'article 50, qui énonce que « nul ne peut être poursuivi ou puni pénalement en raison d'une infraction pour laquelle il a déjà été acquitté ou condamné dans l'Union par un jugement pénal définitif conformément à la loi ». Le principe a ici une portée double, puisqu'il s'applique non seulement à l'intérieur de la juridiction d'un même État, mais aussi entre les juridictions de plusieurs États membres, à l'échelle du territoire de l'Union européenne. Si la Charte date de 2000, son caractère obligatoire est devenu indiscutable depuis l'entrée en vigueur du traité de Lisbonne, qui lui a donné la même valeur juridique que les traités (article 6.1. du Traité sur l'Union européenne).

2.6. Relation entre les instruments

Le fait que le principe soit consacré dans une pluralité d'instruments, relevant d'ordres juridiques distincts, dans des formulations variées et avec un champ d'application différent, pose la question de la relation entre ces différents instruments dans l'interprétation de la portée à

---

[6] Cette exception est toutefois elle-même limitée puisqu'elle ne s'applique pas dès lors que « les faits ont eu lieu en partie sur le territoire de la Partie Contractante où le jugement a été rendu ».

donner au principe. Nous allons examiner successivement plusieurs aspects de la question.

2.6.1 Relation entre la Charte et la convention d'application de l'accord de Schengen

La Charte et la convention relèvent du même ordre juridique, celui de l'Union européenne, même si la première relève du droit primaire, alors que la deuxième relève du droit dérivé, ce qui donne une priorité à la première dans l'ordre de l'interprétation. La question de la relation entre les deux instruments est importante, en raison des différences qui existent entre eux quant à la formulation et l'étendue du principe. Le principe de la Charte paraît à la fois plus large et plus restreint : plus restreint quand il se réfère à l'identité d'infractions là où la convention vise l'identité de faits, plus restreint également quand il vise expressément les seuls jugements pénaux définitifs ; plus large par contre quand il vise explicitement non seulement la condamnation mais également l'acquittement, plus large encore quand il ne contient pas de condition d'exécution en cas de condamnation, plus large enfin quand il ne prévoit pas d'exceptions au principe.

Le principe de base, qui découle de la force juridique respective des deux instruments en vertu des traités, est que l'article 54 de la CAAS doit nécessairement être interprété à la lumière de l'article 50 de la Charte[7].

Toutefois, dans un arrêt *Spasic*, du 27 mai 2014[8], la Cour de justice a considéré que les divergences existant entre la Charte et la convention – dans le cas d'espèce, l'existence d'une condition d'exécution dans la convention – ne sont pas incompatibles avec la Charte si trois conditions sont réunies : d'abord qu'elles soient prévues par la loi, ensuite qu'elles respectent le contenu essentiel du droit auquel elles se rapportent et enfin qu'elles respectent le principe de proportionnalité. La Cour considère que l'article 54 de la CAAS respecte ces trois principes et qu'il « n'excède pas ce qui est nécessaire pour éviter, dans un

[7] Arrêt *M* du 5 juin 2014, C-398/12, ECLI:EU:C:2014:1057, point 35.
[8] Arrêt *Spasic* du 27 mai 2014, C-129/14 PPU, ECLI:EU:C:2014:586.

contexte transfrontière, l'impunité de personnes condamnées dans un État membre de l'Union par un jugement pénal définitif »[9].

Par ailleurs, les explications de la Charte nous apprennent que les exceptions très limitées par lesquelles notamment la CAAS permet aux États membres de déroger à la règle *ne bis in idem* « sont couvertes par la clause horizontale de l'article 52, paragraphe 1, sur les limitations »[10].

2.6.2 Relation entre la Charte, la CAAS et la CEDH

Au-delà de la question de la cohérence du principe dans l'ordre juridique de l'Union européenne se pose également celle de l'interaction entre le principe tel qu'il est reconnu par l'Union européenne et tel qu'il est interprété dans la jurisprudence de la Cour européenne des droits de l'homme, quoiqu'il soit dans ce dernier cas limité à l'ordre juridique interne des États parties.

En effet, s'il est vrai que l'article 54 de la CAAS est à interpréter à la lumière de l'article 50 de la Charte, l'article 52.3. de la Charte nous indique que, « dans la mesure où la Charte contient des droits correspondant à des droits garantis par la CEDH, leur sens et leur portée sont les mêmes que ceux que leur confère ladite convention ». Les explications relatives à l'article 50 de la Charte – qui doivent être prises en considération en vue de son interprétation[11] – complètent cette règle d'interprétation en précisant qu'« en ce qui concerne les situations visées par l'article 4 du Protocole n° 7, à savoir l'application du principe à l'intérieur d'un même État membre, le droit garanti a le même sens et la même portée que le droit correspondant de la CEDH »[12].

---

[9] *Ibid.,* point 72. Cette conclusion aura déçu une certaine doctrine qui espérait qu'à la faveur du traité de Lisbonne, l'article 50 de la Charte entraîne une relecture de l'article 54 de la CAAS, dans le sens de la suppression des exceptions et limitations. J. LELIEUR, « La règle *ne bis in idem* en transition », *in Fondements et objectifs des incriminations et des peines*, sous la dir. de D. BERNARD, Y. CARTUYVELS, Ch. GUILLAIN, D. SCALIA et M. VAN DE KERCHOVE, Anthemis, 2013, p. 426 et J. VERVAELE, « *Ne bis in idem* : Towards a Transantional Constitutional Principle in the EU », *Utrecht Law Review*, 2013, pp. 211-229.

[10] Explications relatives à la charte des droits fondamentaux (2007/C 303/02), JOUE, C303, du 14 décembre 2007, p. 31

[11] Arrêt *Åkerberg Fransson*, C-617/10, EU:C:2013:105, point 20.

[12] Explications relatives à la charte des droits fondamentaux, *op.cit.*, p.31.

3. Le principe à travers la jurisprudence de la Cour de justice

Après avoir rappelé les différentes bases juridiques qui consacrent le principe et mis en évidence leur enchevêtrement et la manière dont il convient de les articuler, il s'agit à présent de nous intéresser au contenu même du principe et à sa portée, à la lumière du texte d'abord, mais également et surtout de l'interprétation que la Cour de justice a été amenée à lui donner, à travers un grand nombre d'arrêts significatifs.

3.1. Approche générale de la Cour de justice à l'égard du principe *ne bis in idem*

Afin de bien comprendre l'interprétation donnée par la Cour, il est important de dégager d'abord les lignes directrices qui président à cette interprétation.

La première est tirée de l'absence de rapprochement et repose sur l'idée de la confiance mutuelle. L'application du principe *ne bis in idem* n'étant pas subordonnée au rapprochement des droits pénaux nationaux, en droit européen, il en découle « qu'il existe nécessairement une confiance mutuelle des États membres dans leurs systèmes respectifs de justice pénale et que chaque État accepte l'application du droit pénal en vigueur dans les autres États membres, quand bien même la mise en œuvre de son propre droit national conduirait à une solution différente »[13].

La seconde est celle de la prépondérance de l'objectif, qui est pour la Cour de justice d'assurer la libre circulation des personnes au sein de l'espace de liberté, de sécurité et de justice. Le principe *ne bis in idem* a pour objectif la préservation du droit à la libre circulation de la personne qui a fait l'objet d'une décision judiciaire définitive[14]. Le texte doit dès lors être interprété de telle manière « qu'il puisse utilement contribuer à la réalisation complète de cet objectif »[15].

---

[13] Arrêt *Gözütok* et *Brügge* du 11 février 2003, C-187/01 et C-385/01, ECLI:EU:C:2003:87, points 32 et 33, auxquels les arrêts ultérieurs font référence.

[14] Arrêt *Van Esbroek* du 9 mars 2006, C-436/04, ECLI:EU:C:2006:165, point 34 : « Ainsi que le relève M. l'avocat général au pt 45 de ses conclusions, ce droit à la libre circulation n'est utilement garanti que si l'auteur d'un acte sait que, une fois condamné et sa peine purgée, ou, le cas échéant, après avoir été définitivement acquitté dans un État membre, il peut se déplacer à l'intérieur de l'espace Schengen sans avoir à craindre des poursuites dans un autre État membre au motif que cet acte constitue une infraction distincte dans l'ordre juridique de ce dernier État membre ».

[15] Arrêt *Gözütok et Brügge*, *op. cit.*, point 38.

Ce sont donc le postulat de la confiance mutuelle et l'objectif de la libre circulation des personnes qui servent de fil conducteur à la réflexion de la Cour, plutôt que le droit fondamental de la personne en tant que tel ou la sécurité juridique.

La Cour identifie toutefois une limite légitime à l'application du principe, liée au pôle « sécurité » de l'espace de liberté, de sécurité et de justice. Assurer la sécurité dans l'espace de liberté, de sécurité et de justice implique de maintenir un équilibre entre libre circulation des personnes et mesures de prévention et de lutte contre la criminalité. La limite de l'application du principe est qu'il ne peut entraîner de situation d'impunité.

3.2. Portée de « *ne bis* »

3.2.1. Situations couvertes

Jugement définitif rendu dans un cadre pénal

L'acte générateur du « *ne bis* », c'est d'abord un « jugement définitif ».

Il doit s'agir d'un jugement définitif rendu dans un cadre pénal. Ainsi, la Cour de justice a été amenée à préciser, dans l'arrêt *Akerberg Fransson*, que « l'article 50 de la Charte ne s'oppose pas à ce qu'un État membre impose, pour les mêmes faits de non-respect d'obligations déclaratives dans le domaine de la TVA, successivement une sanction fiscale et une sanction pénale dans la mesure où la première sanction ne revêt pas un caractère pénal ». Toute la question est naturellement de savoir ce qu'il convient d'entendre par ce qui constitue une sanction revêtant « un caractère pénal ». La Cour de justice renvoie à cet égard aux principes dégagés par sa propre jurisprudence[16], fondée elle-même sur les principes dégagés par la Cour européenne des droits de l'homme, depuis l'arrêt *Engel*, du 8 juin 1976. Ces critères sont la qualification juridique de l'infraction dans le droit national, la nature même de l'infraction, et la nature et le degré de sévérité de la sanction encourue. La Cour ne se prononce pas sur le fait de savoir si les critères sont rencontrés ou non dans le cas d'espèce, mais renvoie la responsabilité de le vérifier à la juridiction nationale saisie. Ainsi, en disant dans le même temps que le cumul de sanctions est possible, entre sanctions pénales et administratives, mais qu'il y a lieu d'apprécier le caractère pénal ou non de la sanction à la lumière de critères fonctionnels assez larges, ce qui a pour consé-

---

[16] Arrêt *Bonda*, du 5 juin 2012, C-489/10, point 37.

quence qu'une sanction administrative pourrait être considérée comme de nature pénale, la Cour ne fournit pas un critère d'interprétation clair. D'un côté, elle confirme que le jugement définitif qui a pour effet l'application du principe *ne bis in idem* est bien seulement un jugement rendu dans un cadre pénal (elle ne dit pas « un jugement pénal »), d'un autre côté, par la référence à une approche fonctionnelle de la sanction pénale – dont on sait qu'elle est fort large –, elle dit que ce jugement peut ne pas être un jugement pénal.

Jugement de condamnation

Le *ne bis* peut être un jugement de condamnation. Le principe ne s'appliquera toutefois dans ce cas qu'à la condition que la sanction ait été subie, soit en cours d'exécution ou ne puisse plus être exécutée. Comme il a été dit plus haut, la Cour a conclu à la compatibilité de cette condition d'exécution avec la Charte, dans son arrêt *Spasic*.

La condition est remplie dans le cas où il n'y a plus d'exécution possible de la condamnation, comme la Cour le constate dans l'arrêt *Bourquain*, du 11 décembre 2008[17] (dans une affaire où une condamnation par contumace n'avait pu être mise à exécution mais était prescrite).

Elle l'est également dans le cas où la condamnation a été assortie d'un sursis à l'exécution, le sursis devant être considérée comme une forme d'exécution de la sanction (arrêt *Kretzinger*, du 18 juillet 2007)[18].

Par contre, l'exécution partielle de la condamnation ne répond pas à la condition. Ainsi, dans l'affaire *Spasic*, où il s'agissait d'une condamnation à une peine d'emprisonnement et au paiement d'une amende pénale, le fait que l'une des deux (la peine d'emprisonnement) n'ait pas été « subie » empêche de considérer que la sanction a été subie, tandis que le fait que seule l'autre ait été exécutée (le paiement de l'amende) ne permet pas de conclure que la sanction est « actuellement en cours d'exécution »[19].

---

[17] Arrêt *Bourquain* du 11 décembre 2008, C-297/07, ECLI:EU:C:2008:708, point 43. La Cour y estime que « la condition d'exécution ne prescrit pas que, en vertu du droit de cet État de condamnation, la sanction doit avoir été exécutable directement, mais elle exige seulement que la sanction infligée par une décision définitive "ne puisse plus être exécutée" ».

[18] Arrêt *Kretzinger* du 18 juillet 2007, C-288/05, ECLI:EU:C:2007:441, points 42, 44, dispositif 2.

[19] Arrêt *Spasic*, *op.cit.*, points 82 et 84.

Acquittement

Même si le texte de l'article 54 de la CAAS vise seulement expressément l'hypothèse de la condamnation, la Cour de Justice considère que le principe s'applique également aux jugements d'acquittement. C'est aussi ce qui résulte du texte de l'article 50 de la Charte. Ce n'est pas tant la raison de l'acquittement qui compte que la décision-même et son caractère définitif. La Cour motive cette interprétation par l'argument du droit de libre circulation de la personne jugée définitivement, de même que par la sécurité juridique et la confiance légitime[20].

La Cour a admis cet effet en cas d'acquittement pour insuffisance de preuve, par l'arrêt *Van Straaten*, du 28 septembre 2006, mais aussi lorsque l'acquittement résulte de la prescription des poursuites, dans l'arrêt *Gasparini*, du 28 septembre 2006[21]. Le principe vise dans ce cas à assurer « la paix civique des personnes qui, après avoir été poursuivies, ont été définitivement jugées. Celles-ci doivent pouvoir circuler librement sans devoir craindre de nouvelles poursuites pénales pour les mêmes faits dans un autre État contractant »[22].

Ordonnance de non-lieu

Il y a également lieu d'appliquer le principe lorsque la procédure se conclut par une ordonnance de non-lieu, comme la Cour l'a interprété dans l'arrêt *M*, du 5 juin 2014. La raison en est que celle-ci « comporte une décision définitive sur le caractère insuffisant [des] preuves et exclut toute possibilité que l'affaire soit rouverte sur la base du même faisceau d'indices ». La possibilité de rouvrir la procédure sur la base de charges nouvelles ne fait pas obstacle à l'application, dans la mesure où, vu « la nécessité de vérifier le caractère véritablement nouveau des éléments invoqués pour justifier une réouverture », une telle nouvelle procédure ne pourra être engagée « contre la même personne et pour les mêmes faits » que dans l'État « sur le territoire duquel cette ordonnance a été rendue » [23].

---

[20] Arrêt *Van Straaten* du 28 septembre 2006, C-150/05, ECLI:EU:C:2006:614, points 58 et 59.

[21] Arrêt *Gasparini e.a.* du 28 septembre 2006, C-467/04, ECLI:EU:C:2006:610.

[22] Point 28.

[23] Arrêt *M, op.cit.*, point 40.

Transaction

Le *ne bis* peut même résider dans des décisions qui ne constituent pas des jugements et sont prises par le ministère public, telles que, comme la Cour l'a dégagé dans son arrêt sur les affaires jointes *Gözütok* et *Brügge*, du 11 février 2003[24], des transactions, qui sont définies par la Cour comme des « procédures d'extinction de l'action publique par lesquelles le ministère public d'un État membre met fin, sans l'intervention d'une juridiction, à la procédure pénale engagée dans cet État, après que le prévenu a satisfait à certaines obligations et, notamment, a acquitté une certaine somme d'argent fixée par le ministère public ».

Plutôt que de s'arrêter à la nature de la mesure, la Cour se penche sur ses effets. Deux critères permettent de considérer qu'une transaction équivaut à un jugement définitif. Le premier critère est que la transaction éteint définitivement l'action publique. La personne concernée doit dès lors être considérée comme ayant été « définitivement jugée ». Le deuxième critère est que la procédure sanctionne le comportement illicite de la personne, par l'imposition de l'obligation de s'acquitter d'une certaine somme d'argent, qui est une forme de sanction, et que, dès lors qu'elle a rempli cette obligation, la sanction doit être considérée comme ayant été « subie »[25].

3.2.2. Situations non couvertes

L'existence d'une décision judiciaire définitive peut par contre s'avérer insuffisante pour entraîner l'application du principe. Ce qui importe pour la Cour de justice, plutôt que la nature de la décision, c'est sa portée. Ainsi, dans l'arrêt *Miraglia* du 10 mars 2005, la Cour considère que la décision judiciaire de ne pas poursuivre l'action publique « parce que des poursuites pénales ont été engagées dans un autre État membre à l'encontre du même prévenu et pour les mêmes faits sans qu'aucune appréciation n'ait été portée sur le fond », ne constitue pas une décision jugeant définitivement cette personne au sens de l'article 54 de la CAAS[26].

Par ailleurs, de façon plus prévisible, la Cour confirme dans son arrêt *Turansky* du 22 décembre 2008 que la simple décision prise par une autorité policière de suspendre les poursuites pénales, qui n'éteint pas

[24] Arrêt *Gözütok et Brügge* du 11 février 2003, C-187/01 et C-385/01,ECLI:EU:C:2003:87.
[25] Arrêt *Gözütok* et *Brügge*, *op. cit.*, points 29 et 30.
[26] Arrêt *Miraglia* du 10 mars 2005, C-469/03, ECLI:EU:C:2005:156, point 30.

l'action publique, ne peut entraîner l'application du principe[27]. C'est logique, même si cela peut paraître paradoxal quand la décision a été prise en raison de l'extinction de l'action publique. La même décision, prise par un juge, aurait quant à elle entraîné l'application du principe.

3.2.3. Synthèse

En résumé, les deux critères principaux qui sont pris en considération par la Cour pour définir l'acte générateur de l'application du principe – et qui ne peut intervenir deux fois – sont, d'une part, le caractère définitif de la décision, quelle que soit par ailleurs sa nature, c'est-à-dire le fait qu'elle mette fin définitivement à la possibilité de poursuivre ou de punir et, d'autre part, dans l'hypothèse où la personne est convaincue d'avoir commis les faits qui lui sont reprochés, le fait que son comportement ait été effectivement sanctionné et qu'il n'y ait pas d'impunité.

3.3. Portée de « *idem* »

3.3.1. Mêmes faits

Contrairement au principe *ne bis in idem* interne et au principe contenu dans la Charte, qui visent les « infractions » et semblent par-là impliquer la nécessité d'une identité des qualifications juridiques, l'article 54 de la CAAS vise quant à lui l'identité des faits. La jurisprudence de la Cour européenne des droits de l'homme, après avoir hésité, a été amenée à donner finalement aux termes « infractions » un sens large[28]. La Cour de Justice a d'emblée donné au « *idem* » une portée factuelle et non légale et n'a pas revu sa jurisprudence lorsque la Charte a acquis force obligatoire par le traité de Lisbonne.

L'« *idem* », c'est donc l'identité des faits matériels. Cette notion appelle elle-même une clarification et la Cour l'a définie de manière large comme consistant dans « l'existence d'un ensemble de faits indissociablement liés entre eux, indépendamment de la qualification juridique de ces faits ou de l'intérêt juridique protégé »[29].

Ainsi, la Cour décide, dans son arrêt *Van Esbroeck* du 9 mars 2006, contre l'article 36 de la convention unique des Nations Unies sur les stupéfiants, de 1961, telle que modifiée par le Protocole de 1972, que

---

[27] Arrêt *Turanský* du 22 décembre 2008, C-491/07, ECLI:EU:C:2008:768.

[28] Arrêt *Zolotoukhine c/ Russie* du 10 février 2009 - CEDH, Gde Ch. V. à ce sujet H. MOCK, « *Ne bis in idem* : Strasbourg tranche en faveur de l'identité des faits », *Revue trimestrielle des droits de l'homme*, n° 2009/79, p. 867 et suiv.

[29] Arrêt *Van Esbroeck*, *op. cit.*, points 36 et 42 ; arrêt *Gasparini e.a.*, *op. cit.*, point 54 ; arrêt *van Straaten*, *op. cit.*, points 41 et 48.

« les faits punissables consistant en l'exportation et en l'importation des mêmes stupéfiants et poursuivis dans différents États contractants à la CAAS sont, en principe, à considérer comme "les mêmes faits" »[30]. Cette décision, qui se distancie du prescrit de la convention unique des Nations Unies sur les stupéfiants, est évidemment tout à fait logique à partir du moment où l'appréciation du « *idem* » se fait par rapport aux faits et non aux qualifications juridiques.

Dans un arrêt ultérieur (*Gasparini e.a.*), la Cour va plus loin, même si c'est de façon prudente, en considérant que « la mise sur le marché d'une marchandise dans un autre État membre, postérieure à son importation dans l'État membre qui a prononcé l'acquittement, constitue un comportement susceptible de faire partie des "mêmes faits" ». Dans ce cas, la Cour accepte que l'« *idem* » puisse être constitué même en l'absence de simultanéité des faits, quand un laps de temps s'écoule entre deux comportements indissociablement liés entre eux[31].

La Cour élargit encore la notion, même si c'est de nouveau de manière prudente, par son arrêt *Van Straaten*, dans lequel elle considère que « s'agissant des délits relatifs aux stupéfiants, il n'est pas exigé que les quantités de drogue en cause dans les deux États contractants concernés ou les personnes ayant prétendument participé aux faits dans les deux États soient identiques » et « qu'il n'est donc pas exclu qu'une situation dans laquelle une telle identité fait défaut constitue un ensemble de faits qui, par leur nature même, sont indissociablement liés »[32]. L'« *idem* » peut donc être constitué, même en l'absence d'identité des quantités concernées et des auteurs présumés.

L'« *idem* » peut également être constitué, comme la Cour le dégage dans l'arrêt *Kretzinger*, dans le cas où plusieurs actes successifs sont posés (prise de possession de produits de contrebande, importation et possession dans un autre État) pour autant qu'il puisse être établi « que le prévenu qui a été poursuivi dans deux États contractants avait dès le départ l'intention de transporter le tabac, après la première prise de possession, vers une destination finale en traversant plusieurs États contractants »[33]. L'unité d'intention peut ainsi conforter le caractère indissociablement lié des faits matériels.

Par contre, la Cour a considéré, dans l'arrêt *Kraaijenbrink* du 18 juillet 2007, que « la simple circonstance que des faits sont reliés entre

[30] Arrêt *Van Esbroeck, op. cit.*, point 42.
[31] Arrêt *Gasparini e.a., op. cit.*, point 57.
[32] Arrêt *Van Straaten, op. cit.*, points 49-50.
[33] Arrêt *Kretzinger, op. cit.*, point 37.

eux par une unité d'intention ne suffit pas pour considérer qu'il s'agit des mêmes faits ». Il s'agissait en l'occurrence de la détention au Pays-Bas de sommes d'argent provenant d'un trafic de stupéfiants et de blanchiment de sommes d'argent provenant également d'un tel trafic aux travers de bureaux de change en Belgique, sans qu'il fût établi dans la procédure qu'il s'agissait des mêmes gains financiers dérivés du trafic de stupéfiants[34].

En résumé, dans son appréciation du « *idem* », la Cour privilégie l'aspect factuel par rapport à l'élément intentionnel. C'est le degré d'identité et de connexité entre toutes les circonstances factuelles qui prime sur l'unité d'intention de l'auteur. Par ailleurs, l'identité des faits ne doit pas être totale pour autant que la connexité soit suffisamment étroite (faits indissociablement liés) et des différences entre les quantités des choses sur lesquelles portent les faits, des différences entre les auteurs des faits ou l'existence d'un délai dans le temps entre les faits ne font pas obstacle à la constatation d'un « *idem* ».

Il convient de noter toutefois que la Cour donne des réponses qui sont toujours ouvertes, en ce qu'elle renvoie aux autorités nationales pour apprécier, à la lumière des indications données par la Cour, si telle situation concrète tombe ou non sous l'application du principe[35].

3.3.2. Même auteur

L'« *idem* » vise non seulement les faits qui font l'objet de la décision, mais concerne aussi l'auteur de ces faits. Ce n'est donc pas la décision judiciaire qui fait l'objet de la protection du principe *ne bis in idem*, mais seulement la personne qui a fait l'objet de cette décision, quand bien même les faits seraient imputables à une pluralité d'auteurs. Les autres auteurs éventuels des faits, qui n'auraient pas été visés par la décision, ne pourraient bénéficier de la protection du principe. C'est ce que la Cour a confirmé dans son arrêt *Gasparini*.

La raison est à trouver dans la finalité des dispositions du traité (à l'époque de l'arrêt, le titre VI de l'ancien Traité UE, telle qu'énoncée à l'article 2, premier alinéa, quatrième tiret, aujourd'hui l'article 67 du TFUE), à savoir celle « de maintenir et de développer l'Union en tant qu'espace de liberté, de sécurité et de justice au sein duquel est assurée la libre circulation des personnes, en liaison avec des mesures

---

[34] Arrêt *Kraaijenbrink*, *op. cit.*, points 36 et 39.

[35] V. notamment arrêt *Kretzinger*, *op. cit.*, point 37 : « L'appréciation définitive à cet égard appartient aux instances nationales compétentes ».

appropriées en matière [...] de prévention de la criminalité et de lutte contre ce phénomène ».

C'est donc ici l'objectif d'éviter l'impunité qui prime sur celui de la sécurité juridique et de l'équité pour les personnes concernées[36].

4. Conclusion : le principe *ne bis in idem* comme principe dynamique

Les contours du principe s'affinent d'arrêt en arrêt, même si de nombreuses questions restent encore ouvertes. Un mouvement structurel est à l'œuvre dans cette évolution. Il résulte de la relation dynamique entre les différents instruments qui consacrent le principe. Comme cela a été développé précédemment, le principe tel qu'il est contenu dans la CAAS s'interprète à la lumière de celui contenu dans la Charte, lequel s'interprète lui-même à la lumière de celui contenu dans le Protocole 7 à la convention européenne. Le principe s'enrichit ainsi dans un jeu de fertilisation croisée entre les jurisprudences des deux Cours de Luxembourg et Strasbourg et la distinction entre un *ne bis in idem* interne et un *ne bis in idem* européen s'estompe progressivement par l'effet de ces renvois et interprétations en cascade.

Avril 2016

[36] Dans le cas d'espèce de l'arrêt *Gasparini*, deux des personnes prévenues en Espagne avaient déjà fait l'objet d'un acquittement en raison de la prescription dans un autre État, le Portugal. Si les autres co-prévenus avaient été jugés au Portugal, ils auraient vraisemblablement bénéficié de la décision et n'auraient plus pu faire l'objet de poursuites en Espagne.

La traduction belge du principe *Non bis in idem* dans la jurisprudence de la Cour constitutionnelle et de la Cour de cassation : bonne élève, mauvaise élève ?

Adrien MASSET

Avocat aux Barreaux de Liège et de Verviers,
Professeur extraordinaire à la Faculté de droit et à Hec-Tax Institute de l'Université de Liège

I. L'affirmation juridique du principe *Non bis in idem* en droit belge

A. Le Code d'instruction criminelle

Le principe *non bis in idem* veut qu'une même personne ayant déjà fait l'objet d'un jugement définitif au fond, c'est-à-dire passé en force de chose jugée, ne peut pas faire l'objet de nouvelles poursuites.

L'autorité de la chose jugée qui s'attache à toute décision pénale définitive empêche de nouvelles poursuites à charge d'une même personne pour des mêmes faits : c'est le principe *non bis in idem*[1]. L'autorité de la chose jugée constitue donc un mode d'extinction de l'action publique[2].

Si ce principe a été tôt reconnu par le droit de la procédure pénale belge, son champ d'application a fait l'objet d'évolutions notables.

Aucune disposition du Code d'instruction criminelle belge de 1808 ne formule le principe : seul l'article 360, devenu 339, du C.I.Cr. fait application de ce principe qui, en outre, n'est énoncé que pour la cour d'assises : « L'accusé acquitté par une cour d'assises ne peut plus être poursuivi pour les mêmes faits, quelle que soit la qualification juridique attribuée à ceux-ci. »

Cette disposition impose donc le principe de l'exception de la chose jugée au pénal sur le pénal.

---

[1] Cass. 20 septembre 1978, *Pas.* 1979, I, p. 97 ; Corr. Turnhout, 17 mars 1962, *R.W.* 1962-1963, col. 165.

[2] Cass. 23 mars 1920, *Pas.* 1920, I, p. 104 ; Cass. 12 février 1974, *Pas.* 1974, I, p. 613.

Dans le cadre des relations internationales, la loi du 17 juin 1878 contenant le Titre préliminaire du Code de procédure pénale comporte un article 13 pertinent pour notre matière : il prévoit que, sauf en ce qui concerne les crimes et délits commis en temps de guerre, les dispositions des articles 6 à 12 (qui étendent la compétence judiciaire belge pour les infractions commises en dehors du territoire de la Belgique) ne sont pas applicables lorsque l'inculpé, jugé en pays étranger du chef de la même infraction, a été acquitté ou lorsqu'après avoir été condamné, il a subi ou prescrit sa peine ou a été gracié ou amnistié. L'alinéa 2 prévoit que toute détention subie à l'étranger par suite de l'infraction qui donne lieu à condamnation en Belgique est toujours imputée sur la durée des peines emportant privation de liberté[3].

B. Un principe général du droit

Le principe *non bis in idem* a été élevé au rang de principe général du droit, à l'instar, par exemple, des principes de la présomption d'innocence, de la personnalité des peines, du respect des droits de la défense ou de l'interdiction d'être juge et partie : à ce titre, il ne doit pas être écrit dès lors que les principes généraux sont applicables même en l'absence de texte ; le juge les déclare et il en constate l'existence et est tenu d'en assurer le respect[4].

Le principe *non bis in idem* a été inclus dans la liste de ces principes généraux du droit[5].

À de nombreuses reprises, les juridictions belges ont fait application de ce principe comme tel[6].

---

[3] D. BERNARD, « Le rôle dévolu au principe *ne bis in idem* en droit international pénal : une nouvelle fonction pour la règle ? », *Rev. dr. pén.* 2011, pp. 703-726.

[4] W. J. GANSHOF VAN DER MEERSCH, « Propos sur le texte de la loi et les principes généraux du droit », *Bulletin des arrêts de la Cour de cassation*, Bruxelles, Bruylant, 1970, pp. 43 et 44.

[5] W. J. GANSHOF VAN DER MEERSCH, « Propos sur le texte de la loi et les principes généraux du droit », discours prononcé à l'audience solennelle de rentrée de la Cour de cassation, le 1er septembre 1970, *J.T.* 1970, pp. 585-586. M. PREUMONT, « Les principes généraux du droit en matière pénale », *in* S. GILSON (dir.), *Au-delà de la loi ? Actualités et évolutions des principes généraux du droit*, Anthemis, 2006, pp. 111-126. A. DE NAUW, « Continuité et renouveau des principes généraux du droit pénal : contributions et échecs de la doctrine de la revue », *in Le centenaire de la Revue de droit pénal et de criminologie*, La Charte, 2007, pp. 1-23. P. MARCHAL, « Principes généraux du droit », *R.P.D.B.*, Compl. XI, Bruylant, 2011, 320 p.

La Cour de cassation et la Cour constitutionnelle se sont toujours accordées sur ce point[7].

C. Les conventions internationales transposées en droit belge

L'évolution de l'affirmation du principe et son extension n'ont été possibles que par l'effet de dispositions pertinentes contenues dans des conventions internationales qui ont lié la Belgique.

L'article 14.7 du Pacte international relatif aux droits civils et politiques, fait à New York le 19 décembre 1966 et approuvé par la loi belge du 15 mai 1981, énonce le principe : « Nul ne peut être poursuivi ou puni en raison d'une infraction pour laquelle il a déjà été acquitté ou condamné par un jugement définitif conformément à la loi et à la procédure pénale de chaque pays. »

Cette disposition internationale a été jugée directement applicable dans l'ordre juridique belge[8].

Ce principe est également consacré par l'article 4 du Protocole additionnel n° 7 à la Convention européenne des droits de l'homme, signé à Strasbourg le 22 novembre 1984 et approuvé par loi belge avec entrée en vigueur le 1er juillet 2012. L'article 4 dudit Protocole énonce :

> « Article 4 – Droit à ne pas être jugé ou puni deux fois.
>
> 1. Nul ne peut être poursuivi ou puni pénalement par les juridictions du même État en raison d'une infraction pour laquelle il a déjà été acquitté ou condamné par un jugement définitif conformément à la loi et à la procédure pénale de cet État.
>
> 2. Les dispositions du paragraphe précédent n'empêchent pas la réouverture du procès, conformément à la loi et à la procédure pénale de l'État concerné, si des faits nouveaux ou nouvellement révélés ou un vice fondamental dans la procédure précédente sont de nature à affecter le jugement intervenu.»

---

[6] Par exemple, Cass. 22 février 1971, *Pas.* 1971, I, p. 569, *Arr. Cass.* 1971, 599 ; Cass. 9 mai 1972, *Pas.* 1972, I, p. 827 ; Cass. 28 avril 1981, *Pas.* 1981, I, p. 993 ; Cass. 6 février 1985, *Pas.* 1985, I, p. 702 ; Cass. 25 novembre 1987, *Rev. Dr. Pén.* 1988, p. 218 ; Cass. 5 mai 1992, *Pas.* 1992, I, p. 782, *Arr. Cass.* 1991, 837 ; Cass. 19 mars 2002, P.001603.N. ; Cass. 3 février 2009, P.081742.N. ; Cass. 2 décembre 2009, P.091581.F. ; Cass. 25 mai 2011, P.110199.F, concl. de l'avocat général Génicot ; Liège, 15 juin 2011, *J.L.M.B.* 2012, p. 468.

[7] Par exemple, Cass. 19 mars 2002, P.00.1603.N ; C. Const. 18 juin 2008, n° 91/2008.

[8] Par exemple, Cass. 8 juin 1999, *Pas.* 1999, I, p. 335.

Le principe *non bis in idem* a aussi été reçu en droit belge dans le cadre des relations internationales de la Belgique avec des ordres juridiques étrangers[9] : il ne peut être alors question de juger ou de punir dans un État une personne qui a déjà été jugée dans un autre État pour les mêmes faits, selon ce que fixent, notamment, les textes suivants :

- articles 54 à 58 de la Convention de Schengen du 19 juin 1990 relatif à la suppression graduelle des contrôles aux frontières communes[10], approuvée par la loi belge du 18 mars 1993 ;

- loi du 13 mai 1999 portant approbation de la Convention entre les États membres des Communautés européennes relative à l'application du principe *ne bis in idem*, faite à Bruxelles le 25 mai 1987[11] mais non entrée en vigueur ;

- article 50 de la Charte des droits fondamentaux de l'Union européenne du 7 décembre 2000 : « Nul ne peut être poursuivi ou puni pénalement en raison d'une infraction pour laquelle il a déjà été acquitté ou condamné dans l'Union par un jugement pénal définitif conformément à la loi » ;

- article 6 de la loi du 19 décembre 2003 relative au mandat d'arrêt européen autorisant le refus de l'exécution d'un mandat d'arrêt européen lorsque la personne qui fait l'objet du mandat d'arrêt européen est poursuivie en Belgique pour le même fait que celui qui est à la base du mandat d'arrêt européen ; cette loi a été prise suite à la décision-cadre 2002/584/JAI du Conseil du 13 juin 2002 relative au mandat d'arrêt européen et aux procédures de remise entre États membres[12] ;

---

[9] G. STESSENS et T. ONGENA, « Extraterritorialiteit en het *ne bis in idem* – Beginsel », *Poursuites pénales et extraterritorialité*, coll. Les dossiers de la Revue de droit pénal et de criminologie, n° 8, La Charte, 2002, p. 93.

[10] C. GUILLAIN, « L'application du principe *Non bis in idem* au trafic de drogues. Analyse de l'arrêt de la Cour de justice des Communautés européennes du 9 mars 2006 », *J.T.* 2007, p. 144. J. HUBIN, « Commentaire de l'arrêt de la Cour de justice des Communautés européennes du 9 mars 2006 : une nouvelle perspective d'application du principe *non bis in idem* au trafic de stupéfiants entre pays européens », *Rev. dr. pén.* 2006, p. 830. CJUE 29 juin 2016, aff. N° C-486/14. Cass. 26 octobre 2016, *Rev. dr. pén.* 2017, p. 68.

[11] A. WEYEMBERGH, « Le principe *ne bis in idem* : pierre d'achoppement de l'espace pénal européen ? », *Cah. dr. eur.* 2004, pp. 338-375.

[12] La règle *non bis in idem* n'est pas inscrite dans la loi du 15 mars 1874 sur les extraditions mais résulte parfois des stipulations expresses de la convention internationale d'extradition, comme dans l'article 9 de la convention européenne d'extradition du 13 décembre 1957, approuvée par la loi belge du 22 avril 1997.

- loi du 6 avril 2010 portant assentiment à la Convention européenne sur la valeur internationale des jugements répressifs, faite à La Haye le 28 mai 1970, dont les articles 53 et s. prennent en considération le principe *ne bis in idem ;*

- les statuts de la Cour pénale internationale et des Tribunaux internationaux pour l'ex-Yougoslavie et le Rwanda, approuvés par la Belgique et qui prévoient également l'application du principe *non bis in idem*[13].

D. Les dispositions internes pertinentes

Diverses législations permettent de réprimer un même comportement soit par des sanctions pénales, soit par des sanctions administratives. Elles visent, d'une part, à assurer le respect effectif de certaines réglementations, et d'autre part, à décharger les parquets de manière à leur permettre de se consacrer à d'autres phénomènes criminels ; les auteurs parlent volontiers de ces législations comme du « droit administratif armé ».

Limitons-nous à quelques exemples[14], après avoir précisé que le principe *non bis in idem* n'est pas inscrit dans la Constitution belge.

Selon l'article 72 du Code pénal social instauré par la loi du 6 juin 2010, le ministère public, lorsqu'il est saisi d'une infraction de niveau 2, 3 ou 4, doit notifier à l'administration compétente en matière d'amendes administratives, sa décision d'intenter ou non des poursuites pénales. S'il renonce à poursuivre ou s'il ne s'est pas prononcé dans les six mois à compter de la réception du procès-verbal constatant l'infraction, l'administration compétente peut entamer la procédure visant à l'imposition d'une amende administrative. Le ministère public transmet alors à l'administration la copie des pièces recueillies au cours de l'information préliminaire[15].

---

[13] Circulaire ministérielle relative à la coopération avec la Cour pénale internationale et les Tribunaux pénaux internationaux, *Moniteur b.*, 12 décembre 2016, p. 82028.

[14] M. FRANCHIMONT, A. JACOBS et A. MASSET, *Manuel de procédure pénale*, Larcier, 4ème éd., 2012, pp. 161-162.

[15] P. DE KOSTER, « Le principe "*Non bis in idem*" : de la révolution à l'intégration : cinq ans après l'arrêt Sergueï Zolotoukhine ? », *Dr. pén. entr.* 2015, pp. 3-19. D. ROULIVE, « L'incidence du principe *non bis in idem* sur l'application des sanctions administratives dans la réglementation du chômage au regard de la jurisprudence de la Cour européenne des droits de l'homme et de la Cour de cassation » *in L'auditorat du travail : compétences civiles et pénales*, Larcier, 2012, pp. 289-311.

De même, la loi du 13 mai 1999, modifiée par la loi du 24 juin 2013, relative aux sanctions administratives dans les communes[16], qui a introduit un article 119*bis* dans la nouvelle loi communale, permet de frapper certaines formes de « petite criminalité » soit par des sanctions pénales, soit par des sanctions administratives. Lorsqu'une même infraction est qualifiée à la fois pénalement et administrativement, l'original du constat est envoyé au procureur du Roi et une copie en est transmise au fonctionnaire compétent. À nouveau, la sanction pénale est prioritaire par rapport à la sanction administrative. En effet, pour certaines infractions, l'amende administrative n'est possible que dans l'hypothèse où le procureur du Roi a fait savoir au fonctionnaire compétent, dans un délai de deux mois, qu'il l'estime opportune et que lui-même ne réservera pas de suite aux faits ; pour d'autres infractions, le procureur du Roi dispose également d'un délai de deux mois, à compter du jour de la réception de l'original du procès-verbal, pour informer le fonctionnaire compétent qu'une information ou une instruction a été ouverte ou que des poursuites ont été entamées ou qu'il estime devoir classer le dossier à défaut de charges suffisantes. Cette communication éteint la possibilité pour le fonctionnaire d'infliger une amende administrative. Le fonctionnaire ne peut infliger l'amende administrative avant l'échéance du délai,– sauf si avant l'expiration du délai, le procureur du Roi, sans remettre en cause la matérialité de l'infraction, a fait savoir qu'il ne réservera pas de suite aux faits –, mais passé celui-ci, les faits ne pourront plus être sanctionnés que de manière administrative. Il y a donc, à l'échéance du délai, extinction de l'action publique.

Des mécanismes analogues sont mis en œuvre notamment :

- par la loi du 21 décembre 1998 relative à la sécurité lors des matches de football[17],

- par la loi du 2 août 2002 relative à la surveillance du secteur financier et aux services financiers en matière de droit boursier[18],

---

[16] A. BUSCHEMAN et Z. MONTI, « Paysage actuel des sanctions administratives communales », *in* R. CAPART (dir.), *Le droit communal – État des lieux*, Anthemis, 2015, pp. 179-200. La loi du 24 juin 2013 n'a pas été annulée par la Cour constitutionnelle dans son arrêt n° 44/2015 du 23 avril 2015, tout en imposant certaines interprétations ; le principe *non bis in idem* est affirmé et a été correctement appliqué par le législateur, *Rev. Dr. Liège* 2016, p. 77, note O. MICHIELS.

[17] A. MASSET, « Droit pénal et procédure pénale dans la tourmente de l'Euro 2000 : réflexions d'un juriste », *in Euro 2000 : un délicat équilibre entre prévention et sécurité, Manuel de la police*, suppl. 56, mai 2000, éd. Kluwer, pp. 75-105.

- par la loi du 15 avril 1994 relative à la protection de la population et de l'environnement contre les dangers résultant des rayonnements ionisants[19],

- par l'importante loi du 20 septembre 2012 dite « loi *Una Via* » en matière de droit fiscal[20] : il s'agit d'un exemple remarquable en ce que cette loi érige un système complet quant au choix à opérer entre des poursuites administratives et des poursuites pénales : les autorités administratives et judiciaires sont amenées à collaborer selon un *modus vivendi* organisé ; cette loi présente le mérite, outre que la solution est légale, de privilégier un choix réfléchi dans la coordination de cette dualité de poursuites alors que l'exception négative de chose jugée qui découle du principe *non bis in idem* donne, finalement, l'avantage à l'autorité qui est intervenue en premier, ce qui ressemble furieusement à la politique aléatoire du fait accompli ou du premier servi.

---

[18] A. LECOCQ, « Le principe "*non bis in idem*" en droit financier. Vers un changement de paradigme ? », *D.B.F.-B.F.R.* 2013, p. 143-152. L'article 73 de la loi du 2 août 2002, modifié par la loi du 2 juillet 2010 relative à la surveillance du secteur financier et aux services financiers prête le flanc à la critique en ce qu'il prévoit un régime d'imputation des sanctions : « Les amendes administratives imposées par la commission des sanctions devenues définitives et les règlements transactionnels intervenus avant que le juge pénal ait statué définitivement sur les mêmes faits ou des faits connexes, s'imputent sur le montant de toute amende pénale qui serait prononcée pour ces faits à l'égard de la même personne ». Pour un cas d'application dans le litige Fortis, voy. Brux., 24 septembre 2015, DA/OR, 2015, pp. 48-101.

[19] Les inspecteurs nucléaires de l'Agence fédérale de contrôle nucléaire, gendarme des activités nucléaires, ont des compétences de sanction administrative en présence de comportements qui appellent aussi une sanction pénale (article 55).

[20] E. CECI, A. LECOCQ, « Réforme *Una Via* : le dessus de l'iceberg », *Dr. pén. entr.* 2013/1, p. 3 ; J.-P. BOURS, « Droit pénal ou fiscal ? *Electa una via, recursus ad alteram non datur* – La loi du 20 septembre 2012 », *J.T.* 2013, p. 179 ; F. KONING, « Le principe *non bis in idem* et la loi du 20 septembre 2012 instaurant le principe *una via* dans la répression des infractions fiscales », obs. sous CEDH, *Tomasovic c/ Croatie*, 18 octobre 2010, *J.L.M.B.* 2013, p. 584 ; S. VAN DUERM, « *Una Via* dans les affaires fiscales pénales, une solution ? », *R.G.C.F.* 2014, pp. 69-74 ; F. KONING, « La loi du 20 septembre 2012 instaurant le principe *una via* dans la répression des infractions fiscales, ou la transposition manquée du principe *non bis in idem* » *in Actualités de droit pénal et de procédure pénale*, CUP, vol. 148, Larcier, 2014, pp. 131-171. C. const. 3 avril 2014, n° 61/2014, *Rev. dr. pén.* 2015, p. 347 et *Dr. pén. entr.* 2014, p. 169, note A. LECOCQ et E. CECI : le principe *Una Via*, tel que prévu à l'article 29, alinéa 3, du C.I.cr., méconnaît le principe *non bis in idem* en autorisant le ministère public à engager des poursuites pénales contre une personne qui a déjà fait l'objet, pour des faits en substance identiques, d'une sanction administrative, à caractère pénal, devenue définitive, ainsi qu'en autorisant que cette personne soit renvoyée, en raison de faits en substance identiques, devant une juridiction pénale ou, si cette juridiction était déjà saisie, en lui permettant de continuer l'examen de la cause. A. MANSERI, « *Ne Bis In Idem* et *Electa Una Via* - Le droit pénal fiscal à la croisée des chemins », *Dr. pén. entr.* 2015, p. 205.

Il est à noter que si certaines législations introduisant des sanctions administratives prévoient que l'application de telles sanctions éteint l'action publique[21], d'autres ne le mentionnent pas. La Cour constitutionnelle considère que ces dernières créent une discrimination contraire aux articles 10 et 11 de la Constitution et que les contrevenants qui se sont vu appliquer une amende administrative en vertu de telles législations doivent également bénéficier du principe *non bis in idem*[22].

II. Le tournant décisif de l'entrée en vigueur du Protocole additionnel n° 7 à la Convention européenne des droits de l'homme

A. Zolotoukhine 2009 + Protocole n° 7 - 2012

A constitué un tournant décisif l'entrée en vigueur en Belgique, le 1er juillet 2012[23], de l'article 4 du Protocole additionnel n° 7 à la Convention européenne des droits de l'homme, signé à Strasbourg le 22 novembre 1984.

L'article 4 dudit Protocole énonce le droit à ne pas être jugé ou puni deux fois.

Avant cette date charnière, les jurisprudences des hautes juridictions belges que constituent la Cour de cassation et la Cour constitutionnelle s'étaient développées de manière disparate et souvent contradictoire.

Ce constat ne surprendra pas dans la mesure où cette disparité n'est pas exceptionnelle entre juridictions suprêmes : ainsi, est-il écrit[24] : « Jusqu'il y a peu, une discordance existait entre – et au sein même de – la jurisprudence de la Cour européenne des droits de l'homme et la Cour de justice de l'Union européenne. Néanmoins, depuis que deux arrêts furent rendus récemment en Grande chambre, l'un de la CEDH, l'autre de la CJUE, contenant des renvois réciproques, il est possible d'estimer que le principe "*non bis in idem*" peut être appliqué uniformément au sein de l'Union » : ces arrêts « pacificateurs » sont,

---

[21] Par exemple, la loi du 24 mars 1987 relative à la santé des animaux ou l'arrêté royal du 22 février 2001 organisant les contrôles effectués par l'Agence fédérale pour la Sécurité de la Chaîne alimentaire.

[22] C. const., arrêt 67/2007 du 26 avril 2007.

[23] Les faits qui concernent une période antérieure ne peuvent pas être examinés à l'aune de ce protocole additionnel – CEDH 10 novembre 2015, *Moreno Benavides c/ Belgique*.

[24] A. LECOCQ, « Le principe "*non bis in idem*" en droit financier. Vers un changement de paradigme ? », *D.B.F.-B.F.R.* 2013, p. 144. M. MORIS, « Les conséquences de la nature pénale des amendes fiscales » *in Mélanges Pascal Minne*, Bruxelles, Bruylant, 2016, pp. 689-729.

respectivement, l'arrêt *Zolotoukhine c/ Russie* du 10 février 2009 de la CEDH[25] et l'arrêt *Åklagaren c/ Hans Åkerberg Fransson* du 26 février 2013 de la CJUE[26] [27].

Le propos se veut encore plus explicite avec l'arrêt de Strasbourg *Grande Stevens et autres c/ Italie* du 4 mars 2014 où la Cour rappelle que « l'article 4 du Protocole n° 7 doit être compris comme interdisant de poursuivre ou de juger une personne pour une seconde "infraction" pour autant que celle-ci a pour origine des faits qui sont en substance les mêmes », et la Cour de préciser : « la garantie consacrée à l'article 4 du Protocole n° 7 entre en jeu lorsque de nouvelles poursuites sont engagées et que la décision antérieure d'acquittement ou de condamnation est déjà passée en force de chose jugée. À ce stade, les éléments du dossier comprendront forcément la décision par laquelle la première "procédure pénale" s'est terminée et la liste des accusations portées contre le requérant dans la nouvelle procédure. Normalement, ces pièces renfermeront un exposé des faits concernant

---

[25] CEDH (Gr. Ch.), 10 février 2009, *Zolotoukhine c/ Russie*, *Dr. pén. entr.* 2009, p. 327, note F. KRENC, *J.T.* 2009, p. 150.
La Grande Chambre de la Cour opère un revirement de jurisprudence et se rapproche de l'*idem factuel* (« *même comportement* ») qui ne peut être poursuivi ou jugé deux fois, en s'éloignant de l'*idem légal ou juridique* (« *même qualification* »). Se cantonner à la qualification *juridique* limiterait trop les droits des citoyens. En conséquence, la Cour souligne que « [ce droit doit] être compris comme interdisant de poursuivre ou de juger une personne pour une seconde "infraction" pour autant que celle-ci a pour origine des faits identiques ou des faits qui sont en substance les mêmes (…). La Cour doit donc faire porter son examen sur ces faits qui constituent un ensemble de circonstances factuelles concrètes impliquant le même contrevenant et indissociablement liées entre elles dans le temps et l'espace, l'existence de ces circonstances devant être démontrée pour qu'une condamnation puisse être prononcée ou que des poursuites pénales puissent être engagées ». Cet arrêt, en ses § 78 à 84, a explicitement inspiré la rédaction d'arrêts subséquents, par exemple CEDH 16 juin 2009, *Ruotsalainen c/ Finlande*, *Chron. D.S.* 2010, p. 544. CEDH, 9 juin 2016, *Sismanidis et Sitaridis c/ Grèce*.
Il a été écrit que « cette dichotomie – unanimement acceptée – [entre le *idem factum* et le *idem* légal] repose sur une conception éminemment théorique et abstraite, donc forcément tronquée, comme toute construction de l'esprit. Par conséquent, elle ne permet pas de rendre compte de la complexité et de la grande variété des situations engendrées par la pratique », selon A. GARIN, « *Non bis in idem* et Convention européenne des droits de l'homme. Du nébuleux au clair-obscur : état des lieux d'un principe ambivalent », *Rev. Trim. D.H.* 2016, p. 395-432.

[26] CJUE (Gr. Ch.) 26 févier 2013, C-617/10, *Åklagaren c/ Hans Åkerberg Fransson*, confirmant une jurisprudence déjà bien établie.

[27] F. TULKENS, « *Non bis in idem* – Un voyage entre Strasbourg et Luxembourg », *in Droit répressif au pluriel : droit interne, droit international, droit européen, droits de l'homme – Liber amicorum en l'honneur de Renée Koering-Joulin*, coll. Droit et justice, Anthemis, 2014, p. 730. L. MAULET, « Le principe *ne bis in idem*, objet d'un "dialogue" contrasté entre la Cour de justice de l'Union européenne et la Cour européenne des droits de l'homme », *Rev. Trim. D.H.* 2017, pp. 107-130.

l'infraction pour laquelle le requérant a déjà été jugé et un autre se rapportant à la seconde infraction dont il est accusé. Ces exposés constituent un utile point de départ pour l'examen par la Cour de la question de savoir si les faits des deux procédures sont identiques ou sont en substance les mêmes. Peu importe quelles parties de ces nouvelles accusations sont finalement retenues ou écartées dans la procédure ultérieure, puisque l'article 4 du Protocole n° 7 énonce une garantie contre de nouvelles poursuites ou le risque de nouvelles poursuites, et non l'interdiction d'une seconde condamnation ou d'un second acquittement »[28] : cela devient le test « d'une seule et même conduite de la part des mêmes personnes à la même date ».

B. Jurisprudence de la Cour de cassation avant 2012

Par son arrêt du 25 mai 2011, la Cour de cassation[29], dans une affaire de droit pénal social, fera office de rebelle en méconnaissant l'enseignement de l'arrêt *Zolotoukhine* et sera, à ce titre, critiquée par la doctrine.

L'avocat général Génicot avait, en son avis, exposé ce qui suit :

« Mais que sont au juste des faits "identiques" ou "substantiellement" les mêmes ? Je relève que si une loi n'entend incriminer un fait qu'à raison d'une connotation intentionnelle particulière dans le chef de son auteur, l'absence de cet élément moral efface toute qualification sanctionnable. Elle laisse subsister l'acte matériel en lui-même qui se trouve légitimé en l'absence de l'élément moral constitutif de l'infraction. Si la loi entend par contre sanctionner non seulement l'acte lui-même en tant que tel mais aussi, et plus lourdement, sa commission lorsqu'elle est affectée d'une intention frauduleuse particulière, il me semble que les faits ne peuvent être considérés comme "substantiellement" identiques [...]. En effet, outre la spécificité propre de l'élément moral qui suffit en soi à distinguer le fait ainsi incriminé, l'intention d'une infraction se déduit notamment d'indices,

---

[28] CEDH 4 mars 2014, *Grande Stevens et autres c/ Italie*, § 219 et s. Dans le même sens, CEDH 27 mai 2014, *M. c/ Croatie*.

[29] Cass. 25 mai 2011, *J.T.* 2011, pp. 651-655, note J.-F. NEVEN et H. MORMONT, « Cumul des sanctions administrative et pénale en matière de chômage : la Cour de cassation ignore-t-elle la jurisprudence de Strasbourg sur l'identité d'infractions ? ». O. COENEGRACHTS, « *Bis repetita (non) placent* », *J.L.M.B.* 2012, pp. 117-130. D. ROULIVE, « L'incidence du principe *non bis in idem* sur l'application des sanctions administratives dans la réglementation du chômage au regard de la jurisprudence de la Cour européenne des droits de l'homme et de la Cour de cassation », *Dr. pén. entr.* 2011, pp. 283-295. O. MICHIELS, *La jurisprudence de la Cour constitutionnelle en procédure pénale : le code d'instruction criminelle remodelé par le procès équitable ?*, Anthemis, 2015, p. 295 et s.

d'éléments et de circonstances factuelles qui concèdent précisément au contexte de la cause au sens factuel du terme et à prendre en considération, une portée et une substance propre le distinguant de celui dont ne ressortirait pas une telle intention. La jurisprudence de votre Cour, certes antérieure à l'arrêt de la Cour européenne du 10 février 2009, semblait, comme exposé ci-dessus, bien aller en ce sens [...] »[30].

L'arrêt de la cour d'appel de Bruxelles, qui décrétait l'irrecevabilité des poursuites dans le domaine du droit pénal social où des chômeurs indélicats étaient mis en prévention, a été cassé par la Cour de cassation : cette dernière a considéré que les faits des deux procédures ne présentaient pas un degré d'identité qui justifierait l'application du principe *non bis in idem*. L'absence d'identité des faits résultait de l'existence d'une intention frauduleuse requise pour la poursuite des infractions pénales et l'absence d'une telle intention pour l'imposition des sanctions administratives prévues par l'article 154 de l'arrêté royal du 25 novembre 1991 sur le chômage.

La cause, ainsi cassée, a été renvoyée devant la Cour d'appel de Mons qui, instruite de l'entrée en vigueur du Protocole n° 7 déjà mentionné, mit fin à la polémique par un arrêt du 12 septembre 2012, qui fut rendu sur conclusions conformes du ministère public et qui ne fut pas attaqué en cassation[31] : les poursuites restaient irrecevables.

Les juridictions de fond, les cours d'appel et la Cour de cassation ont, en conséquence, suivi la voie tracée par la Cour de Strasbourg éclairée par l'entrée en vigueur du Protocole n° 7[32].

C. Jurisprudence de la Cour constitutionnelle avant 2012

La Cour constitutionnelle belge, anciennement Cour d'arbitrage, a été créée en 1984 et a reçu, au fil du temps, dans ses attributions le contrôle de la constitutionnalité des lois par rapport, d'abord aux articles 10 et 11 de la Constitution, ensuite aux normes internationales directement applicables en ce qu'elles énoncent le principe d'égalité et de non-discrimination, enfin aux divers droits et libertés constitutionnels ; elle peut être saisie de manière directe par un recours en annulation exercé contre de nouvelles dispositions légales, et, de manière indirecte, par le mécanisme de la question préjudicielle.

---

[30] Cass. 25 mai 2011, P.11.0199.F, concl. de l'Avocat général Génicot.

[31] Ph. DE KOSTER, *op. cit.*, p. 9.

[32] M. PUECHAVY (dir.), *Le principe* ne bis in idem, éd. Anthemis-Nemesis, 2012, 303 p.

Les arrêts n° 67/2007 du 26 avril 2007[33] et n° 91/2008 du 18 juin 2008[34] fixaient bien la position de la Cour constitutionnelle en la matière : une différence liée à l'élément moral entre les deux incriminations, pénale et administrative (fiscale ou sociale), suffit à exclure l'application du principe *non bis in idem.*

La Cour constitutionnelle a été la première à intégrer l'enseignement de l'arrêt Zolotoukhine de 2009 puisque, par son arrêt n° 91/2010 du 29 juillet 2010[35], en son point B.4.5, elle tranche comme suit : « le principe *non bis in idem* interdit de poursuivre ou de juger une personne pour une seconde infraction pour autant que celle-ci a pour origine des faits identiques ou des faits qui ont en substance les mêmes. Pour que ce principe s'applique à une taxe, il est requis que cette taxe constitue, outre un impôt, une mesure de nature pénale ».

D. La paix judiciaire dès 2012 versus difficultés d'application

1. La Cour constitutionnelle

Les arrêts de la Cour constitutionnelle postérieurs à celui du 29 juillet 2010 seront de la même veine et exécuteront entièrement, de notre point de vue, les enseignements de la jurisprudence strasbourgeoise :

- un arrêt du 1er mars 2012 dit pour droit que la cotisation de solidarité pour la non-déclaration d'emploi en temps opportun par application de l'article 22*quater* de la loi du 27 juin 1969 n'a pas une fonction répressive, en telle sorte que le principe *non bis in idem* ne trouve pas matière à s'y appliquer[36] ;

- un arrêt du 19 décembre 2013 reconnaît encore le principe comme principe général du droit et ajoute que « la circonstance qu'une prévention de droit pénal social requiert que le prévenu ait commis l'infraction sciemment et volontairement, alors que les sanctions administratives sociales ne requièrent pas cet élément moral spécifique est sans incidence sur la violation du principe *non bis in idem* dès lors que les sanctions administratives revêtent un caractère pénal »[37] ;

---

[33] F. LUGENTZ, « Le principe *non bis in idem* et le cumul des sanctions administrative et pénale à l'épreuve de la Cour constitutionnelle », *Rev. dr. pén.* 2007, pp. 977-1006.

[34] C. const. 18 juin 2008, arrêt n°91/2008, *Rev. dr. Pén.* 2009, p. 1063, note F. LUGENTZ.

[35] C. const. 29 juillet 2010, n° 91/2010.

[36] C. const. 1er mars 2012, *J.T.T.* 2012, p. 321.

[37] C. const. 19 décembre 2013, *J.T.* 2014, p. 207, note F. KONING, « Reconnaissance de la jurisprudence de la C.E.D.H. relative au principe *non bis in idem* et du caractère pénal des sanctions administratives sociales ».

- un arrêt du 3 avril 2014, dans le cadre d'un recours en annulation, annule les articles 3, 4 et 14 de la loi du 20 septembre 2012 instaurant, en matière fiscale, le principe *una via* au motif que ces dispositions méconnaissent le principe *ne bis in idem* en ce que le prononcé à titre définitif d'une sanction administrative à caractère pénal d'un contribuable n'a pas pour effet d'empêcher que celui-ci fasse l'objet de poursuites pénales subséquentes ou qu'il soit renvoyé devant une juridiction de jugement lorsque les faits qui lui sont reprochés sont en substance identiques à ceux pour lesquels il a été condamné administrativement[38]. En synthèse[39], un contribuable ne peut être condamné deux fois pour les mêmes faits de fraude fiscale : il n'est donc pas possible que le fisc commence par réclamer l'impôt éludé, avec application éventuelle d'un accroissement d'impôt ou d'une amende administrative, et que le ministère public propose ensuite un arrangement amiable concernant les mêmes faits. La Cour estime que la sanction administrative du fisc revêt déjà un caractère pénal. Des poursuites pénales supplémentaires engagées pour les mêmes faits par le ministère public sont donc illégales ;

- un arrêt n° 86/2015 du 11 juin 2015[40], rendu au contentieux de l'annulation, où la cour estime que : « Interprétées comme ne permettant pas à la FSMA d'infliger une sanction administrative ayant un caractère répressif dominant à une personne poursuivie ou jugée par ailleurs pour une infraction qui a pour origine des faits identiques ou des faits qui sont en substance les mêmes, l'article 140 de la loi du 25 juin 1992 et l'article 86 *bis* de la loi du 2 août 2002, tels qu'ils ont été modifiés ou insérés par les articles 2 et 49 de la loi du 30 juillet 2013 (visant à renforcer la protection des utilisateurs de produits et services financiers ainsi que les compétences de l'Autorité des services et marchés financiers, et portant des dispositions diverses), ne méconnaissent pas le principe *non bis in idem* » ; par ailleurs, la loi du 21 juin 2016 portant réforme du système de répression des abus de marché a officialisé le principe *ne bis in idem*.

---

[38] C. const. 3 avril 2014, arrêt n° 61/2014, *Dr. pén. entr.* 2014, p. 169 et s.

[39] P. DE KOSTER, « Le principe « *Non bis in idem* » : de la révolution à l'intégration : cinq ans après l'arrêt Sergueï Zolotoukhine ? », *Dr. pén. entr.* 2015, p. 7.

[40] C. const. 11 juin 2015, n° 86/2015.

2. Le Conseil d'État

Le Conseil d'État, haute juridiction administrative, a tout autant intégré ce principe *non bis in idem* d'une manière conforme aux standards européens récents, spécialement en rendant des avis, section législation, en ce sens sur des avant-projets ou propositions de lois[41], tout comme au contentieux administratif[42].

3. La Cour de cassation

Acquise à la portée du Protocole n° 7, la Cour de cassation a, – enfin selon certains, encore selon d'autres qui criaient au malentendu lié à la technique de cassation –, appliqué l'adage *non bis in idem* dans sa compréhension européenne et, partant, constitutionnelle, mais avec des nuances qui dépassent les cas d'espèce :

- un arrêt du 27 mars 2013[43] a tranché que « le principe général du droit *non bis in idem*, inscrit à l'article 14, § 7, du Pacte international relatif aux droits civils et politiques, s'oppose à ce qu'une personne fasse l'objet de poursuites pénales après avoir payé une amende administrative à caractère répressif [à savoir une amende fiscale administrative], lorsque le texte prévoyant l'amende administrative et celui relatif à l'infraction pénale répriment, en des termes équivalents, le même comportement et que les éléments essentiels des deux infractions sont identiques ». L'exception d'irrecevabilité des poursuites n'est alors admise que si le demandeur a soutenu, ce qui n'était pas le cas en l'espèce, que l'amende fiscale administrative avait été infligée par application d'une ou de plusieurs dispositions légales ou réglementaires réprimant les faits constitutifs des préventions de droit pénal qui leur étaient reprochées ;

- un arrêt du 17 juin 2014[44] a tranché que « l'article 4.1 du Protocole additionnel n° 7 à la Convention de sauvegarde des droits de l'homme et des libertés fondamentales, tel qu'interprété par la Cour européenne des droits de l'homme, implique qu'une seconde poursuite est interdite du chef de faits identiques ou substantiellement les mêmes, après qu'une première poursuite a déjà donné lieu

---

[41] P. DE KOSTER, *op. cit.*, p. 8, et A. LECOCQ, *op. cit.*, p. 4 et les exemples cités.
[42] Par exemple, C.E. 31 mars 2015, n° 230.700 ; C.E. 3 avril 2015, n° 230.781.
[43] Cass. 27 mars 2013, P.12.1945.F, *Pas.* 2013, n° 213.
[44] Cass. 17 juin 2014, P.13.1747.N. ; voy. aussi Cass. 29 janvier 2013, P.12.0402.N, *Pas.* 2013, n° 67, avec les conclusions du ministère public.

à une décision irrévocable[45] de condamnation ou d'acquittement ; il est entendu par faits identiques ou substantiellement les mêmes un ensemble de circonstances de fait concrètes concernant un même suspect, lesquelles sont indissociablement liées entre elles dans le temps et dans l'espace » ;

- des arrêts des 6, 25 février, 24 juin 2014 et 14 octobre 2015[46], en matière disciplinaire, en conflit avec des poursuites pénales, rejettent l'application du principe pour les motifs suivants : « ni les articles 14.7 du Pacte international relatif aux droits civils et politiques et 4.1 du Protocole additionnel n° 7 à la Convention de sauvegarde des droits de l'homme et des libertés fondamentales, ni le principe général du droit *non bis in idem* ayant la même portée, ne font obstacle à une poursuite pénale et à une condamnation après une procédure disciplinaire ayant fait l'objet d'une décision définitive, lorsque cette procédure disciplinaire ne présente pas les caractéristiques d'une poursuite pénale ; la circonstance qu'il y a lieu de considérer, en l'occurrence, la peine disciplinaire infligée comme une peine au sens de l'article 6 de la Convention de sauvegarde des droits de l'homme et des libertés fondamentales, n'y change rien » ;

---

[45] Observons que, s'il s'agit d'examiner la sanction administrative prononcée, celle-ci doit être devenue irrévocable : voy. Cass. 29 septembre 2015, P.14.0681.N.

[46] Cass. 6 février 2014, D.120018.N, *Pas.* 2014, n° 100 ; Cass. 25 février 2014, P.13.1409.N, *Pas.* 2014, n° 150 ; Cass. 24 juin 2014, P.13.1747.N, *T. Strafr.* 2014, p. 313 et la note critique de H. VAN BAVEL, « *Idem betekent niet altijd hetzelfde* », à propos d'une espèce où le prévenu était poursuivi disciplinairement pour avoir *administré* des substances hormonales et était poursuivi pénalement pour avoir été *en possession* des mêmes substances hormonales. J. CASTIAUX, « *Ne bis in idem* en cas de concours entre une poursuite disciplinaire et une poursuite pénale », *Dr. pén. entr.* 2016, p. 173-179.

Cass. 14 octobre 2015, *Rev. dr. pén.* 2016, p. 254, avec conclusions avocat général D. VANDERMEERSCH, *J.L.M.B.* 2016, p. 764 : « Il n'y a pas de violation du principe *non bis in idem* lorsqu'une personne est poursuivie au pénal après avoir été poursuivie disciplinairement pour avoir porté atteinte à la dignité de la profession qu'elle exerce, la transgression reprochée n'impliquant pas, par elle-même, une qualification pénale mais disciplinaire, et s'être vu infliger une suspension de trente jours, sanction impliquant une perte de traitement qui n'implique ni une amende élevée, ni une privation de liberté, ni une interdiction professionnelle de longue durée, de sorte qu'elle n'est pas de nature pénale ». Le motif tiré de la constatation que la transgression de la norme disciplinaire considérée s'adresse uniquement à une catégorie limitée de personnes – des membres des services de police qui, en l'espèce, avaient consulté des banques de données à des fins personnelles étrangères au service ou à des fins de renseigner des tiers – est, selon nous, critiquable car les normes disciplinaires ne s'adressent qu'aux acteurs d'une discipline bien précise. Par définition, une discipline ne s'adresse qu'à un corps bien précis de personnes pratiquant cette discipline.

Dans le même sens, Cass. 26 octobre 2016, *Rev. dr. pén.* 2017, p. 68.

Les juridictions de fond ont suivi cet enseignement : un seul exemple suffira. À preuve, un arrêt de la Cour du travail de Mons du 6 juin 2013[47] dans une espèce concernant un chômeur qui, dès le début de la perception des allocations de chômage, avait développé un commerce de voitures d'occasion. De l'enquête pénale, il apparaissait que le bénéfice de ce travail frauduleux, exercé entre le 1er juillet 2002 et le 30 septembre 2005, se situait entre 42.000 et 63.000 euros. Le chômeur indélicat fut traduit devant le tribunal correctionnel de Mons lequel, par un jugement du 21 décembre 2006, le déclara coupable de la prévention de travail frauduleux et lui accorda le bénéfice de la suspension du prononcé. Par une décision administrative du 15 février 2010, l'ONEm décida d'exclure l'intéressé des allocations de chômage durant 39 semaines, outre la récupération des allocations indues depuis le 1er janvier 2005. Saisie d'une requête d'appel, frappant le jugement du tribunal du travail de Mons prononcé le 4 avril 2012 et qui avait confirmé la décision de l'ONEm tout en réduisant la sanction d'exclusion de 39 à 26 semaines, la cour du travail, par arrêt du 6 juin 2013, ne put qu'annuler la sanction d'exclusion par application du principe *non bis in idem.*

4. Conclusions

Il peut être retenu que, depuis 2012, la jurisprudence des cours et tribunaux s'est posée par la confirmation tant de l'application des critères Engel[48] que de l'application de « l'*in idem* factuel » : « Cette interdiction suppose notamment que les deux jugements ou sanctions concernent une même personne qui est jugée ou sanctionnée une seconde fois du chef des mêmes faits. Il est question des mêmes faits si les faits matériels qui sont successivement soumis au juge, constituent un ensemble indissociable en raison de leur connexité dans le temps, dans l'espace et de leur objet, ce que le juge apprécie souveraine-

[47] Espèce inédite, citée par Ph. DE KOSTER, *op. cit.*, pp. 15-16. Dans le même sens, C. trav. Liège, 9 mai 2014, *J.L.M.B.* 2014, p. 1679, note A. MORTIER, « Le travailleur partiellement inapte et le principe *non bis in idem* », ainsi que C. trav. Liège, 8 septembre 2015, *J.T.T.* 2015, p. 505. Mons, 4ème ch., 9 mars 2016, publié sur *Juridat.* C. trav. Mons, 23 juin 2016, *J.T.T.* 2016, p. 373.
En matière fiscale, Anvers, 24 février 2015, *R.A.B.G.* 2015, p. 1343 ; Liège, 26 février 2015, *J.L.M.B.* 2015, p. 1189 ; Gand, 3 mars 2015, *R.G.C.F.* 2015, p. 333 ; Brux., 30 avril 2015, *F.J.F.* 2016, p. 66.

[48] Pour mémoire, au rang des trois critères issus de cet arrêt *Engel et autres c/ Pays-Bas*, 8 juin 1976, § 82, série A, n° 22, on trouve le premier qui est la qualification juridique de l'infraction en droit interne, le second la nature même de l'infraction et le troisième le degré de sévérité de la sanction que risque de subir l'intéressé. Ce test permet d'aboutir à la conclusion que l'on est en présence ou non d'une « accusation en matière pénale » au sens de l'article 6 de la Convention.

ment ». De même, en ce qui concerne la qualification juridique donnée, « Son appréciation des faits ainsi jugés n'est pas liée par la qualification sous laquelle l'acquittement a été décidé, le juge devant avoir égard au comportement de fait et aux circonstances réellement visés par les premières poursuites ».

Il résulte de ce panorama que la difficulté principale actuelle, pour aboutir à l'application du principe *non bis in idem*, réside dans la qualification à donner à une sanction de « nature répressive » : cette qualification conditionne la mise en œuvre du principe. Elle relève de l'appréciation souveraine du juge du fond, sous le contrôle de la Cour de cassation que le juge ne tire pas des faits constatés des conséquences qui y sont étrangères ou qu'ils ne peuvent justifier[49].

L'application du test Engel reste tout autant difficile, spécialement en matière disciplinaire[50] [51], et doit se faire, de notre point de vue, par le recours à la comparaison avec les affaires précédentes, sans toutefois handicaper des évolutions jurisprudentielles.

Une voie d'avenir paraît être, selon nous, de catégoriser, de manière législative, les sanctions qui sont de « nature répressive » et qui subis-

---

[49] Cass. 17 février 2015, *Pas.* 2015, p. 423 ; Cass. 24 avril 2015, F.14.0045.N., *Lar. Cass.* 2016/1, p. 21.

[50] Plusieurs avancent la finalité différente de la sanction pénale et de la sanction disciplinaire, G. RAVARANI, « Les sanctions administratives au Luxembourg », *in Analyse comparée sur les sanctions administratives en Belgique, au Luxembourg et aux Pays-Bas,* publiée à l'occasion de la Réunion des Conseils d'État du Benelux et de la Cour administrative du Luxembourg, Bruxelles, 21 octobre 2011, p. 44.

[51] Mentionnons aussi, en droit pénitentiaire disciplinaire, Cass. 11 janvier 2012, P.11.1867.F, *Pas.* 2012, n° 26 selon lequel, à juste titre selon nous, « lorsque la sanction disciplinaire infligée à un détenu ne porte que sur les modalités d'exécution d'une peine imposée par le juge, sans prolonger la durée de l'incarcération à subir par le condamné, une telle mesure ne saurait, en règle, être qualifiée de pénale ». L'arrêt, en lui-même, porte les limites de ce que la raison commande si l'on pense par exemple à une prise d'otage en prison sanctionnée à la fois disciplinairement et pénalement. Ainsi, Ph. DE KOSTER mentionne une décision d'un tribunal administratif de l'O.I.T. selon laquelle « le principe *non bis in idem* n'empêche pas qu'il y ait des conséquences à la fois disciplinaires et non disciplinaires à un même acte ou incident. En revanche, il interdit d'imposer des mesures disciplinaires supplémentaires pour des actes ou des omissions qui ont déjà donné lieu à une sanction disciplinaire », *op. cit.*, p.11.

sent le principe *non bis in idem*, par opposition aux sanctions d'une autre nature, purement administrative ou civile ou préventive[52].

Une autre voie d'avenir a également nos faveurs, à savoir la mise en place généralisée, dans ces matières, du principe *Una Via.*

Il demeure que ces solutions figées présentent l'inconvénient de bloquer l'évolution d'une matière pleine de ressources, certes, mais aux contours qui heurtent le principe de la sécurité juridique, tant pour les prévenus que pour les organes de poursuite.

Il ne peut donc être question de décerner, à l'issue de cet examen, des palmes ou des bonnets d'âne aux uns et aux autres mais de constater que les réticences, réelles ou supposées, à prendre la roue du juge supranational ont été, pour l'essentiel, abolies. Il demeure, certes, des difficultés d'application[53] mais qui interpellent plus le juge supranational, et, partant, le juge national, qu'elles ne mettent en évidence un refus d'appliquer la norme de droit, avec toutes ses imperfections.

Février 2017

---

[52] Le retrait immédiat du permis de conduire sur la base de l'article 55 des lois coordonnées sur la circulation routière est jugé ne pas constituer une sanction, ni une peine au sens de la Convention européenne des droits de l'homme, mais bien une mesure préventive qui a pour but d'écarter de la circulation, pour un temps déterminé, les conducteurs dangereux, et une mesure de prudence dont le caractère d'urgence justifie son application immédiate et dans laquelle ne transparaît pas le but de punir ; Cass. 7 janvier 1998, *J.T.* 1998, p. 233 ; CEDH 28 octobre 1999, *Rev. dr. pén.* 2000, p. 214 ; Th. PIRAPREZ, « Le permis de conduire : retrait et déchéance », *in Le tribunal de police en mouvement*, éd. Jeune Barreau Liège, 2002, pp. 151-174. Cass. 19 mars 2002, *T. Strafr.* 2002, p. 30. A. VANDEBURIE, *Le retrait immédiat du permis de conduire et son contrôle juridictionnel : de l'arrêt Escoubet à la loi du 20 juillet 2005 modifiant les lois coordonnées du 16 mars 1968 relatives à la police de la circulation routière*, La Charte, 2007, 176 p. C. const. arrêt n°52/2014, 27 mars 2014.

Adde, en matière de roulage, Corr. Liège, 31 mars 2015, *J.L.M.B.* 2015, p. 1200 : « Le principe général du droit *non bis in idem* interdit que le prévenu qui a fait l'objet d'un jugement coulé en force de chose jugée puisse être poursuivi une deuxième fois en raison du même fait, fût-il autrement qualifié. La conduite d'un véhicule non assuré et en défaut de satisfaire au contrôle technique ne peut être assimilée à la dégradation volontaire d'un véhicule et/ou à une conduite dangereuse pouvant provoquer un accident, fût-elle constatée en même temps que ces dernières infractions ».

[53] A. GARIN, « *Non bis in idem* et Convention européenne des droits de l'homme. Du nébuleux au clair-obscur : état des lieux d'un principe ambivalent », *Rev. Trim. D.H.* 2016, pp. 395-432. Pour un commentaire de CEDH 15 novembre 2016, *A. et B. c/ Norvège*, qui est présenté comme un arrêt de principe permettant une peine cumulée proportionnée ne pouvant pas dépasser la peine la plus forte, voy. Ph. DE KOSTER, *Dr. pén. entr.* 2017/1, pp. 9 à 15.

La traduction française du principe *Non bis in idem*

Sabrina LAVRIC

Maître de conférences à l'Université de Lorraine, Institut François Gény (EA 7301)

Signification. La maxime « *non bis in idem* » ou « *ne bis in idem* » (« pas deux fois pour la même chose ») désigne traditionnellement l'interdiction d'engager des poursuites envers une personne qui a déjà fait l'objet d'une décision définitive à propos des mêmes faits[1]. Elle exprime l'autorité de chose jugée au criminel sur le criminel[2], encore appelée « autorité négative de chose jugée »[3], étant entendue que l'autorité de chose jugée ne s'acquiert qu'une fois que la décision rendue devient définitive, (c'est-à-dire soit à l'expiration des délais de recours suspensifs, soit à l'épuisement de ces voies de recours quand des recours sont exercés)[4]. Elle concerne les décisions définitives des juridictions de jugement, et pas celles des juridictions d'instruction (sauf non-lieu exclusivement fondé en droit)[5].

Fondement(s), justification(s), valeur(s). « *Non bis in idem* » est aujourd'hui consacré par plusieurs conventions internationales auxquelles la France est partie : (Convention EDH – art. 4 du Protocole

---

[1] Selon le vocabulaire juridique Cornu, « *non bis in idem* » exprime « qu'un accusé jugé (acquitté au condamné) par une décision non susceptible de recours ne peut plus être poursuivi pour le même fait », et, par extension, que « le juge, lorsqu'un fait matériel peut tomber sous le coup de plusieurs incriminations, ne peut retenir qu'une seule des qualifications possibles de telle sorte que le délinquant ne soit pas puni deux fois pour le même fait » (G. CORNU, *Vocabulaire juridique*, PUF, Quadrige, 10e éd., 2014, *v° Non bis in idem*).

[2] Proposant de détacher la règle « *ne bis in idem* » du principe de l'autorité de la chose jugée, et de l'asseoir sur le principe d'unicité d'action répressive envers la même personne pour les mêmes faits, V. J. LELIEUR-FISCHER, *La règle* ne bis in idem *: du principe de l'autorité de la chose jugée au principe d'unicité d'action répressive, étude à la lumière des droits français, allemand et européen*, Thèse Paris 1, 2005 (dir. M. DELMAS-MARTY).

[3] R. KOERING-JOULIN, « De quelques aspects de la règle *Ne bis in idem* », *in* : *Mélanges Wiederkehr*, Dalloz, 2009, p. 251.

[4] F. FOURMENT, *Procédure pénale*, Larcier, Paradigme, 14e éd., 2013, n° 666.

[5] *Ibid.*, n° 668 ; l'art. 188 du C. pr. pén. permet la réouverture d'une instruction sur charge nouvelle à la demande du ministère public ; V. *infra*.

additionnel n° 7[6] ; Pacte sur les droits civils et politiques de 1966 – art. 14§7[7] ; Charte des droits fondamentaux de l'UE – art. 50[8] ; Conv. d'application de l'accord de Schengen – art. 54[9]) et il est prévu à l'article 6 du Code de procédure pénale français (qui fait de la chose jugée une cause d'extinction de l'action publique[10]). Ce principe remonte en réalité au droit romain (« *bis de eadem re ne sit actio* ») et la jurisprudence judiciaire l'a clairement consacré à partir de la fin du XIXe siècle[11].

« *Non bis in idem* » est justifié par un impératif de sécurité juridique[12] et de liberté dès lors qu'il confère à l'individu définitivement jugé pour certains faits la tranquillité légitime de ne pas être inquiété, de nouveau, pour ces mêmes faits. Plus largement, il paraît dicté par des impératifs de justice et d'équité. Ainsi, dans son *Traité de l'instruction criminelle*, Faustin Hélie, citant le conseiller d'État Berlier, lors d'une séance du 17 Fructidor an XII (4 septembre 1804), affirme, à propos de l'autorité de la chose jugée à l'étranger que : « la maxime : *Non bis in idem*, appartient au droit universel des nations »[13]. Dans un même esprit, la chambre des requêtes de la Cour de cassation énonçait un peu plus tard, en 1868 : « des considérations d'humanité [...] répugnent à ce qu'un individu puisse être jugé deux fois pour le même fait »[14]. Selon Madame le conseiller à la Cour de cassation Koering-

---

[6] « Nul ne peut être poursuivi ou puni pénalement par les juridictions du même État en raison d'une infraction pour laquelle il a déjà été acquitté ou condamné par un jugement définitif conformément à la loi et à la procédure pénale de cet État ».

[7] « Nul ne peut être poursuivi ou puni en raison d'une infraction pour laquelle il a déjà été acquitté ou condamné par un jugement définitif conformément à la loi et à la procédure pénale de chaque pays ».

[8] « Nul ne peut être poursuivi ou puni pénalement en raison d'une infraction pour laquelle il a déjà été acquitté ou condamné dans l'Union par un jugement pénal définitif conformément à la loi ».

[9] « Une personne qui a été définitivement jugée par une Partie contractante ne peut, pour les mêmes faits, être poursuivie par une autre Partie contractante, à condition que, en cas de condamnation, la sanction ait été subie ou soit actuellement en cours d'exécution ou ne puisse plus être exécutée selon les lois de la Partie contractante de la condamnation ».

[10] « L'action publique pour l'application de la peine s'éteint par la mort du prévenu, la prescription, l'amnistie, l'abrogation de la loi pénale et la chose jugée ».

[11] E. LETOUZEY, *La répétition d'infractions*, Dalloz, Nouvelle bibliothèque de thèses, 2016, n° 55 ; J. LELIEUR-FISCHER, thèse préc., n° 10 et 63 s.

[12] Démontrant précisément que la règle *ne bis in idem* ne parvient pas à remplir ses fonctions de protection de la sécurité juridique individuelle et collective, V. J. LELIEUR-FISCHER, thèse préc.

[13] F. HÉLIE, Traité de l'instruction criminelle, *in : Théorie du code d'instruction criminelle*, Bruxelles, Méline, Cans et Compagnie, 1845, n° 890.

[14] Cass. req., 14 avr. 1868, S., 1868, 1, 183, cité par A. HUET et R. KOERING-JOULIN, *Droit pénal international*, PUF, Thémis-droit, 3e éd., 2005, n° 151.

Joulin, qui propose une formule qui opère une synthèse de ces justifications, la règle *non bis in idem* « est un des droits processuels fondamentaux de la personne inspiré par "l'intérêt supérieur de dignité, de justice et d'humanité" »[15].

Pour autant, et aussi fondamental soit-il, « *non bis in idem* » n'a pas valeur constitutionnelle, même si son « fantôme » plane sur la jurisprudence[16].

Conséquences. Ce principe consacre donc le droit acquis de la personne poursuivie à l'erreur judiciaire *in favorem*[17] : (il s'oppose à ce que l'on puisse revenir sur cette erreur commise en faveur de la personne). Ainsi, « la sécurité juridique l'emporte sur la condamnation à tout prix », comme le formulent Serge Guinchard et Jacques Buisson[18] ; « le mal jugé, en fait et en droit, s'impose au second juge » (sauf hypothèse d'une révision, qui ne peut opérer qu'en faveur de la personne injustement condamnée[19]).

D'un point de vue procédural, « *non bis in idem* » peut être invoqué et opposé sous la forme d'une exception de procédure : l'exception de chose jugée, qui est une exception d'ordre public, qui peut être soulevée à tout moment et doit être relevée d'office par le juge. Il s'agit d'un obstacle à de nouvelles poursuites, qui ne s'appliquera cependant qu'en cas d'identité de faits entre la poursuite initiale et la nouvelle poursuite. À cet égard, l'article 368 du Code de procédure pénale français précise, mais en matière criminelle seulement, qu'« aucune personne acquittée légalement ne peut être reprise ou accusée à raison des mêmes faits, sous une qualification différente ».

Décision pénale étrangère. Pour finir, « *non bis in idem* » s'applique aussi, dans certains cas, lorsqu'une décision définitive a été rendue à l'étranger. Ainsi, au titre des dispositions relatives aux infractions commises hors du territoire de la République, le Code pénal français

---

[15] R. KOERING-JOULIN, *op. cit.*, *ibid.*

[16] O. DÉCIMA, « Le fantôme de *ne bis in idem* », *D.* 2015, p. 874 ; V. en dernier lieu, Cons. const. 14 janv. 2016, n° 2015-513/514/526-QPC, *D.* 2016, p. 819, point de vue O. DÉCIMA ; V. aussi, 18 mars 2015, n° 2014-453/454 QPC et n° 2015-462-QPC, *D.* 2015, p. 894, note A.-V. LE FUR et D. SCHMIDT ; *ibid.*, p. 1506, obs. C. MASCALA ; *ibid.*, p. 1738, obs. J. PRADEL, et 2465, obs. C. GINESTET ; *AJDA* 2015, p. 1191, étude P. IDOUX, S. NICINSKI et E. GLASER ; *Rev. sociétés* 2015, p. 380, note H. MATSOPOULOU ; *RSC* 2015, p. 374, obs. F. STASIAK, et p. 705, obs. B. DE LAMY ; *RTD com.* 2015, p. 317, obs. N. RONTCHEVSKY.

[17] F. FOURMENT, *op. cit.*, n° 670.

[18] S. GUINCHARD et J. BUISSON, *Procédure pénale*, LexisNexis, Manuel, 10e éd., 2014, n° 2663.

[19] V. art. 622 s. C. pr. pén. ; l'acquittement définitif d'un coupable, lui, est irréversible.

précise, en son article 113-9, que « dans les cas prévus aux articles 113-6 et 113-7 [c'est à dire dans le cadre de l'exercice des compétences personnelles active et passive de la loi pénale française], aucune poursuite ne peut être exercée contre une personne justifiant qu'elle a été définitivement jugée à l'étranger pour les mêmes faits et, en cas de condamnation, que la peine a été subie ou prescrite ». On retrouve la même formule à l'article 692 du code de procédure pénale, concernant la compétence des juridictions françaises en cas d'infractions commises hors du territoire de la République[20].

Plan. Ces éléments nous amènent à envisager rapidement, pour préciser la reconnaissance, par le droit français (de source nationale), de « *non bis in idem* », les deux dimensions suivantes de l'autorité de la chose jugée au pénal sur le pénal : l'autorité de chose jugée en France (I) et l'autorité de chose jugée à l'étranger (II)[21].

I. L'autorité de chose jugée en France

Condition générale d'identité de faits. Dans ce cadre, l'application de « *Non bis in idem* » implique une identité de faits entre la poursuite initiale et la nouvelle poursuite ; ce qui revient à exiger une triple identité d'objet, de parties et de cause, comme le requiert expressément l'article 1351 du Code civil en matière civile[22].

Condition tenant à l'identité d'objet. L'identité d'objet, pour commencer, est nécessairement présente dans le champ du droit pénal classique (celui des textes répressifs du code pénal et des lois pénales annexes) puisque l'objet d'une poursuite pénale, quel que soit son auteur, est toujours le même : il consiste à faire condamner un individu pour certains faits.

---

[20] « Dans les cas prévus au chapitre précédent, aucune poursuite ne peut être exercée contre une personne justifiant qu'elle a été jugée définitivement à l'étranger pour les mêmes faits et, en cas de condamnation, que la peine a été subie ou prescrite ».

[21] La question – complémentaire – de l'autorité de la chose jugée au pénal sur le civil ne sera pas abordée ; l'on rappellera simplement que, selon une construction prétorienne ancienne, le juge chargé de statuer sur l'action en réparation née de la commission d'une infraction dont l'auteur présumé a été poursuivi, doit respecter « ce qui a été certainement et nécessairement jugé au criminel » (Cass. req. 9 déc. 1902, *DP* 1903, 1, 47) ; V. F. FOURMENT, *op. cit.*, n°s 672 s.

[22] « L'autorité de la chose jugée n'a lieu qu'à l'égard de ce qui a fait l'objet du jugement. Il faut que la chose demandée soit la même ; que la demande soit fondée sur la même cause ; que la demande soit entre les mêmes parties, et formée par elles et contre elles en la même qualité » ; l'art. 1351 a été recodifié par l'ordonnance n° 2016-131 du 10 févr. 2016 portant réforme du droit des contrats, du régime général et de la preuve des obligations (JORF 11 févr. 2016) mais sa rédaction demeure inchangée (V. art. 1353 nouv. C. civ.)

En revanche, certaines difficultés apparaissent si l'on envisage, non plus le champ du droit pénal *stricto sensu*, mais celui de la « matière pénale », notion autonome définie par la Cour de Strasbourg sur la base de l'article 6 de la Convention, et qui inclut, en outre, les sanctions prononcées par des institutions administratives (que ce soit l'administration directe ou des autorités administratives indépendantes - AAI), et celles prononcées par d'autres juges que le juge pénal[23].

Comme l'essentiel de la journée est consacré à cet enjeu spécifique, évidemment, je ne développerai pas davantage ; simplement, la logique commanderait d'étendre à la matière pénale la règle « *non bis in idem* » (étant précisé cependant que la France a émis une réserve lors de sa ratification du Protocole additionnel n° 7 à la Convention EDH en 1986 suivant laquelle « seules les infractions relevant en droit français de la compétence des tribunaux statuant en matière pénale [autrement dit, les infractions pénales *stricto sensu*] doivent être regardées comme des infractions au sens des articles 2 à 4 du présent Protocole »)[24].

Condition tenant à l'identité des parties. Ensuite, les parties doivent être les mêmes concernant les deux poursuites, faute de quoi l'autorité de chose jugée ne jouera pas. Ainsi, en cas de pluralité d'auteurs, la décision rendue à l'égard d'un des participants ne s'impose pas au juge saisi ultérieurement à l'égard d'un autre[25]. Par ailleurs, une même personne peut être poursuivie deux fois en des qualités différentes (la nouvelle poursuite sous une autre qualité est parfaitement possible).

Troisième et dernière condition : c'est **l'identité de cause**. C'est cette condition qui cristallise les débats autour de l'application de « *non bis in idem* » dans la mesure où deux conceptions de la notion de « même(s) fait(s) » sont possibles, en prenant pour critère soit leur matérialité (c'est la conception dite des « faits matériels »), soit leur qualification juridique (c'est la conception dite, et sans doute mal dite

---

[23] Sur cette question, V. A. GUINCHARD, « Matière pénale et cumul des sanctions », *in : Mélanges Guinchard*, Dalloz, 2010, p. 517.

[24] On signalera néanmoins que les réserves autrichiennes et italiennes, rédigées sur le même modèle, ont été invalidées par la Cour EDH par les arrêts *Gradinger c/ Autriche* (23 oct. 1995, n° 15963/90, série A n° 328-C, *JCP* 1996, I, 3910, obs. F. SUDRE ; *RSC* 1996, p. 487, obs. R. KOERING-JOULIN) et *Grande Stevens c/ Italie* (4 mars 2014, n° 18640/10, *D.* 2015, p. 1506, obs. C. MASCALA ; *Rev. sociétés* 2014, p. 675, note H. MATSOPOULOU ; *RSC* 2014, p. 110, obs. F. STASIAK ; *ibid.* 2015, p. 169, obs. J.-P. MARGUÉNAUD ; *RTD eur.* 2015, p. 235, obs. L. D'AMBROSIO et D. VOZZA).

[25] Cass. civ. 1re, 25 juill. 1912, *Morillon*, *S.* 1914, 1, 116 ; J. PRADEL et A. VARINARD, *Les grands arrêts de la procédure pénale*, Dalloz, Grands arrêts, 9e éd. 2016, n° 48.

d'ailleurs[26], des « faits juridiques »). Selon la première, la chose jugée s'impose quand le fait reste identique dans sa matérialité à ce qu'il était dans le cadre de la première poursuite, peu important de nouvelles qualifications. Selon la seconde, ce qui est jugé sur une première qualification n'interdit pas une nouvelle poursuite sous une autre qualification. La première conception semble plus conforme à la chose jugée ; en outre, le juge est censé avoir envisagé toutes les qualifications possibles et avoir retenu la mieux adaptée (il y a donc aussi une idée de « purge des qualifications » qui s'accorde avec cette conception matérielle de l'identité de faits).

Pour autant, le droit français n'est pas parfaitement limpide sur ce point (contrairement à la jurisprudence européenne).

En présence de faits radicalement distincts, il n'y a pas de souci (sauf pour leur auteur) : les nouvelles poursuites seront valables ; de même qu'en cas d'infraction renouvelée[27] ou d'infraction continue.

En revanche, la question se pose en cas de faits matériels identiques : peut-on initier de nouvelles poursuites sous une autre qualification ? La loi apporte une réponse, mais partielle seulement, à l'article 368 du Code de procédure pénale, qu'on a déjà évoqué, qui concerne les acquittements (« aucune personne acquittée légalement ne peut être reprise ou accusée à raison des mêmes faits, même sous une qualification différente »). La formule semble exclure expressément, au moins dans cette hypothèse (acquittement par une cour d'assises), la conception dite des faits juridiques.

Cette solution vaut-elle pour d'autres hypothèses ? La doctrine semble estimer que oui ; celle-ci admet l'extension de cette solution aux poursuites engagées devant les tribunaux correctionnels et de police. Mais du côté de la jurisprudence, la réponse est moins claire.

Par un arrêt *Laurent* du 19 mai 1983[28], la chambre criminelle a admis la légalité de poursuites criminelles pour homicide volontaire alors que l'accusé avait déjà été condamné, par un tribunal correctionnel, pour homicide involontaire à l'égard de la même victime. Et dans cet arrêt, on trouve une formule, qui sonne comme un retour à la conception des faits juridiques : « le crime d'homicide qui se commet par la détermination de la volonté et le délit d'imprudence qui l'exclut [sont]

---

[26] En ce sens, S. GUINCHARD et J. BUISSON, *op. cit.*, n° 2666.
[27] Cass. crim., 24 avr. 1931, *DP* 1932, 1, 62, rapp. BROUCHOT.
[28] Cass. crim., 19 mars 1983, *Bull. crim.* n° 149 ; *D.* 1984, p. 41, rapp. CHAPPARD ; *JCP* 1985, II, 20385, note W. JEANDIDIER.

deux infractions distinctes en leurs éléments de fait aussi bien qu'en leurs éléments de droit ».

Mais en 2005, en matière correctionnelle, la chambre criminelle a jugé, au visa nouveau de l'article 4 du Protocole additionnel n° 7 à la Convention européenne, qu'une personne poursuivie pour harcèlement sexuel mais relaxée ne pouvait pas être poursuivie pour les mêmes faits, sous la qualification d'agression sexuelle[29].

Depuis, la conception dite des « faits juridiques » semble être abandonnée[30], dans le sens d'une mise en conformité du droit français avec le droit européen.

Qu'en est-il, à présent, de l'autorité négative de la chose jugée à l'étranger ?

II. L'autorité de chose jugée à l'étranger

La question est de savoir si une décision pénale étrangère fait obstacle à ce que des faits déjà examinés à l'étranger soient à nouveau poursuivis en France[31].

Encadrement de « *non bis in idem* ». La réponse est positive en application des articles 113-9 du Code pénal et 692 du Code de procédure pénale précités. Mais l'application de « *non bis in idem* » est subordonnée à d'étroites conditions, qui sont relatives à l'infraction commise (et à son lieu de commission), à la décision étrangère qui a été rendue et, enfin, à la mise en œuvre de l'exception de chose jugée[32].

---

[29] Cass. crim., 19 janv. 2005, *Bull. crim.* n° 25 ; *AJ pénal* 2005, p. 196, obs. C. PORTERON ; *JCP* 2005, IV, 1570 ; *Gaz. Pal.* 30 août 2005, somm., obs. Y. MONNET.

[30] S. GUINCHARD et J. BUISSON, *op. cit.* ; au soutien de cette affirmation, les auteurs invoquent la jurisprudence de la Cour EDH (CEDH 10 févr. 2009, *Zolotoukhine c/ Russie* [GC], n° 14939/03, *D.* 2009, p. 2014, note J. PRADEL ; *RSC* 2009, p. 675, obs. D. ROETS ; *JCP* 2009, I, 143, obs. F. SUDRE ; *RTDH* 2009, p. 867, obs. H. MOCK ; *Dr. pénal* 2010, chron. n° 3, obs. E. DREYER ; V. Rép. pén. Dalloz, *v°* Convention européenne des droits de l'homme [Jurisprudence de la Cour européenne des droits de l'homme en matière pénale], par P. DOURNEAU-JOSETTE, n°s 660 s. ; V. égal, J.-F. RENUCCI, *Droit européen des droits de l'homme*, LGDJ, 5e éd. 2013, n°s 451 s.) et un arrêt de la chambre criminelle du 3 février 2010 concernant l'autorité d'un non-lieu et dont il émane que la procédure de reprise de l'information sur des charges nouvelles requiert une identité de faits entre les instances concurrentes, à déduire du seul acte de saisine et non des résultats de l'information judiciaire (Cass. crim. 3 févr. 2010, n° 09-82.864 et n° 09-82.865, inédit, *RSC* 2010, p. 613, obs. Y. MAYAUD).

[31] Pour l'historique des dispositions applicables, V. A. HUET et R. KOERING-JOULIN, *op. cit.*, n° 161.

[32] *Ibid.*, n° 152 s.

L'infraction. Sur la première condition tenant à l'infraction, « *non bis in idem* » sera difficilement admis si l'infraction a été commise en France car en principe la compétence territoriale des juridictions françaises exclut toute compétence étrangère. Cette exclusion de « *non bis in idem* » dans cette hypothèse découle de l'article 113-9 du Code pénal qui ne confère l'autorité négative de chose jugée à l'étranger que « dans les cas prévus aux articles 113-6 et 113-7 [c'est-à-dire dans le cadre des compétences personnelles active et passive] », ces cas ne concernant que certaines infractions commises « hors du territoire de la République » (art. 692 C. pr. pén.).

Il existe certaines exceptions, notamment prévues par certaines conventions internationales qui admettent ponctuellement le jeu de « *non bis in idem* », par exemple la Convention de Schengen, dont on a déjà évoqué l'article 54, qui ne distingue pas selon le lieu de commission de l'infraction ; mais l'article 55 de la même convention permet aux États parties de déclarer qu'ils ne sont pas liés par l'article 54 « lorsque les faits visés par le jugement étranger ont eu lieu soit en tout, soit en partie, sur son territoire » – et la France a fait cette déclaration[33].

Pour les infractions commises à l'étranger, qui ne lèsent pas directement l'ordre public français, « *non bis in idem* » va s'appliquer : dans le cas de crimes et délits commis à l'étranger par ou contre un Français (art. 113-9 C. pén.) ; et aussi, lorsque la personne déjà jugée à l'étranger est complice d'une infraction commise à l'étranger ou auteur d'une infraction relevant de la compétence universelle des tribunaux français (art. 692 C. pr. pén.).

Il existe là encore quelques exceptions, notamment pour les infractions soumises à la compétence réelle des tribunaux français (art. 113-10 C. pén.), c'est-à-dire, notamment les crimes et délits attentatoires aux intérêts fondamentaux de la Nation, qui protègent des intérêts nationaux tellement importants qu'ils s'opposent à ce que la France abandonne son droit de poursuite (et d'ailleurs la France a adopté, dans le cadre de la Convention de Schengen, une déclaration faisant échapper à « *non bis in idem* » les faits constituant des infractions contre la sûreté ou d'autres intérêts essentiels de l'État).

La décision étrangère. D'autres conditions, ensuite, tiennent à la décision étrangère.

D'une façon générale, il doit d'abord s'agir d'un jugement, émanant d'une autorité répressive compétente au regard des règles françaises

---

[33] Crim. 3 déc. 1998, *Bull. crim.* n° 331 ; *Rev. gén. proc.* 1999, p. 92, obs. D. REBUT.

de compétence internationale, et ayant été rendu à la suite d'une procédure respectant les droits de la défense. En outre, la décision étrangère doit être définitive, *a priori* au regard de la loi étrangère (mais la jurisprudence applique parfois les critères français pour déterminer le caractère définitif ou non de la décision étrangère, ce qui limite l'application de « *non bis in idem* »).

Pour les décisions de condamnation, il faut que la peine principale ait été subie ou prescrite (sinon, il serait commode pour un auteur, condamné à l'étranger, de fuir dans un autre État pour se soustraire à l'exécution de sa peine). La condamnation doit avoir été totalement exécutée, et la prescription de la peine, quant à elle, s'apprécie au regard de la loi étrangère. S'agissant des autres causes d'extinction de la peine, la grâce n'est plus assimilée à l'exécution par le législateur français mais la Convention de Schengen maintient cette assimilation (car la grâce empêche l'exécution « selon les lois de la Partie contractante de condamnation ») ; de même l'amnistie semble empêcher une nouvelle poursuite en France (sauf s'il s'agit d'exercer une compétence universelle, dont le principe est posé par l'article 689-1 du Code de procédure pénale, et qui est « par nature » réservée aux infractions les plus graves, qui lèsent la communauté internationale dans son ensemble)[34].

Enfin, pour les décisions de relaxe ou d'acquittement, aucune condition spécifique ne s'impose ; donc les motifs de la décision importent peu.

La mise en œuvre. Reste, pour finir, à dire quelques mots de la mise en œuvre de « *non bis in idem* ».

La décision étrangère doit simplement être invoquée devant le juge français saisi des poursuites. En principe, il incombe à la personne poursuivie d'en faire état et de prouver la réunion des conditions de la chose jugée à l'étranger. La convention de Schengen, pour sa part, semble admettre que le juge puisse l'invoquer d'office[35].

---

[34] Crim. 23 oct. 2002, n° 02-85.379, *Bull. crim.* n° 195 ; RSC 2003, p. 425, note M. MASSÉ (pour des actes de torture et de barbarie) ; solution confirmée par CEDH 17 mars 2009, *Ould Dah c/ France*, req. n° 13113/03, Dalloz actualité 9 avr. 2009, obs. S. LAVRIC ; *D.* 2009, p. 1573, note J.-F. RENUCCI ; *Rev. pénit.* 2009, p. 688, obs. D. CHILSTEIN ; V. Rép. pén. Dalloz, *v° Compétence internationale*, par D. BRACH-THIEL, n° 230.

[35] V. l'art. 57 de la convention ; en ce sens, V. A. HUET et R. KOERING-JOULIN, *op. cit.*, n° 157.

Et l'exception de chose jugée à l'étranger peut, *a priori*, être soulevée à tout moment de la procédure[36].

Conclusion. Voilà pour la traduction française de « *non bis in idem* », dont le champ d'application, par-delà la seule sphère pénale, fait aujourd'hui l'objet de nombreuses interrogations face à la multiplication de compétences répressives « qui s'entrecroisent et se chevauchent »[37]. Dans ce contexte, il apparaît nécessaire de réorganiser ces réseaux de répression selon un principe de cohérence : l'expression – et la thèse – est celle défendue par le professeur Mireille Delmas-Marty[38], pour qui « *non bis in idem* », précisément, impose d'« ordonner le multiple sans le réduire »[39].

Avril 2016

[36] Ce qui paraît résulter de la rédaction de l'art. 113-9 du C. pén. qui dispose qu'« aucune poursuite ne peut être exercée … » ; A. HUET et R. KOERING-JOULIN, *ibid.*

[37] M. PRALUS, « Étude en droit pénal international et en droit communautaire d'un aspect du principe *non bis in idem* : *non bis* », *RSC* 1996, p. 552.

[38] M. DELMAS-MARTY, *Les grands systèmes de politique criminelle*, UF, Thémis-Droit privé, 1992, p. 153.

[39] M. DELMAS-MARTY, *Le flou du droit*, PUF, Quadrige, 2004, p. 269, cité par J. LELIEUR-FISCHER, thèse préc., n° 36.

La notion « pénale » : mot magique ou critère trompeur ? Réflexions sur les distinctions entre le droit pénal et le droit quasi pénal

Vanessa FRANSSEN

Chargée de cours à l'Université de Liège,
Chercheuse affiliée à la KU Leuven,
Avocate au Barreau de Bruxelles

> « *Cette question [de la peine] n'échappe pas à un certain paradoxe. D'un côté, qu'on le veuille ou non, il n'y pas de droit pénal sans peine : celle-ci est et reste au cœur du dispositif répressif dont elle est la marque inévitable. D'un autre côté, apparemment simple, la notion de peine possède en réalité des contours à la fois incertains et fluctuants, ce qui n'est pas sans soulever de réelles difficultés. Notre hypothèse est que ce mouvement, loin de se résorber, aurait plutôt tendance à s'amplifier.* »[1]

I. Introduction

L'objectif de cette contribution est de prendre un peu de recul et de réfléchir au champ d'application, non seulement du principe de *non bis in idem*, mais aussi des autres droits fondamentaux garantis, en matière pénale, par la Convention européenne des droits de l'homme (ci-après : Conv. EDH) et la Charte des droits fondamentaux de l'Union européenne (ci-après : Charte). Cette prise de recul s'avère d'autant plus nécessaire face à l'émergence et à la mise en œuvre d'un droit « pénal » au sens large, c'est-à-dire de règles de droit qui, si elles ne portent pas l'étiquette formelle de droit pénal, présentent néanmoins clairement un caractère punitif. L'essor de ce droit pénal au

---

[1] F. TULKENS et M. VAN DE KERCHOVE, « La nature et les contours de la peine. Regards croisés sur la jurisprudence interne et internationale », *in* M. BORN, F. KÉFER, A. LEMAÎTRE (dir.), *Une criminologie de la tradition à l'innovation. En hommage à Georges Kellens*, Bruxelles, De Boeck & Larcier, 2006, p. 453.

sens large se remarque tant au niveau national que supranational, et certainement dans le domaine du droit de l'entreprise. À titre d'exemple, l'on peut mentionner les règles administratives en matière d'abus de marché et en matière fiscale, le droit de la concurrence, ou encore le volet administratif punitif du droit de l'environnement et du droit social. Certaines de ces règles feront d'ailleurs l'objet d'une analyse détaillée dans d'autres contributions de cet ouvrage, spécifiquement sous l'angle du principe de *non bis in idem*[2].

Sans entrer dans le débat (certes légitime) de l'opportunité de créer des régimes punitifs en omettant de les qualifier de droit pénal[3], cette contribution ambitionne de clarifier les enjeux sous-jacents de l'étiquette « pénale » et la dynamique qu'elle crée, notamment par la Cour européenne des droits de l'homme et la Cour de justice de l'Union européenne. Depuis son célèbre arrêt *Engel*, la Cour européenne des droits de l'homme a développé une jurisprudence relative à la création d'une notion « pénale » autonome. Plus récemment, la Cour de justice s'est également mêlée à cette discussion. La question qui se pose, dans ce cadre, est de savoir si, après quatre décennies de jurisprudence, les contours de cette notion et ses implications concrètes sur le plan de la protection des droits fondamentaux sont enfin clairement définis. Comme la citation de Françoise Tulkens et de Michel van de Kerchove précitée le suggère, la réponse à cette question était déjà loin d'être évidente il y a dix ans. Depuis lors, l'interaction accrue entre les deux Cours européennes n'a pas facilité les choses, bien au contraire.

L'analyse procédera en trois temps. Tout d'abord, nous présenterons les bases légales contenant la notion « pénale » au sein de la Conv. EDH et au sein du droit primaire de l'Union européenne. Ensuite, nous analyserons comment cette notion est interprétée par les deux Cours européennes. Et avant de conclure, nous tenterons d'expliquer les divergences entre la jurisprudence de ces deux Cours.

---

[2] Voy. *infra*, les contributions respectives de V. JAWORSKI, J. LASSERRE CAPDEVILLE, F. STASIAK et P. VAN CLEYNENBREUGEL.

[3] Cette discussion a été abordée ailleurs : V. FRANSSEN, « Background paper on the interplay between criminal and quasi-criminal enforcement in Europe », *Quasi-criminal enforcement mechanisms in Europe : Disentangling historical origins and concepts*, 2e Séminaire du CQEM réseau de recherche, Université du Luxembourg, Luxembourg, le 16 septembre 2015.

II. Bases légales pertinentes

Dans un premier temps, nous présenterons brièvement les principales dispositions de la Conv. EDH et du droit primaire de l'Union européenne dans lesquelles se retrouve la notion « pénale », ou des termes proches de cette notion.

A. La notion « pénale » dans la Convention européenne des droits de l'homme

Du côté du Conseil de l'Europe, on retrouve la notion « pénale », sous différentes formes, dans plusieurs dispositions de la Conv. EDH et de ses Protocoles. Premièrement, la notion « pénale » est utilisée dans la phrase « toute accusation en matière pénale » de l'article 6 relatif au droit à un procès équitable. La même expression revient à l'article 2 du 7ème Protocole additionnel à la Conv. EDH, consacré au droit à un double degré de juridiction « en matière pénale ».

Deuxièmement, le terme « pénal » apparaît à l'article 4 du même Protocole, qui contient le principe de *non bis in idem* national, c'est-à-dire le principe tel qu'il s'applique au niveau national. On y lit en effet :

« Nul ne peut être poursuivi ou <u>puni pénalement</u> par les juridictions du même État en raison d'une infraction pour laquelle il a été acquitté ou condamné par un jugement définitif conformément à la loi et à la procédure <u>pénale</u> de cet État. »[4]

Troisièmement, de manière plus indirecte, l'article 7 de la Conv. EDH, garantissant le principe de la légalité, contient le mot « peine » (en anglais : « penalty »), qui a la même racine étymologique que la notion « pénale ». Le même terme se retrouve, en outre, à l'article 1 du 1er Protocole additionnel à la Conv. EDH protégeant le droit à la propriété, du moins dans la version anglaise. En effet, alors que le texte anglais contient le mot « penalties », on retrouve dans la version française le terme « amendes », qui est plus spécifique et restreint.

Une analyse de la jurisprudence de la Cour européenne des droits de l'homme montre clairement que le champ d'application de ces différentes dispositions légales évolue dans le même sens. Cela n'est guère surprenant dans la mesure où la Cour applique les mêmes critères qualitatifs pour déterminer si une situation « pénale » concrète mérite la protection offerte par la Convention et ses Protocoles. Par exemple,

---

[4] Nous soulignons.

dans plusieurs arrêts où l'article 4 du 7ème Protocole est mis en jeu, la Cour établit un lien explicite avec le champ d'application des articles 6 et 7 de la Conv. EDH[5]. Ainsi, dans l'affaire *Zolotoukhine c/ Russie*, la Cour souligne que :

« la qualification juridique de la procédure en droit interne ne saurait être le seul critère pertinent pour l'applicabilité du principe de *non bis in idem* au regard de l'article 4 § 1 du Protocole n° 7. S'il en était autrement, l'application de cette disposition se trouverait subordonnée à l'appréciation des États contractants, ce qui risquerait de conduire à des résultats incompatibles avec l'objet et le but de la Convention [...]. Les termes "procédure pénale" employés dans le texte de l'article 4 du Protocole n° 7 doivent être interprétés à la lumière des principes généraux applicables aux expressions "accusation en matière pénale" (criminal charge) et "peine" (penalty) figurant respectivement à l'article 6 et à l'article 7 de la Convention [...] »[6].

La jurisprudence plus ancienne de la Cour révèle cependant que le lien entre les articles 6 et 7 de la Conv. EDH d'un côté, et l'article 4 du 7ème Protocole de l'autre, n'a pas toujours été fait aussi explicitement[7]. Visiblement, la jurisprudence de la Cour a donc évolué sur ce point.

L'objectif de l'approche autonome de la Cour, comme l'indique l'extrait de l'arrêt *Zolotoukhine* ci-dessus, est d'assurer que toutes les personnes relevant de la juridiction de la Cour jouissent effectivement des mêmes droits fondamentaux, quelle que soit l'étiquette appliquée en droit national par les États contractants. Sinon ces derniers pourraient facilement soustraire les personnes soumises à leur juridiction à l'application de la Convention.

---

[5] Voy., entre autres, CEDH *Ruotsalainen c/ Finlande*, 16 juin 2009, § 42 ; CEDH *Tomasović c/ Croatie*, 18 octobre 2011, § 19 ; CEDH *Muslija c/ Bosnie-Herzégovine*, 14 janvier 2014, § 25 ; CEDH *Milenković c/ Serbie*, 1er mars 2016, § 32.

[6] CEDH (Grande Chambre), *Zolotoukhine c/ Russie*, 10 février 2009, § 52.

[7] Par exemple, dans l'affaire *Gradinger c/ Autriche* du 23 octobre 1995, la Cour évita encore d'établir ce lien expressément. Dans cette affaire, le gouvernement autrichien avait notamment insisté sur la distinction entre le champ d'application de l'article 6 de la Conv. EDH, qui englobe potentiellement des procédures pénales administratives (§§ 32 et 34), et celui de l'article 4 du 7ème Protocole, à plus fortes raisons parce que l'Autriche avait circonscrit le champ d'application de cette disposition « aux seules "procédures pénales dans le sens du Code pénal autrichien" [...], excluant ainsi les procédures administratives ou disciplinaires » (§ 49). Au lieu de réfuter cette distinction, la Cour jugea plutôt que la déclaration limitative de l'Autriche n'était pas exhaustive ni suffisamment explicite sur les dispositions écartées et conclut donc à l'invalidité de la déclaration autrichienne (§ 51).

B. La notion « pénale » en droit primaire de l'Union européenne

Du côté de l'Union européenne, le terme « pénal » est utilisé dans plusieurs dispositions du Traité sur le fonctionnement de l'UE (ci-après : TFUE), ainsi que dans la Charte des droits fondamentaux de l'UE.

1. Dispositions pertinentes du TFUE

Tout d'abord, on rencontre le terme « pénal » au Titre V du TFUE, consacré à « L'espace de liberté, de sécurité et de justice ». À l'article 67, alinéa 3, le Traité énonce en effet que :

« L'Union œuvre pour assurer un niveau élevé de sécurité par des mesures de prévention de la criminalité, du racisme et de la xénophobie, ainsi que de lutte contre ceux-ci, par des mesures de coordination et de coopération entre autorités policières et judiciaires et autres autorités compétentes, ainsi que par la reconnaissance mutuelle des décisions judiciaires en matière pénale et, si nécessaire, par le rapprochement des législations pénales. »[8]

Ensuite, au chapitre 4, concernant la « Coopération en matière pénale », on retrouve le terme « pénal » aux articles 82, 83 et 85. Ainsi, l'article 82 du TFUE donne la possibilité à l'UE d'« établir des règles minimales » en matière de « procédure pénale » afin de « faciliter la reconnaissance mutuelle des jugements et décisions judiciaires, ainsi que la coopération policière et judiciaire dans les matières pénales ayant une dimension transfrontière ». L'article suivant confère à l'Union le pouvoir d'adopter « des règles minimales relatives à la définition des infractions pénales et des sanctions dans des domaines de criminalité particulièrement grave revêtant une dimension transfrontière »[9] (art. 83, al. 1er), ainsi que « pour assurer la mise en œuvre efficace d'une politique de l'Union dans un domaine ayant fait l'objet de mesures d'harmonisation » (art. 83, al. 2). Au cas où un projet de directive contenant des règles minimales relatives à la définition des infractions pénales et des sanctions « porterait atteinte aux aspects fondamentaux » du « système de justice pénale » d'un État membre, ce dernier peut demander d'activer le mécanisme de sauvegarde (aussi appelé « le mécanisme de frein ») prévu à l'article 83, al. 3 TFUE. Finalement, l'article 85 du TFUE, définissant la mission générale d'Eurojust, prévoit que l'une des tâches de ce dernier peut consister en « le déclenchement d'enquêtes pénales ainsi que la proposition de

---

[8] Nous soulignons.
[9] Nous soulignons.

déclenchement de poursuites conduites par les autorités nationales compétentes ».

Par ailleurs, au chapitre 5 du Titre V du TFUE, concernant la coopération policière, le mot « pénal » apparaît également à l'article 87, al. 1er, selon lequel :

« L'Union développe une coopération policière qui associe toutes les autorités compétentes des États membres, y compris les services de police, les services des douanes et autres services répressifs spécialisés dans les domaines de la prévention ou de la détection des infractions pénales et des enquêtes en la matière. »[10]

En bref, ces dispositions définissent les pouvoirs de l'Union et de l'un de ses organes. Le terme « pénal » sert donc en premier lieu à délimiter le champ d'activités de l'Union par rapport aux compétences résiduelles et souveraines de ses États membres.

Quelle est alors la signification de ce terme ? Faut-il le comprendre au sens que lui donnent les différents États membres, ou est-ce plutôt un critère autonome, défini par le législateur européen et interprété par la Cour de justice ? La première option laisserait évidemment beaucoup de pouvoir aux États membres, qui, en changeant le champ d'application de leur droit pénal, pourraient également modifier la portée des instruments juridiques européens en matière pénale. Ceci dit, cette interprétation serait conforme au principe d'attribution des compétences, consacré par l'article 5, al. 5 du Traité de l'Union européenne qui dispose que :

« En vertu du principe d'attribution, l'Union n'agit que dans les limites des compétences que les États membres lui ont attribuées dans les traités pour atteindre les objectifs que ces traités établissent. Toute compétence non attribuée à l'Union dans les traités appartient aux États membres. »

Du moins en ce qui concerne l'article 83, al. 3, du TFUE renvoyant au système de justice pénale des États membres, il semble qu'il faut donner la préférence à l'étiquette nationale. De même, à l'article 85 du TFUE, le terme « enquêtes pénales » semble recevoir une coloration pénale plutôt nationale, du moins à en lire la Déclaration n° 27 faite par l'ensemble des États membres au moment de l'adoption du Traité de Lisbonne :

---

[10] Nous soulignons.

« La Conférence estime que les règlements visés à l'article 85, paragraphe 1, deuxième alinéa, du traité sur le fonctionnement de l'Union européenne devraient tenir compte des règles et pratiques nationales concernant le déclenchement d'enquêtes pénales. »[11]

Pour les autres dispositions, la portée exacte du terme « pénal » ne coule pas de source et mérite une analyse plus approfondie. Sous le point III.B, nous étudierons dès lors de plus près quelques arrêts de la Cour de justice qui touchent à cette question, au demeurant bien délicate.

2. Dispositions pertinentes de la Charte

Dans la Charte, le terme « pénal » est utilisé dans quelques dispositions légales. Elle l'est de façon explicite à l'article 50, garantissant le principe de *non bis in idem* :

« Nul ne peut être poursuivi ou puni pénalement en raison d'une infraction pour laquelle il a déjà été acquitté ou condamné dans l'Union par un jugement pénal définitif conformément à la loi. »[12]

À l'article 49, consacrant les principes de légalité et de proportionnalité « des délits et des peines », on retrouve les termes « peines » et « criminelle », tandis que l'article 48 de la Charte, garantissant la présomption d'innocence, un autre droit « typiquement » pénal, renferme les termes « accusé » et « culpabilité ».

Finalement, il est quelque peu étonnant que l'article 47 relatif au « [d]roit à un recours effectif et à accéder à un tribunal impartial », clairement inspiré par l'article 6, al. 1er de la Conv. EDH, ne fasse pas de distinction entre « les droits et obligations de caractère civil », d'une part, et une « accusation en matière pénale », d'autre part. Cela étant, d'après l'article 52, al. 3, les droits de la Charte qui correspondent à des droits garantis par la Conv. EDH ont le même sens et la même portée que ceux conférés par la Conv. EDH, à moins que « le droit de l'Union [leur] accorde une protection plus étendue ». Il semble dès lors en résulter que le champ d'application des droits garantis en matière pénale par la Charte doit aussi être déterminé sur la base d'une interprétation autonome de la notion « pénale ». La question mérite toutefois une analyse plus poussée (*infra*, III.B).

---

[11] Déclaration n° 27 annexée à l'acte final de la Conférence intergouvernementale qui a adopté le traité de Lisbonne signé le 13 décembre 2007, *J.O.U.E.* C 326, 26 octobre 2012, p. 349. Nous soulignons.

[12] Nous soulignons.

III. Portée de la notion « pénale »

Après ce survol liminaire du cadre juridique, et avant d'analyser la pertinence du critère « pénal » dans l'ordre juridique européen (tant du côté du Conseil de l'Europe que de l'Union européenne), il convient d'étudier comment la notion « pénale » a été développée au fil des années, par la Cour européenne des droits de l'homme, d'une part, et plus récemment par la Cour de justice, d'autre part.

Dans ce cadre, nous donnerons tout d'abord un aperçu des critères appliqués par la Cour européenne des droits de l'homme pour apprécier si une affaire est de nature « pénale » et, par conséquent, pour déterminer si celle-ci mérite l'application des droits fondamentaux en matière pénale. Cet aperçu démontrera que la jurisprudence de la Cour s'est de plus en plus affinée, en laissant toutefois certaines zones d'ombre et d'incertitude.

Ensuite, l'analyse se tournera vers la jurisprudence, plus récente, de la Cour de justice, afin d'examiner si la Cour de Luxembourg a emboîté le pas à celle de Strasbourg, comme on pourrait le croire à première vue, ou si, au contraire, elle suit sa propre voie, avec toutes les complexités qui en découlent.

A. La notion « pénale » dans la jurisprudence de la Cour européenne des droits de l'homme

C'est en 1976, dans l'arrêt *Engel et autres c/ Pays-Bas*[13], que la Cour européenne des droits de l'homme a pour la première fois exposé les trois critères permettant de déterminer ce qu'est une accusation en « matière pénale » au sens de l'article 6 de la Conv. EDH. Pour ce faire, la Cour prend en compte la qualification utilisée en droit interne. Si la législation interne qualifie une infraction ou une sanction de « pénale », les droits garantis par la Convention en « matière pénale » trouvent d'office à s'appliquer, sans que cela nécessite une analyse plus poussée. Sur la base de l'article 7 de la Conv. EDH, la Cour estime que les États contractants sont en effet « libres d'ériger en infraction pénale une action ou omission ne constituant pas l'exercice normal de l'un des droits qu'elle protège. »[14] Ce choix est souverain et « échappe en principe au contrôle de la Cour. »[15] Néanmoins, l'étiquette utilisée en droit interne n'est qu'un « simple point de départ » et « [l]'indication qu'il fournit n'a qu'une valeur formelle et

[13] CEDH (Plénière), *Engel e.a. c/ Pays-Bas*, 8 juin 1976.
[14] Arrêt préc., § 81.
[15] *Ibid.*

relative. »[16] En effet, si une infraction ou une sanction n'est pas qualifiée de pénale en droit interne, il existe un risque que le législateur national court-circuite la protection offerte par la Convention. C'est pourquoi, dans ce cas, la Cour examine la nature des dispositions de droit interne de plus près et passe à l'examen du deuxième critère, consistant en la nature même de l'infraction, critère que la Cour considère comme « un élément d'appréciation d'un plus grand poids »[17] et, le cas échéant, au troisième critère, celui de la nature et du degré de sévérité de la sanction que la personne risque de subir. Sur la base de ces deux derniers critères, voire d'un seul d'entre eux[18], la Cour peut encore conclure que l'infraction ou la sanction en question relève de la matière pénale, au sens autonome de la Convention, déclenchant l'application des droits garantis par la Convention.

Depuis l'affaire *Engel*, la Cour a repris ces trois critères dans un grand nombre d'arrêts, non seulement pour apprécier l'application de l'article 6 de la Convention, mais également les autres droits en matière pénale énoncés plus haut. À travers cette jurisprudence, la Cour a développé et affiné ses critères qualificatifs, contribuant ainsi à une conception autonome plus claire de la « matière pénale ». Cependant, étant donné que la Cour procède toujours à une analyse concrète, tenant compte des circonstances spécifiques du cas d'espèce qui lui est soumis, afin d'évaluer la conformité du droit interne avec la Convention, le résultat de l'application des trois critères reste forcément un peu imprévisible, certainement pour les cas de figure plus périphériques.

Regardons donc de plus près comment la Cour européenne des droits de l'homme a mis en œuvre les critères *Engel* dans sa jurisprudence ultérieure, afin de mieux appréhender la portée de cette notion. Nous nous concentrerons notamment sur le deuxième et le troisième critères, dès lors que le premier consiste en un critère formel et préliminaire qui, soit coupe toute analyse plus approfondie, soit donne

---

[16] Arrêt préc., § 82.

[17] *Ibid.*

[18] La Cour insiste en effet régulièrement sur le fait que les deuxième et troisième critères sont « alternatifs et pas nécessairement cumulatifs ». En d'autres mots, lorsque l'évaluation de la nature de l'infraction mène à elle seule à une conclusion claire, la Cour ne doit plus prendre en considération le troisième critère. Cela étant, lorsqu'une « analyse séparée de chaque critère ne permet pas d'aboutir à une conclusion claire quant à l'existence d'une accusation en matière pénale », rien n'empêche de procéder à une « approche cumulative ». CEDH (Grande Chambre), *Zolotoukhine c/ Russie*, 10 février 2009, § 53. Voy. aussi CEDH (Plénière), *Engel e.a. c/ Pays-Bas*, 8 juin 1976, § 86 ; CEDH (Grande Chambre), *Jussila c/ Finlande*, 23 novembre 2006, § 30 ; CEDH, *Milenković c/ Serbie*, 1er mars 2016, § 33.

tout au plus une indication provisoire et « relative »[19] de la nature de l'infraction[20].

1. Nature de l'infraction

Afin de déterminer la nature de l'infraction, la Cour européenne des droits de l'homme prend en considération plusieurs éléments, procédant ainsi à une approche par faisceaux. Ceci dit, aucun des éléments retenus par la Cour au fil du temps n'est exclusif, même si certains semblent peser plus que d'autres.

a. Caractère général de la règle

Un premier élément considéré par la Cour est le *caractère général de la règle* qui a été violée, ce qui implique en règle générale qu'elle s'adresse à tous les citoyens[21], mais pas nécessairement. En effet, même une règle qui s'applique à un groupe de personnes spécifique – comme c'est d'ailleurs fréquemment le cas en droit « pénal » des affaires – peut contenir une obligation générale. Par exemple, en droit fiscal[22], en droit financier ou boursier[23], en droit de l'environnement

---

[19] Voy. p. ex. CEDH, *Ziliberberg c/ Moldavie*, 1er février 2005, § 30.

[20] Par exemple, dans certains arrêts, la Cour européenne de droits de l'homme a souligné que « la possibilité, même "en théorie", que les actes litigieux fassent l'objet de poursuites tant au pénal que sur le terrain disciplinaire [peut] constituer un facteur pertinent pour apprécier la nature d'une infraction ». Donc, le fait qu'un même comportement peut donner lieu à une double responsabilité (p. ex. pénale et/ou disciplinaire), peut être interprété comme une indication de la nature « pénale » de l'infraction. Voy. CEDH (Grande Chambre), *Ezeh et Connors c/ Royaume-Uni*, 9 octobre 2003, § 104. CEDH, *Campbell et Fell c/ Royaume-Uni*, 28 juin 1984, § 91. *Cf.* CEDH (Plénière), *Engel e.a. c/ Pays-Bas*, 8 juin 1976, §§ 80-81.

[21] Voy. p. ex. CEDH, *Lauko c/ Slovaquie*, 2 septembre 1998, § 58 (« Cette disposition régit les contraventions pour incivisme et vise à maintenir la paix entre voisins [...]. En conséquence, la règle de droit transgressée par le requérant s'adresse à tous les citoyens et non pas à un groupe déterminé ayant un statut particulier. Le caractère général de la norme en question est corroboré en outre par l'article 1 de la loi sur les contraventions qui renvoie au fait que tout citoyen doit veiller au respect de la loi et des droits de ses concitoyens, ainsi que par l'article 2 § 1 du même texte qui définit une contravention comme un acte délictueux portant atteinte à l'intérêt général ou le mettant en danger [...] »).

[22] Voy. p. ex. CEDH (Grande Chambre), *Jussila c/ Finlande*, 23 novembre 2006, § 38.

[23] CEDH, *Grande Stevens e.a. c/ Italie*, 4 mars 2014, § 96 (même si, dans cet arrêt, la Cour ne relève pas explicitement cet élément).

ou en droit de l'agriculture[24], le législateur vise souvent des personnes poursuivant une certaine activité économique. Le fait de cibler un groupe particulier ne signifie pas pour autant que ces personnes sont soumises à un régime particulier[25]. C'est donc plutôt le caractère général de l'obligation qui compte, et non le champ d'application général de la règle. Qui plus est, même la violation d'une règle qui concerne un groupe ayant un statut spécifique, comme par exemple les détenus, peut tomber sous le coup de l'article 6 de la Conv. EDH si d'autres éléments permettent d'établir la nature « pénale » de l'infraction[26]. Telle est la conséquence de l'approche par faisceaux de la Cour.

b. Intérêts protégés

Un deuxième élément dont la Cour tient compte concerne les *intérêts protégés* par la règle transgressée. Par exemple, lorsque la règle violée a pour but de protéger la dignité humaine et l'ordre public, c'est, aux yeux de la Cour, souvent une indication de sa nature pénale, parce que ce sont des intérêts et valeurs qui sont « normalement » protégés par le droit pénal[27]. Cela étant, la jurisprudence de la Cour fait preuve d'une interprétation extensive de ce qui ressort « normalement » de la sphère de protection du droit pénal. Ainsi, elle a déjà conclu que les règles

---

[24] CEDH, *Steininger c/ Autriche*, 17 avril 2012, § 36, pas disponible en français : « the Court observes that surcharges of the kind at issue in the present cases were not imposed by a general legal provision applying to taxpayers generally but to a more restricted group of persons – both physical and legal – who pursue a specific economic activity. Nevertheless the Court does not consider that section 21g of the AMA Act was aimed at singling out a specific group of the population and subjecting them to a particular regime, but rather at adapting a general obligation, that of the payment of taxes and other contributions due as a result of economic activities, to specific circumstances in order to make that obligation foreseeable. This does not therefore exclude the classification of section 21g of the AMA Act as "criminal" in the autonomous sense of the Convention. » (Nous soulignons.)

[25] Par exemple, dans l'affaire *Öztürk c/ Allemagne*, l'infraction mise en cause était une infraction routière, qualifiée de « contravention administrative » en droit allemand. La Cour soulignait que la règle de droit transgressée par le requérant ne s'adressait « pas à un groupe déterminé à statut particulier – à la manière, par exemple, du droit disciplinaire –, mais à tous les citoyens en leur qualité d'usagers de la route. »
CEDH (Plénière), *Öztürk c/ Allemagne*, 21 février 1984, § 53.

[26] Voy. p. ex. CEDH (Grande Chambre), *Ezeh et Connors c/ Royaume-Uni*, 9 octobre 2003, § 103 : « Dans la présente affaire, la Cour relève en premier lieu que les infractions en question concernaient un groupe ayant un statut spécifique, à savoir les détenus, et non l'ensemble des citoyens. Toutefois, la Cour ne souscrit pas à l'argument du Gouvernement selon lequel ce fait donne aux infractions un caractère de prime abord disciplinaire. Ce n'est qu'une "indication" parmi d'autres pour apprécier la nature de l'infraction ».

[27] Voy. p. ex. CEDH, *Muslija c/ Bosnie-Herzégovine*, 14 janvier 2014, § 28 ; CEDH, *Milenković c/ Serbie*, 1er mars 2016, § 34.

concernant les accords restrictifs de la concurrence et relatives aux abus de position dominante en droit de la concurrence sont des « intérêts généraux de la société normalement protégés par le droit pénal. »[28] Il en va de même pour les règles en matière d'abus des marchés, qui visent « à garantir l'intégrité des marchés financiers et à maintenir la confiance du public dans la sécurité des transactions. »[29] Le fait que, dans ces matières, les règles nationales sont très largement basées sur des règlements et des directives de l'Union européenne indique que la qualification de la Cour européenne des droits de l'homme peut, le cas échéant, interférer avec le choix du législateur européen pour une approche pénale ou non pénale (*infra*, III.B).

Par rapport à ce deuxième élément, la Cour adopte parfois aussi une *approche comparée*, dans la mesure où le fait que certains comportements font l'objet de sanctions pénales dans d'autres États membres peut être un élément pertinent dans l'évaluation de la nature « pénale » des faits. Une telle approche peut cependant avoir des effets un peu pervers, notamment lorsqu'un État a décidé de manière délibérée de dépénaliser un certain type de comportement. À cet égard, l'affaire *Öztürk c/ Allemagne* est particulièrement révélatrice[30]. Dans cette cause, le requérant avait violé certaines règles de la circulation routière. Alors que ces règles étaient auparavant qualifiées de pénales en droit allemand, le législateur national a considéré que ces règles ne relevaient en réalité pas des « droits et intérêts essentiels pour la vie de la collectivité » et que de telles infractions ne méritaient donc pas de « jugement défavorable » qui est le propre du droit pénal (et qui entraîne potentiellement un effet stigmatisant)[31]. Par ailleurs, la dépénalisation permettait aussi le recours à une « procédure simplifiée devant des autorités administratives. »[32] Ces considérations, pourtant bien fondées, n'ont pas réussi à convaincre la Cour, non pas parce que cette dernière s'oppose à une dépénalisation en tant que telle[33], ou à la

---

[28] CEDH, *Menarini Diagnostics c/ Italie*, 27 septembre 2011, § 30.

[29] CEDH, Grande Stevens e.a. c/ Italie, 4 mars 2014, § 96.

[30] CEDH (Plénière), *Öztürk c/ Allemagne*, 21 février 1984.

[31] Arrêt préc., § 52.

[32] *Ibid.*

[33] La Cour tenait, en effet, à souligner que « [l]a Convention n'empêche pas les États, dans l'accomplissement de leur rôle de gardiens de l'intérêt public, d'établir ou maintenir une distinction entre différents types d'infractions définis par le droit interne et d'en fixer le tracé, mais il ne s'ensuit pas que la qualification ainsi adoptée soit déterminante aux fins de la Convention.

distinction nationale entre différentes catégories d'infractions[34], mais parce que, entre autres, le même comportement était toujours « considéré comme illégal et répréhensible » dans « une large majorité des États contractants » et donc « sanctionné par des peines »[35].

Dans la même ligne de pensées, le fait qu'il s'agit d'une infraction « mineure » n'exclut pas forcément la labellisation « pénale ». En effet, la Cour a conclu dans plusieurs affaires que même des infractions moins sévères peuvent être qualifiées de pénales sous l'angle de l'article 6 de la Conv. EDH. Par exemple, dans l'affaire *Öztürk c/ Allemagne*, la Cour a mis en avant le raisonnement suivant :

« Sans doute s'agissait-il d'une infraction légère ne risquant guère de nuire à la réputation de son auteur, mais elle ne sortait pas pour autant du champ d'application de l'article 6 (art. 6). Rien ne donne en effet à penser que l'infraction pénale (criminal offence), au sens de la Convention, implique nécessairement un certain degré de gravité. »[36]

Un raisonnement analogue a été tenu, dans l'affaire *Zolotoukhine c/ Russie*[37] dans laquelle l'infraction en question, consistant en des « actes perturbateurs mineurs », était qualifiée d'administrative en droit interne. La Cour a cependant insisté sur le fait que la règle concernée « visait à la protection de la dignité humaine et de l'ordre public, valeurs et intérêts qui ressortissent normalement à la sphère de protection du droit pénal », tout en ajoutant que cette règle s'adressait de manière générale à tous les citoyens[38].

Le législateur qui soustrait certains comportements à la catégorie des infractions pénales du droit interne peut servir à la fois l'intérêt de l'individu (…) et les impératifs d'une bonne administration de la justice, notamment dans la mesure où il décharge les autorités judiciaires de la poursuite et de la répression de manquements, nombreux mais de peu d'importance, à des règles de la circulation routière. La Convention ne va pas à l'encontre des tendances à la "décriminalisation" existant – sous des formes fort diverses – dans les États membres du Conseil de l'Europe ; le Gouvernement a raison d'y insister. Toutefois, si les États contractants pouvaient à leur guise, en qualifiant une infraction d'"administrative" plutôt que de pénale, écarter le jeu des clauses fondamentales des articles 6 et 7 (art. 6, art. 7), l'application de celles-ci se trouverait subordonnée à leur volonté souveraine. Une latitude aussi étendue risquerait de conduire à des résultats incompatibles avec l'objet et le but de la Convention. »
CEDH (Plénière), *Öztürk c/ Allemagne*, 21 février 1984, § 53. Nous soulignons.

[34] CEDH (Plénière), *Öztürk c/ Allemagne*, 21 février 1984, § 53. *Voy.* aussi CEDH, *Matyjek c/ Pologne* (Déc.), 30 mai 2006, § 45.

[35] CEDH (Plénière), *Öztürk c/ Allemagne*, 21 février 1984, § 53.

[36] Arrêt préc., § 53. Nous soulignons.

[37] CEDH (Grande Chambre), *Zolotoukhine c/ Russie*, 10 février 2009, § 55.

[38] *Ibid.*

Récemment, la Cour a réitéré cette argumentation dans l'affaire *Milenković c/ Serbie*[39] dans laquelle le requérant avait frappé un autre homme plusieurs fois sur la tête après que celui-ci eut insulté les enfants du premier. Son acte était poursuivi deux fois : d'abord en tant que violation de la loi relative à l'ordre public et ensuite du chef de coups et blessures volontaires, ce qui posait problème à la lumière du principe de *non bis in idem*. En droit interne, la première procédure n'était pourtant pas considérée comme une procédure pénale à proprement parler, mais plutôt comme une procédure de type administratif[40]. La Cour a toutefois souligné que, même si certaines infractions sont jugées en droit interne comme étant trop insignifiantes pour être régies par le droit pénal et soumises à une procédure pénale, l'inclusion de l'infraction en question dans la loi relative à l'ordre public signale quand même qu'elle concerne la protection de la dignité humaine et de l'ordre public, des valeurs qui relèvent normalement du droit pénal. En outre, le fait qu'il s'agisse d'une infraction mineure ne l'exclut pas du champ d'application des garanties pénales de la Convention puisque ce texte ne suggère nulle part que la nature pénale de l'infraction suppose un certain degré de sévérité[41].

Indubitablement, ce deuxième élément soulève pas mal de questions. D'un côté, il montre que la Cour prend en compte les intérêts protégés sous-jacents à la règle violée. Mais d'un autre, cet élément n'implique nullement que la Cour limiterait la qualification pénale aux seuls intérêts et valeurs qui méritent vraiment un jugement de valeur défavorable et une approche pénale. En effet, l'étiquette « pénale » au sens de la Conv. EDH englobe aussi des infractions ayant une certaine « coloration pénale », mais qui sont jugées en droit interne « trop mineures pour relever du droit pénal et de la procédure pénale. »[42] Le

---

[39] CEDH, *Milenković c/ Serbie*, 1er mars 2016.

[40] Cela dit, le terme « misdeanour » utilisé dans l'arrêt (non disponible en français) est assez équivoque puisque, dans d'autres contextes, il renvoie plutôt à des délits et donc à de « vraies » infractions pénales.

[41] CEDH, *Milenković c/ Serbie*, 1er mars 2016, §§ 34-35. (« 35. By its nature, the inclusion of the misdemeanour at issue in the Public Order Act 1992 served to guarantee the protection of human dignity and public order, values and interests that normally fall within the sphere of protection of criminal law. This misdemeanour was imposed by general legal provision applying to all citizens rather than towards a group possessing a special status. Any reference to the "minor" nature of the acts does not, in itself, exclude its classification as "criminal" in the autonomous sense of the Convention, as there is nothing in the Convention to suggest that the criminal nature of an offence, within the meaning of the Engel criteria, necessarily requires a certain degree of seriousness. ») Voy. aussi CEDH, *Muslija c/ Bosnie-Herzégovine*, 14 janvier 2014, § 28.

[42] CEDH (Grande Chambre), *Zolotoukhine c/ Russie*, 10 février 2009, § 54 ; CEDH, *Milenković c/ Serbie*, 1er mars 2016, § 34.

degré d'atteinte aux intérêts et valeurs protégés ne semble pas jouer de rôle significatif dans l'évaluation faite par la Cour. Il en découle que la qualification pénale de la Cour européenne peut parfois contrecarrer des choix bien réfléchis des législateurs nationaux, lesquels ne visent pas nécessairement à soustraire leurs citoyens de la protection de la Convention. Enfin, c'est, entre autres, à cause de cet élément que le champ d'application de l'article 6 de la Conv. EDH s'est étendu au fil des années, jusqu'au point d'amener la Cour, à un moment donné, à faire une distinction complémentaire entre le « noyau dur » du droit pénal et d'autres types de droit pénal (*infra*, 3.).

c. But de la sanction

Un troisième élément qui revient très souvent dans la jurisprudence de la Cour, et qui semble jouer un rôle-clé dans l'évaluation de la nature pénale d'une infraction, est le *but de la sanction.* D'un côté, il est peut-être étonnant que cet élément soit pris en considération sous le deuxième critère (la nature de l'infraction) et non pas sous le troisième critère (la nature et la sévérité de la peine), mais d'un autre, les objectifs de la sanction donnent bien sûr aussi une indication sur la nature même de l'infraction.

Ce qui distingue une infraction de nature pénale (et donc une sanction pénale), c'est notamment son « double objectif de répression et de dissuasion »[43]. D'après la Cour, la présence de ce double objectif « suffit à elle seule à conférer à l'infraction infligée un caractère pénal »[44]. Néanmoins, dans certaines affaires, la Cour a refusé de retenir la qualification pénale, malgré le constat de ce double objectif[45].

Même si ces deux objectifs ne doivent pas nécessairement coexister, ils vont quand même très souvent de pair dans la jurisprudence de la

[43] CEDH (Grande Chambre), *Blokhin c/ Russie*, 23 mars 2016, §§ 179-180 citant et confirmant le § 147 de l'arrêt rendu par une chambre de la première section. Voy. p. ex. aussi CEDH (Grande Chambre), *Ezeh et Connors c/ Royaume-Uni*, 9 octobre 2003, § 102.

[44] CEDH (Grande Chambre), *Jussila c/ Finlande*, 23 novembre 2006, § 38. Nous soulignons.

[45] Voy. p. ex. CEDH, *Morel c/ France* (Déc.), 3 juin 2003, où malgré ce double objectif la Cour a conclu que la majoration d'impôt était « loin de revêtir l'"ampleur considérable" des sommes sur lesquelles la Cour s'était fondée dans l'arrêt Bendenoun [...] pour retenir le "caractère pénal" de l'affaire. » En d'autres mots, dans cette affaire, la Cour a insisté plus sur la nature et la gravité de la sanction, soit sur le troisième critère *Engel* (*infra*).

Cour[46]. Dans un arrêt récent, où la Cour était appelée à évaluer la nature de la détention du requérant pendant trente jours dans un centre pour mineurs délinquants, la Cour reconnaît explicitement combien il est parfois difficile de séparer ces deux objectifs, pour affirmer que ce sont des « caractéristiques des sanctions pénales »[47]. Pourtant, dans sa jurisprudence plus ancienne, il semble que la Cour mettait davantage l'accent sur le caractère punitif de la sanction[48]. Quoi qu'il en soit, une sanction purement préventive sera rarement qualifiée de « pénale » par la Cour.

d. Ressemblance entre les règles de procédure pénale et non pénale

Enfin, dans certains arrêts, la Cour prend également en considération la ressemblance entre les règles procédurales applicables dans la procédure interne en question et les règles de procédure pénale qui s'appliqueraient si l'infraction avait été qualifiée de pénale. Plus ces premières règles s'apparentent à des règles de procédure pénale à proprement parler, plus la Cour sera encline à conclure à la nature pénale de l'infraction en cause.

---

[46] Voy. p. ex. CEDH, *Ziliberberg c/ Moldavie*, 1er février 2005, § 33 ; CEDH (Grande Chambre), *Ezeh et Connors c/ Royaume-Uni*, 9 octobre 2003, § 105 (« La Cour n'est pas convaincue par l'argument du Gouvernement consistant à distinguer entre les objectifs de répression et de dissuasion des infractions en question, ces objectifs ne s'excluant pas mutuellement [...] et étant tenus pour caractéristiques des sanctions pénales [...] »).

[47] CEDH (Grande Chambre), *Blokhin c/ Russie*, 23 mars 2016, §§ 179 citant le § 147 de l'arrêt rendu par une chambre de la première section. Voy. p. ex. aussi CEDH (Grande Chambre), *Ezeh et Connors c/ Royaume-Uni*, 9 octobre 2003, § 102 ; CEDH (Grande Chambre), *Jussila c/ Finlande*, 23 novembre 2006, § 38 (« On peut dès lors en conclure que les majorations infligées étaient fondées sur une norme poursuivant un but à la fois préventif et répressif. Cette considération suffit à elle seule à conférer à l'infraction infligée un caractère pénal. »).

[48] CEDH (Plénière), *Öztürk c/ Allemagne*, 21 février 1984, § 53 (« Si cette dernière [la Geldbusse] paraît à certains égards moins afflictive que la Geldstrafe, elle n'en a pas moins conservé le caractère punitif par lequel se distinguent d'habitude les sanctions pénales. »). Voy. aussi CEDH, *Lauko c/ Slovaquie*, 2 septembre 1999, § 58 (« L'amende ainsi infligée s'entendait comme une sanction devant dissuader l'intéressé de récidiver. Elle a le caractère punitif par lequel se distinguent d'habitude les sanctions pénales. ») ; CEDH, *Janosevic c/ Suède*, 23 juillet 2002, § 68 (« De surcroît, les majorations d'impôt actuelles ne sont pas conçues comme une indemnisation des frais qu'aurait pu entraîner le comportement du contribuable. Le but principal des dispositions en matière de majorations consiste bien plutôt à exercer des pressions sur les contribuables pour les amener à respecter leurs obligations légales et à punir les manquements à ces obligations. Ces pénalités sont donc à la fois préventives et répressives, cette dernière caractéristique étant celle qui distingue d'habitude les sanctions pénales [...] »).

Par exemple, dans une affaire polonaise où le requérant était poursuivi pour avoir fait une déclaration incorrecte concernant sa collaboration avec les services secrets sous le régime communiste, la Cour a relevé que les pouvoirs de poursuite des autorités compétentes pour de tels faits de « lustration » sont fort similaires à ceux du ministère public dans une procédure pénale, que la procédure applicable à de tels cas est d'ailleurs fondée sur le modèle d'un procès pénal en droit polonais et qu'en outre les règles du Code de procédure pénale sont d'application directe à de telles affaires[49]. Aussi, la Cour conclut-elle que « although under the domestic law the lustration proceedings are not qualified as "criminal", (...) they possess features which have a strong criminal connotation. »[50]

Dans un autre arrêt, relatif à une amende administrative infligée pour la participation à une démonstration non autorisée, la Cour a mis en évidence l'existence de dispositions légales permettant l'application de circonstances atténuantes et aggravantes, concernant la tentative et la possibilité d'invoquer la légitime défense, comme autant d'indications de la nature pénale de cette infraction dite administrative[51].

2. Nature et degré de sévérité de la sanction

Le troisième critère identifié par la Cour européenne des droits de l'homme dans l'affaire *Engel* est le degré de sévérité de la sanction. Cependant, la jurisprudence ultérieure montre que la Cour se concentre en fait sur un double critère : la nature et le degré de sévérité de la sanction. Parfois elle procède effectivement à une analyse en deux temps ; dans d'autres arrêts la distinction n'est pas aussi nette.

Le sous-critère de la *nature* de la sanction ne fait pas référence aux objectifs de la sanction, qui sont pris en considération sous le deuxième critère *Engel*, mais se focalise sur le *type de sanction* prévue pour l'infraction en question. Lorsque la sanction prévue par la loi consiste en une peine d'emprisonnement, la Cour y voit une présomption de la nature pénale de la sanction, parce que la liberté physique de la personne est très importante dans une « société attachée à la prééminence du droit »[52]. La présomption est considérée comme réfragable, même si elle sera rarement renversée dans la pratique, « hormis [les privations de liberté susceptibles d'être infligées à titre

[49] CEDH, *Matyjek c/ Pologne* (Déc.), 30 mai 2006, §§ 49-50.

[50] CEDH, *Matyjek c/ Pologne* (Déc.), 30 mai 2006, § 51 (pas disponible en français).

[51] CEDH, *Ziliberberg c/ Moldavie*, 1er février 2005, § 34.

[52] CEDH (Plénière), *Engel e.a. c/ Pays-Bas*, 8 juin 1976, § 82.

répressif] qui par leur nature, leur durée ou leurs modalités d'exécution ne sauraient causer un préjudice important. Ainsi le veulent la gravité de l'enjeu, les traditions des États contractants et la valeur que la Convention attribue au respect de la liberté physique de la personne [...] »[53]. Dans une autre affaire plus récente, la Cour souligne en effet que « cette présomption ne peut être réfutée qu'à titre tout à fait exceptionnel et seulement s'il est impossible de considérer que ces privations de liberté entraînent un "préjudice important" eu égard à leur nature, leur durée ou leurs modalités d'exécution »[54].

Lorsque la loi nationale prévoit d'autres types de sanctions, la situation est plus nuancée et est fortement appréciée au cas par cas. Dans les années 80, le point de départ de la Cour était encore que, « selon le sens ordinaire des termes relèvent en général du droit pénal les infractions dont les auteurs s'exposent à des peines destinées notamment à exercer un effet dissuasif et qui consistent d'habitude en des mesures privatives de liberté et en des amendes »[55]. Depuis, la Cour a aussi progressivement conféré plus d'importance à d'autres peines, notamment les amendes. Dans plusieurs affaires, le constat que l'infraction en question n'était pas punissable d'un emprisonnement n'a pas empêché la Cour de retenir une qualification pénale au sens de la Convention[56]. De même, le fait que l'amende ne peut pas être remplacée par une privation de liberté (par exemple, en cas de non-paiement) ne fait pas obstacle à une éventuelle qualification pénale[57].

Plus récemment, on constate également une attention grandissante de la Cour pour des infractions punissables d'une interdiction professionnelle ou autre, notamment lorsque la durée de l'interdiction est

---

[53] *Ibid.*

[54] CEDH (Grande Chambre), *Ezeh et Connors c/ Royaume-Uni*, 9 octobre 2003, § 126. La Cour a réaffirmé son point de vue encore très récemment : voy. CEDH, *Milenković c/ Serbie*, 1er mars 2016, § 36.

[55] CEDH (Plénière), *Öztürk c/ Allemagne*, 21 février 1984, § 53. Nous soulignons.

[56] Voy. p. ex. arrêt préc., §§ 18 *et* 54 ; CEDH, *Lauko c/ Slovaquie*, 2 septembre 1999, § 58. Voy. aussi CEDH, *Tomasovic c/ Croatie*, 18 octobre 2011, § 24 (pas disponible en français : « it is a common feature of all criminal-law systems that some criminal offences are liable to fines while others entail deprivation of liberty »), même si, en l'occurrence, l'infraction de possession de drogues du chef de laquelle le requérant avait été condamné était punissable d'une amende *ou* d'une peine d'emprisonnement n'excédant pas un an (§ 12). Pour une affaire similaire, voy. CEDH, *Muslija c/ Bosnie-Herzégovine*, 14 janvier 2014, § 30.

[57] Voy. p.ex. CEDH, *Janosevic c/ Suède*, 23 juillet 2002, § 69. En l'occurrence, il s'agissait d'infractions fiscales, punissables de majorations d'impôt. Voy. aussi : CEDH, *Ziliberberg c/ Moldavie*, 1er février 2005, § 34 ; CEDH, *Grande Stevens e.a. c/ Italie*, 4 mars 2014, § 97.

susceptible d'avoir un impact très substantiel sur la personne concernée, étant donné qu'elle sera privée de la possibilité de continuer sa vie professionnelle[58].

L'éventuelle combinaison d'une amende avec une ou plusieurs interdictions, voire une confiscation, peut également être une indication importante de la nature pénale de la sanction. Par exemple, dans l'affaire *Grande Stevens c/ Italie*, les abus des marchés pour lesquels les requérants avaient été condamnés, étaient punissables d'amendes très élevées (5 millions d'euros, voire plus dans certains cas) et l'infliction d'une amende entraînait, pour les représentants de la personne morale, « une incapacité temporaire d'administrer, de diriger ou de contrôler des sociétés cotées pour une durée allant de deux mois à trois ans », pour les sociétés concernées l'interdiction de collaborer avec ces représentants, ainsi que « la confiscation du produit ou du profit de la conduite illicite et des biens au moyen desquels elle a été possible »[59]. Peu importe d'ailleurs si ces sanctions ont été effectivement imposées ou non – ce qui nous amène au deuxième sous-critère : le *degré de sévérité* de la sanction.

Pour évaluer le degré de sévérité de la sanction, la Cour tient compte « de la sanction dont est *a priori* passible la personne concernée »[60], c'est-à-dire la sanction qu'elle risque de se voir infliger. Plus la sanction théorique est grave, plus la Cour a tendance à conclure au caractère pénal de l'infraction en question. La sanction effectivement infligée au requérant peut également être prise en considération, mais ne saura pas amoindrir l'enjeu initial[61]. Sur ce point, la Cour n'a pas changé d'avis depuis l'arrêt *Engel*[62]. En évaluant le degré de sévérité de la sanction potentielle et effective, la Cour tient d'ailleurs compte de la situation financière du requérant. Par exemple, une amende effective équivalant à 3,17 euros mais représentant 60% du revenu

---

[58] CEDH, *Matyjek c/ Pologne* (Déc.), 30 mai 2006, § 55. Il est important d'ajouter que, dans le cas d'espèce, l'interdiction professionnelle était une sanction automatique et uniforme, et qu'elle était définie de manière très large, soit autant d'éléments qui, pour la Cour, mettent en évidence la nature pénale de la sanction.

[59] CEDH, Grande Stevens e.a. c/ Italie, 4 mars 2014, § 97.

[60] Arrêt préc., § 98. Cet arrêt ne fait que confirmer une jurisprudence bien établie. Voy. p. ex. CEDH (Grande Chambre), *Ezeh et Connors c/ Royaume-Uni*, 9 octobre 2003, § 120.

[61] CEDH (Grande Chambre), *Ezeh et Connors c/ Royaume-Uni*, 9 octobre 2003, § 120 ; CEDH, *Tomasovic c/ Croatie*, 18 octobre 2011, § 23 ; CEDH, *Muslija c/ Bosnie-Herzégovine*, 14 janvier 2014, § 29.

[62] CEDH (Plénière), *Engel e.a. c/ Pays-Bas*, 8 juin 1976, § 85.

mensuel du requérant a été retenue comme un indice du caractère pénal de la sanction[63].

Par ailleurs, il convient de souligner que, comme la Cour procède à une approche par faisceaux, le fait que la sanction que le requérant encourait, ou dont il écopait, n'était pas sévère, ne suggère pas pour autant qu'il ne s'agissait pas d'une infraction pénale. Tout dépend finalement de l'appréciation globale des différents éléments pertinents[64].

3. Quelques remarques en guise de conclusion

Un premier constat qui s'impose après la précédente analyse est que les trois critères *Engel* tels qu'ils ont été mis en œuvre et développés par la Cour dans sa jurisprudence ultérieure, englobent en fait un ensemble de plusieurs éléments à géométrie variable. Lequel de ces éléments pèse le plus peut varier d'une affaire à une autre, en raison de l'appréciation au cas par cas de la Cour. Il en résulte que, malgré les efforts de la Cour pour clarifier et pour affiner les critères *Engel* au fil du temps, il reste parfois difficile de prévoir quel sera le résultat de l'appréciation concrète de la Cour. En conséquence, les contours exacts de la notion « pénale » restent après tout relativement incertains.

Deuxièmement, l'analyse de la jurisprudence de la Cour de Strasbourg révèle aussi que le champ d'application des droits en matière pénale a connu, au gré des années, une extension considérable à « des domaines qui ne relèvent pas formellement des catégories traditionnelles du droit pénal. »[65] D'un côté, cette extension progressive s'explique sans doute, dans une certaine mesure, par la diversification des régimes punitifs au niveau national. Mais de l'autre, il semble aussi que l'interprétation concrète et l'application extensive de certains critères *Engel* ont poussé la Cour, dans son arrêt *Jussila c/ Finlande*, à faire une nouvelle distinction à l'intérieur de la catégorie « pénale ». Dans

---

[63] CEDH, *Ziliberberg c/ Moldavie*, 1er février 2005, § 34.

[64] Voy. p. ex. CEDH (Plénière), *Öztürk c/ Allemagne*, 21 février 1984, § 54 (« La faiblesse relative de l'enjeu (paragraphe 18 ci-dessus) ne saurait retirer à une infraction son caractère pénal intrinsèque. ») ; CEDH, *Ziliberberg c/ Moldavie*, 1er février 2005, § 34. Voy. aussi CEDH (Plénière), *Engel e.a. c/ Pays-Bas*, 8 juin 1976, § 85 ; CEDH (Grande Chambre), *Jussila c/ Finlande*, 23 novembre 2006, §§ 35 et 38.

[65] CEDH (Grande Chambre), *Jussila c/ Finlande*, 23 novembre 2006, § 43.

cet arrêt, qui a fait couler beaucoup d'encre[66], la Cour fait la distinction entre le « noyau dur du droit pénal » et certaines procédures pénales qui « ne comportent aucun caractère infamant pour ceux qu'elles visent et que les "accusations en matière pénale" n'ont pas toutes le même poids. »[67] D'après la (majorité de la) Cour, « les garanties offertes par le volet pénal de l'article 6 ne doivent pas nécessairement s'appliquer dans toute leur rigueur » à ces dernières procédures pénales[68]. Dans le cas d'espèce, le requérant, dirigeant d'un atelier de mécanique automobile, avait interjeté appel contre la décision de l'administration fiscale lui imposant d'acquitter une majoration d'impôts équivalant à 308,80 euros (notamment en raison de certaines erreurs dans ses déclarations de TVA) et avait sollicité une audition devant la juridiction d'appel (le tribunal administratif d'Helsinki), ce qui lui avait été refusé. Devant la Cour européenne des droits de l'homme, le requérant allégua que la procédure fiscale dont il avait fait l'objet était inéquitable en raison du refus du tribunal administratif de tenir une audience[69]. Sur la base de sa nouvelle distinction, la Cour a cependant jugé que, étant donné que les majorations d'impôts ne font « pas partie du noyau dur du droit pénal »[70], la tenue d'une audience n'était en l'occurrence pas indispensable pour satisfaire aux exigences d'équité[71]. Elle ajoutait « qu'une procédure écrite puisse souvent se révéler plus efficace qu'une procédure orale pour le contrôle de l'exactitude des déclarations de situation patrimoniale faites par les contribuables ainsi que de l'existence et de la régularité des justificatifs produits. »[72] Le but de cette distinction supplémentaire au sein de la matière pénale semble assez évident : tenter de mettre un frein à l'extension progressive du champ d'application des droits en matière pénale, et surtout des droits procéduraux garantis par l'article

---

[66] Voy. p. ex. E. J. VAN BRUSTEM, « L'article 6, § 1er de la CESDH et le contentieux fiscal : une exclusion fondée sur une spécificité (de plus en plus) discutable », *Revue de droit fiscal* 2007, p. 956 et ss. ; I. COSTEA, « L'arrêt *Jussila* de la Cour européenne : vers une pénalisation au rabais du régime des sanctions fiscales ? », *Rev. trim. dr. h.* 2008, pp. 239-250 ; A. WEYEMBERGH et N. JONCHERAY, « Punitive Administrative Sanctions and Procedural Safeguards : A Blurred Picture that Needs to be Addressed », *N.J.E.C.L.* 2016, pp. 196-197.
[67] CEDH (Grande Chambre), *Jussila c/ Finlande*, 23 novembre 2006, § 43.
[68] *Ibid.*
[69] Arrêt préc., § 22.
[70] Arrêt préc., § 43.
[71] Arrêt préc., § 48.
[72] Arrêt préc., § 47.

6 de la Conv. EDH[73], notamment à la lumière des « impératifs d'efficacité et d'économie » tout en tenant compte de l'équité de la procédure[74].

Si cet objectif de la Cour semble défendable à certains égards – même s'il s'avère que, d'emblée, tous les juges de la Cour n'en étaient pas convaincus[75] –, l'on ne peut nier que cette nouvelle distinction au sein de la matière pénale soulève de nombreuses questions et n'a certainement pas contribué à rendre plus clairs les contours de la notion « pénale ». Au contraire, cette nouvelle distinction a simplement rajouté une couche de complexité au raisonnement de la Cour, parce qu'elle implique que, même si une accusation est considérée comme étant de nature « pénale », il n'est pas sûr que les garanties procédurales de l'article 6 Conv. EDH s'appliquent toutes et avec la même rigueur. Dans une opinion dissidente, trois juges de la Cour avaient d'ailleurs déjà souligné ce problème :

« Il […] paraît difficile, dans le contexte d'un procès équitable, de distinguer, à l'instar de la majorité, entre les infractions pénales ressortissant au "noyau dur du droit pénal" et celles qui n'en relèvent pas. Où doit-on tracer la frontière entre les unes et les autres ? Dans quelle catégorie doit-on placer les infractions réprimées par des peines qui peuvent apparaître légères en elles-mêmes mais qui risquent d'aboutir à de graves sanctions en cas de récidive ? »[76]

---

[73] Il paraît en effet que la Cour utilise cette distinction uniquement dans le contexte de l'article 6 de la Conv. EDH, et non pas par rapport aux autres droits en matière pénale. Pour une analyse approfondie, voy. A. BAILLEUX, « The fiftieth shade of grey. Competition law, "criminastrative law" and "fairly fair trials" », *in* F. GALLI et A. WEYEMBERGH (réd.), *Do labels still matter ? Blurring boundaries between administrative and criminal law. The influence of the EU*, Collection Études européennes, Bruxelles, Éditions de l'ULB, 2014, p. 137 et ss. ; V. FRANSSEN, *European Sentencing Principles for Corporations*, thèse doctorale, Louvain, KU Leuven, 2013, pp. 143-145.

[74] CEDH (Grande Chambre), *Jussila c/ Finlande*, 23 novembre 2006, § 42.

[75] Arrêt préc., opinion partiellement dissidente du juge Loucaides, à laquelle les juges Zupančič et Spielmann déclarent se rallier : « Je considère que les garanties du procès équitable consacrées par l'article 6 de la Convention valent pour toutes les infractions pénales. L'application de ces garanties ne dépend pas et ne peut dépendre de la réponse à la question de savoir si telle ou telle infraction ressortit au « noyau dur du droit pénal » ou revêt un « caractère infamant ». Pour les intéressés, que cette disposition de la Convention tend à protéger, toutes les affaires ont leur importance. Aucun justiciable visé par une accusation pénale, quelle qu'elle soit, ne devrait être privé de la possibilité d'interroger les témoins à charge ni d'aucune autre garantie découlant de la tenue d'une audience. En outre, si elle devait être entérinée, la distinction en question ouvrirait la voie aux abus et à l'arbitraire. […] »

[76] *Ibid.*

Cette complexité additionnelle explique peut-être pourquoi la distinction faite dans l'arrêt *Jussila* ne revient pas tellement souvent – du moins, de manière explicite – dans les arrêts ultérieurs de la Cour[77]. Par contre, l'idée que les garanties du volet pénal de l'article 6 de la Conv. EDH ne doivent pas s'appliquer avec la même rigueur revient un peu plus fréquemment. Reste donc à savoir, d'une part, dans quelles procédures pénales les garanties « ne doivent pas nécessairement s'appliquer dans toute leur rigueur » et, d'autre part, quelles garanties de l'article 6 de la Conv. EDH (et le cas échéant, des autres dispositions « pénales » de la Convention) sont modulables.

Jusqu'à maintenant, la Cour a appliqué cette logique *Jussila* notamment dans le contexte de certaines infractions fiscales[78], des abus des marchés[79], dans un cas de non-respect de l'obligation de soumettre son véhicule à un contrôle technique pour des raisons de sécurité[80], ainsi que dans le cadre d'une procédure pénale contre une personne souffrant de troubles mentaux[81]. Dans la plupart des affaires, la limitation apportée aux garanties du volet pénal de l'article 6 de la Conv. EDH concernait le droit à la tenue d'une audience publique (y compris le droit d'être présent et entendu à cette audience[82]), même si la Cour n'a pas exclu une éventuelle extension de cette logique à d'autres garanties de l'article 6 de la Conv. EDH.

Par ailleurs, l'idée de limiter certains droits garantis par l'article 6 de la Conv. EDH dans le cadre de procédures administratives à caractère punitif n'est pas neuve. Déjà bien avant l'arrêt *Jussila*, la Cour admettait que les États signataires pouvaient décider de confier la tâche de poursuivre et de réprimer certaines infractions administratives légères à des autorités administratives, « pour autant que l'intéressé puisse

---

[77] On la retrouve par exemple dans les arrêts suivants : CEDH (Grande Chambre), *Segame SA c/ France*, 7 juin 2012, § 59 (« ce contentieux ne fait pas partie du noyau dur du droit pénal au sens de la Convention ») ; CEDH, *Kammerer c/ Autriche*, 12 mai 2010, §§ 26-28 ; CEDH, *Grande Stevens e.a. c/ Italie*, 4 mars 2014, § 120 (« S'il faut garder à l'esprit que les procédures pénales, qui ont pour objet la détermination de la responsabilité pénale et l'imposition de mesures à caractère répressif et dissuasif, revêtent une certaine gravité, il va de soi que certaines d'entre elles ne comportent aucun caractère infamant pour ceux qu'elles visent et que les "accusations en matière pénale" n'ont pas toutes le même poids (*Jussila*, précité, § 43) »).

[78] CEDH (Grande Chambre), *Jussila c/ Finlande*, 23 novembre 2006.

[79] CEDH, Grande Stevens e.a. c/ Italie, 4 mars 2014.

[80] CEDH, *Kammerer c/ Autriche*, 12 mai 2010.

[81] CEDH, *X c/ Finlande*, 3 juillet 2012.

[82] Voy. notamment CEDH (Grande Chambre), *Jussila c/ Finlande*, 23 novembre 2006, § 41 et ss. ; CEDH, *Kammerer c/ Autriche*, 12 mai 2010, §§ 28-30 ; CEDH, *X c/ Finlande*, 3 juillet 2012, § 187 ; Cour eur. D.H., *Grande Stevens e.a. c/ Italie*, 4 mars 2014, § 118 et ss.

saisir de toute décision ainsi prise à son encontre un tribunal offrant les garanties de l'article 6 »[83].

En fin de compte, l'on pourrait dire que la Cour de Strasbourg est peut-être allée trop loin dans son interprétation autonome de la notion de « matière pénale » et dans l'affinement de son raisonnement. Dans la section IV, nous nous interrogerons sur les raisons sous-jacentes à l'extension du champ pénal et on comparera ces considérations à la logique suivie par l'Union européenne.

B. La notion « pénale » dans la jurisprudence de la Cour de justice

Alors que l'interprétation de la notion « pénale » par la Cour européenne des droits de l'homme remonte déjà aux années 70, la Cour de justice a amorcé cette réflexion beaucoup plus récemment. Certes, il est vrai que, dans le domaine du droit de la concurrence, le caractère (quasi) pénal des amendes administratives infligées par la Commission européenne a souvent été invoqué devant la Cour de justice par les entreprises sanctionnées. Mais il n'en reste pas moins que la Cour a toujours refusé de formellement qualifier ces amendes de « pénales »[84]. Pour une vraie analyse de la portée de la notion « pénale » il faut en conséquence chercher ailleurs dans la jurisprudence de la Cour de justice.

1. La notion « pénale » en matière agricole : évolution progressive vers une application des critères *Engel*

Un premier secteur où cette question a été soulevée et abordée de manière explicite est le secteur agricole. Dans l'affaire *Käserei Champignon Hofmeister*, la Cour a été invitée à s'interroger sur l'éventuel caractère pénal des sanctions pécuniaires prévues par un règlement européen qui s'appliquent lorsqu'un exportateur de produits agricoles a demandé des restitutions à l'exportation trop élevées (c'est-à-dire des restitutions supérieures à la restitution applicable au produit effectivement exporté), et cela même en l'absence de faute subjective de la part de l'exportateur. D'après la *Bundesfinanzhof* allemande, et contrairement à ce que l'entreprise Käserei Champignon Hofmeister alléguait dans la procédure nationale, ces sanctions ne violent ni le principe de proportionnalité, ni l'interdiction de discrimination étant

[83] Voy. p. ex. CEDH (Plénière), *Öztürk c/ Allemagne*, 21 février 1984, § 56 ; CEDH, *Gradinger c/ Autriche*, 23 octobre 1995, § 42.

[84] Pour une analyse plus approfondie de cette jurisprudence et de la nature « pénale » des amendes en matière de droit européen de la concurrence voy. V. FRANSSEN, *European Sentencing Principles for Corporations*, thèse doctorale, Louvain, KU Leuven, 2013, pp. 307-314.

donné qu'elles n'ont pas de caractère pénal[85]. En effet, d'après la juridiction nationale, ces sanctions n'expriment pas de « désapprobation éthico-sociale », ce qui présupposerait « une culpabilité subjective », mais visent « seulement à dissuader l'exportateur de fournir à l'avenir de fausses indications, lesquelles sont susceptibles de mettre en péril les intérêts financiers de la Communauté et l'exécution correcte du régime des organisations communes de marchés concernées »[86]. Elles n'expriment donc « aucun reproche d'ordre moral ou éthique » mais poursuivent « un simple objectif de prévention »[87].

La Cour de justice a suivi cette appréciation, en évaluant la « nature de l'infraction reprochée » sous deux angles. Premièrement, la Cour a souligné que « les normes transgressées s'adressaient uniquement aux opérateurs économiques qui ont fait le choix, en toute liberté, de recourir à un régime d'aides en matière agricole »[88]. Deuxièmement, elle a estimé que « la sanction prise en cas de non-respect de ces exigences constitue un instrument administratif spécifique faisant partie intégrante du régime d'aides et destiné à assurer la bonne gestion financière des fonds publics communautaires »[89]. Sur la base de ces deux considérations, la Cour a conclu que la sanction mise en cause ne revêt pas de caractère pénal et que le principe de *nulla poena sine culpa* ne s'applique donc pas[90]. Clairement, on reconnaît dans cette analyse deux éléments pris en considération par la Cour européenne des droits de l'homme pour apprécier la nature de l'infraction, c'est-à-dire le caractère général de la règle transgressée et le but de la sanction[91]. Pourtant, il convient de souligner que l'arrêt de la Cour de justice ne comporte pas de référence explicite à la jurisprudence de la Cour de Strasbourg.

Cela change dans un arrêt rendu en 2012 par la Grande Chambre, toujours en matière agricole. Dans l'affaire *Bonda*, la Cour de justice était sollicitée par une juridiction répressive polonaise en vue

---

[85] CJUE, *Käserei Champignon Hofmeister*, 11 juillet 2002, C-210/00, § 17.
[86] Arrêt préc., § 18.
[87] *Ibid.*
[88] Arrêt préc., § 41. Nous soulignons. Voy. aussi § 42.
[89] Arrêt préc., § 41. Nous soulignons. Voy. aussi § 43.
[90] Arrêt préc., § 44.
[91] Cette analyse n'était d'ailleurs pas complètement nouvelle : la Cour de justice avait déjà tenu un raisonnement semblable dans deux autres arrêts, également relatifs à des instruments juridiques européens en matière agricole. Voy. CJUE, *Maizena e.a.*, 18 novembre 1987, 137/85, §§ 11-14 ; CJUE, *Allemagne c/ Commission*, 27 octobre 1992, C-240/90, §§ 25-26.

d'évaluer le caractère pénal de deux sanctions agricoles, afin de pouvoir déterminer si le principe de *non bis in idem* devait s'appliquer dans la procédure pénale en cours. Monsieur Bonda était notamment poursuivi devant les juridictions répressives polonaises pour fraude aux subventions parce qu'il avait fait une déclaration surévaluée concernant l'étendue des terres agricoles cultivées afin d'obtenir une subvention agricole plus élevée (appelée un « paiement unique à la surface »). Cette déclaration incorrecte avait été détectée par l'administration compétente qui lui avait en conséquence refusé toute subvention pour l'année en cours et infligé une exclusion (quasi totale)[92] de ce système de subventions agricoles pour les trois années à venir. Par la suite, M. Bonda avait été poursuivi au pénal pour les mêmes faits et condamné à huit mois d'emprisonnement avec sursis de deux ans et à une amende. M. Bonda avait cependant interjeté appel contre cette condamnation, en invoquant le principe de *non bis in idem*.

Dans son arrêt, la Cour de justice commence par un renvoi à sa jurisprudence antérieure en matière agricole, et estime d'emblée qu'« [a]ucun élément ne justifie une réponse différente en ce qui concerne les mesures »[93] mises en cause dans la présente affaire, invoquant les éléments déjà évoqués ci-dessus[94]. Elle y ajoute cependant que « [l]a nature administrative des mesures (...) n'est pas remise en cause par l'examen de la jurisprudence de la Cour européenne des droits de l'homme relative à la notion de "procédure pénale", au sens de l'article 4, paragraphe 1, du Protocole n° 7, disposition à laquelle se réfère la juridiction de renvoi »[95], et enchaîne avec une analyse, certes succincte mais explicite des sanctions en question à la lumière des trois critères *Engel*. Premièrement, la Cour relève que les mesures prévues par le règlement européen « ne sont pas considérées comme étant de nature pénale par le droit de l'Union, lequel doit en l'occurrence être assimilé au «droit interne» au sens de la jurisprudence de la Cour européenne des droits de l'homme »[96]. Ensuite, par rapport au deuxième critère, la Cour rappelle que les sanctions en

[92] Pour être précis, la sanction consistait « en la perte des droits au paiement unique à la surface, à hauteur du montant correspondant à la différence entre la surface réelle et la surface déclarée, pour les trois années suivant celle au cours de laquelle la déclaration inexacte avait été déposée ». CJUE (Grande Chambre), *Bonda*, 5 juin 2012, C-489/10, § 18. Nous soulignons.

[93] CJUE (Grande Chambre), *Bonda*, 5 juin 2012, C-489/10, § 31.

[94] Arrêt préc., §§ 32-35.

[95] Arrêt préc., § 36.

[96] Arrêt préc., § 37. Nous soulignons.

question « n'ont vocation à s'appliquer qu'aux opérateurs économiques qui font appel au régime d'aides institué par ce règlement et que la finalité de ces mesures n'est pas répressive, mais consiste, pour l'essentiel, à protéger la gestion des fonds de l'Union par l'exclusion temporaire d'un bénéficiaire ayant fait des déclarations inexactes dans sa demande d'aide »[97]. En outre, comme l'avait aussi souligné l'avocat général Kokott[98], l'absence de but répressif est confirmée par le fait que, si l'agriculteur s'abstient de demander une subvention pour les trois années à venir, la sanction de l'exclusion temporaire devient tout simplement « inopérante »[99]. Finalement, en ce qui concerne le troisième critère *Engel*, les sanctions prévues par le règlement européen « ont pour seul effet de priver l'agriculteur concerné de la perspective d'obtenir une aide », ce qui ne suffit pas pour une qualification « pénale »[100]. En conclusion, les sanctions agricoles prévues par le règlement européen et infligées à M. Bonda par l'administration nationale compétente ne sont donc pas de nature pénale[101], et en conséquence, ne font pas obstacle à des poursuites pénales subséquentes sur la base du principe de *non bis in idem*[102].

2. Vers une notion autonome du droit de l'Union (?)

Les choses deviennent cependant plus délicates dans la jurisprudence ultérieure de la Cour de justice. En effet, l'adhésion de la Cour à une interprétation autonome de la notion « pénale » au sens de l'article 6 de la Conv. EDH devient moins claire, et disparaît même, dans des arrêts plus récents en dehors du domaine agricole.

Dans l'affaire *Åklagaren c/ Åkerberg Fransson*, la Cour se trouvait à nouveau confrontée à une question préjudicielle relative au caractère pénal de sanctions administratives et la problématique de poursuites pénales subséquentes, mais cette fois-ci en matière de TVA[103]. Si l'on se limite aux seuls éléments essentiels du raisonnement relatif au ca-

---

[97] Arrêt préc., § 40. Nous soulignons.

[98] Les conclusions de l'avocat général contiennent d'ailleurs une analyse très élaborée de l'application des trois critères *Engel* : Conclusions de l'avocat général Kokott dans l'affaire *Bonda*, C-489/10, présentées le 15 décembre 2011, §§ 42-71.

[99] CJUE (Grande Chambre), *Bonda*, 5 juin 2012, C-489/10, § 41.

[100] Arrêt préc., §§ 43-44.

[101] CJUE (Grande Chambre), *Bonda*, 5 juin 2012, C-489/10, §§ 45-46.

[102] La CJUE a d'ailleurs confirmé le caractère non pénal des sanctions agricoles dans un autre arrêt : CJUE, *Sepa c/ Hauptzollamt Hamburg-Jonas*, 6 décembre 2012, C-562/11, § 25.

[103] CJUE (Grande Chambre), *Åklagaren c/ Åkerberg Fransson*, 26 février 2013, C-617/10.

ractère pénal des sanctions administratives[104], il convient d'attirer l'attention sur deux distinctions avec la jurisprudence analysée ci-dessus. Premièrement, dans cet arrêt, la Cour de justice ne renvoie plus aux critères *Engel* de la Cour européenne des droits de l'homme, mais aux critères *Bonda*[105]. Comment faut-il interpréter ce changement ? Peut-on y lire une tentative de la Cour de Luxembourg de prendre un certain recul par rapport à la jurisprudence extensive de la Cour de Strasbourg ou s'agit-il uniquement d'une confirmation de sa propre jurisprudence précédente ? L'avenir nous le dira... Deuxièmement, cette fois-ci, la Cour n'apprécie pas elle-même de la nature des sanctions fiscales, mais laisse cet exercice bien difficile à la juridiction de renvoi[106]. En soi, cette approche ne doit pas surprendre, mais elle se distingue quand même de l'approche prise dans les affaires agricoles analysées ci-dessus. En même temps, la Cour semble vouloir offrir une issue à la juridiction de renvoi lorsqu'elle conclut de la manière suivante :

« Il découle des considérations qui précèdent qu'il convient de répondre aux deuxième, troisième et quatrième questions que le principe *ne bis in idem* énoncé à l'article 50 de la Charte ne s'oppose pas à ce qu'un État membre impose, pour les mêmes faits de non-respect d'obligations déclaratives dans le domaine de la TVA, successivement une sanction fiscale et une sanction pénale dans la mesure où la première sanction ne revêt pas un caractère pénal, ce qu'il appartient à la juridiction nationale de vérifier »[107].

En d'autres mots, la Cour de justice suggère au juge national qu'il ne doit pas nécessairement conclure au caractère pénal des sanctions fiscales suédoises, ce qui est pour le moins curieux si l'on tient compte du fait que la Cour de Strasbourg a déjà considéré dans plusieurs affaires (également contre la Suède) que de telles sanctions fiscales relèvent effectivement de la matière pénale[108]. Une fois de plus on peut donc se poser la question de savoir si la Cour de justice

---

104 Dans le cadre de cette contribution, il est impossible d'entrer dans tous les détails et complexités de cet arrêt-clé, comme ceux liés à l'application même de la Charte, d'une part, et la relation entre le principe de *non bis in idem* tel que garanti par l'article 50 de la Charte et son pendant dans l'article 4 du 7e Protocole additionnel à la Conv. EDH, d'autre part. Mais ces éléments feront sans doute l'objet d'une analyse plus approfondie dans d'autres contributions de cet ouvrage.

105 CJUE (Grande Chambre), *Åklagaren c/ Åkerberg Fransson*, 26 février 2013, C-617/10, § 35.

106 Arrêt préc., § 36.

107 Arrêt préc., § 37. Nous soulignons.

108 Voy. p. ex. CEDH, *Janosevic c/ Suède*, 23 juillet 2002, § 71 ; CEDH (Grande Chambre), *Jussila c/ Finlande*, 23 novembre 2006, § 38.

avait l'intention de se distancier de la jurisprudence extensive de son homologue à Strasbourg, peut-être par souci de restreindre le champ d'application des droits garantis en matière pénale et afin d'éviter les mêmes problèmes de délimitation que ceux créés par la jurisprudence *Jussila*. Mais si tel est le cas, une interprétation différente de la notion « pénale » par l'Union européenne est-elle soutenable à moyen et à long terme, étant donné que tous les États membres de l'Union sont liés par la jurisprudence de Strasbourg, et que l'Union accédera elle-même un jour à la Conv. EDH ?

Dans l'arrêt *Baláž*, un autre arrêt rendu par la Grande Chambre neuf mois après *Åklagaren c/ Åkerberg Fransson*, la Cour était à nouveau confrontée à la question concernant l'interprétation de la notion « pénale », cette fois-ci dans le contexte de la décision-cadre 2005/214/JAI concernant l'application du principe de reconnaissance mutuelle aux sanctions pécuniaires[109]. Cette décision-cadre a pour objectif de faciliter l'application de sanctions pécuniaires dans un État membre autre que celui dans lequel ces sanctions ont été imposées, et ce sur la base du principe de reconnaissance mutuelle. Or, les questions préjudicielles posées par la juridiction nationale (tchèque en l'occurrence) étaient de savoir si la notion de « juridiction ayant compétence notamment en matière pénale », visée à l'article 1er, sous a), iii), de la décision-cadre doit être interprétée en tant que notion autonome du droit de l'Union, et en cas de réponse affirmative, à quels critères une telle juridiction « pénale » doit répondre. Le souci sous-jacent était que la décision-cadre s'applique également à des infractions relatives à la circulation routière, qui sont parfois qualifiées d'infractions administratives et parfois d'infractions pénales par le droit national des États membres. En d'autres mots, ces questions préjudicielles s'apparentent à la question abordée par la Cour européenne des droits de l'homme dans l'arrêt *Öztürk c/ Allemagne* (*supra*, III. A).

La Cour répond de manière affirmative aux questions de la juridiction tchèque : il faut en effet interpréter la notion de « juridiction ayant compétence notamment en matière pénale » en tant qu'une notion autonome du droit de l'Union, et ce « malgré » le fait que la décision-cadre ait été adoptée dans le cadre de la coopération judiciaire en matière pénale, sur la base des anciennes (c'est-à-dire pré-lisbonnines) dispositions (articles 31 et 34 du Traité sur l'Union européenne[110]). Faute d'un traitement uniforme de ces infractions routières par les

---

[109] *J.O.U.E.* L 76, 22 mars 2005, pp. 16-30.
[110] CJUE, *Baláž*, 14 novembre 2013, C-60/12, § 33.

États membres, « il convient de recourir à une interprétation des termes "ayant compétence notamment en matière pénale" dans laquelle la qualification des infractions par les États membres n'est pas déterminante » afin de « garantir l'effet utile de la décision-cadre. »[111]

Quelles sont alors les caractéristiques « pénales » que doit revêtir une telle juridiction ? Alors que l'avocat général Sharpston proposait une interprétation autonome s'alignant sur l'article 6 de la Conv. EDH étant donné que l'article 52, al. 3 de la Charte dispose expressément que les droits fondamentaux garantis par la Charte (en l'occurrence les articles 47 et 48) doivent avoir le même sens et la même portée que ceux conférés par la Conv. EDH[112], la Cour est bien plus prudente. Elle s'en tient à vérifier si la procédure devant la juridiction autrichienne, qui avait prononcé l'amende en cause et qui est formellement instituée en tant qu'autorité administrative indépendante, « réunit les caractéristiques essentielles d'une procédure pénale », sans référence à la Charte ni à la Conv. EDH[113]. Parmi ces caractéristiques, la Cour relève notamment que la procédure nationale garantit le respect du principe *nulla poena sine lege*, du principe de culpabilité (ou « principe de l'incrimination uniquement en cas d'imputabilité ou de responsabilité pénale ») et du « principe de la proportionnalité de la sanction à la responsabilité et aux faits »[114]. Pour la Cour, ces garanties suffisent pour satisfaire aux « caractéristiques essentielles d'une procédure pénale »[115]. Le moins que l'on puisse dire, c'est qu'il est surprenant que la Cour de justice ne fasse aucune référence aux garanties de la Charte, même si, au moment de l'adoption de la décision-cadre en cause, la Charte n'avait pas encore la même valeur juridique contraignante. Une explication pour l'approche prudente de la Cour est que la question de l'interprétation autonome de la notion « pénale » dans le contexte de la décision-cadre touche bien sûr aussi à la répartition des compétences entre l'Union et les États membres.

Cette préoccupation constitutionnelle devient encore plus nette dans un arrêt subséquent de la Grande Chambre : l'arrêt *Commission euro-*

[111] Arrêt préc., §§ 34-35. Nous soulignons.
[112] Conclusions de l'avocat général Sharpston dans l'affaire *Baláž*, C-60/12, présentées le 18 juillet 2013, §§ 49-71.
[113] CJUE, *Baláž*, 14 novembre 2013, C-60/12, §§ 36 et 39.
[114] Arrêt préc., § 40.
[115] Arrêt préc., § 42.

péenne c/ Parlement européen et Conseil de l'UE[116], qui sera abordé sous le point suivant.

3. Marche arrière : retour au droit national ?

L'affaire *Commission européenne c/ Parlement européen et Conseil de l'UE* concerne un recours en annulation introduit par la Commission européenne contre la directive 2011/82/UE du 25 octobre 2011 facilitant l'échange transfrontalier d'informations concernant les infractions en matière de sécurité routière. Cette directive avait été adoptée sur la base de l'article 87, al. 2 du TFUE, concernant la coopération policière (*supra*, II.B). D'après la Commission, cette base légale n'était pas adéquate parce qu'elle se limite à des infractions pénales au sens national. La Commission souligne en effet qu'il ne peut pas « être déduit du seul caractère punitif de la notion d'"infraction" ou du but répressif poursuivi par celle-ci, que cette notion puisse automatiquement être assimilée à celle d'infraction "pénale", au sens de l'article 87 TFUE »[117]. Dit autrement, la Commission semble d'avis qu'on ne peut pas interpréter la notion d'« infractions pénales » utilisée dans l'article 87 du TFUE de la même manière que la notion « pénale » visée à l'article 6 de la Conv. EDH qui, elle, se focalise effectivement sur le but répressif de l'infraction. Pour cette raison, la directive en cause aurait dû être adoptée sur une autre base légale, plus large, notamment l'article 91 du TFUE qui permet à l'Union de prendre des « mesures permettant d'améliorer la sécurité des transports ». La question centrale soumise à la Cour concerne donc essentiellement l'interprétation de la notion « pénale » dans les dispositions du TFUE qui règlent la compétence de l'Union dans l'espace de liberté, de sécurité et de justice.

De son côté, l'avocat général Bot se prononce clairement en faveur d'une approche fonctionnelle, qui ne se limite pas « aux infractions pénales qualifiées comme telles dans les droits des États membres »[118]. Cette approche est :

« nécessaire pour assurer l'efficacité et l'application uniforme de mécanismes de coopération policière ou judiciaire relatifs à des infractions et à des sanctions dont la qualification n'a pas fait l'objet de mesures d'harmonisation au niveau de l'Union et qui relèvent donc,

---

[116] CJUE, *Commission européenne c/ Parlement européen et Conseil de l'UE*, 6 mai 2014, C-43/12.
[117] Arrêt préc., § 17.
[118] Conclusions de l'avocat général Bot dans l'affaire *Commission européenne c/ Parlement européen et Conseil de l'UE*, C-43/12, présentées le 10 septembre 2013, § 59.

selon les systèmes et les traditions juridiques des États membres, de leur droit administratif ou de leur droit pénal »[119].

La Cour, de son côté, a cependant évité d'entrer dans les complexités épineuses de la notion « pénale » et s'est limitée à paraphraser les articles 87, al. 1 et 67, al. 2 et 3 du TFUE pour conclure que la directive en cause « ne se rattache pas directement aux objectifs » mis en avant par ces deux dispositions relatives à la coopération policière et doit donc être annulée[120]. Il semble donc que, le champ d'application des dispositions du TFUE relatives à l'espace de liberté, de sécurité et de justice est toujours déterminé par une approche formelle de la notion « pénale », c'est-à-dire que l'étiquette nationale semble prévaloir.

Cette approche formelle crée indubitablement des tensions avec la jurisprudence de la Cour de justice analysée plus haut, qui tend vers une approche autonome et donc une interprétation plus large de la notion « pénale ».

IV. Rôle du critère « pénal »

Eu égard à l'analyse précédente de la jurisprudence des deux Cours européennes, qui démontre un certain rapprochement, mais qui révèle en même temps une volonté de la part de la Cour de justice de se distinguer, il semble nécessaire de se focaliser brièvement sur le rôle donné à la notion « pénale ». Cette notion ne joue en effet pas le même rôle au sein des deux ordres juridiques européens, ce qui permet de mieux comprendre l'écart dans la jurisprudence des deux Cours.

A. La Convention européenne des droits de l'homme

Il ressort clairement de l'analyse sous le point II que l'objectif primaire de l'approche autonome de la Cour européenne des droits de l'homme est d'assurer que toutes les personnes (physiques et morales)[121] qui relèvent de la juridiction de la Cour jouissent effectivement des mêmes droits fondamentaux, indifféremment de la qualification nationale. Ainsi, la Cour veut éviter que les États signataires puissent priver certaines personnes soumises à leur juridiction des droits pénaux garantis par la Convention.

---

[119] Conclusions préc., § 74.

[120] CJUE, *Commission européenne c/ Parlement européen et Conseil de l'UE*, 6 mai 2014, C-43/12, § 49.

[121] Pour une analyse de l'application de la Conv. EDH aux personnes morales, voy. V. FRANSSEN, *European Sentencing Principles for Corporations*, thèse doctorale, Louvain, KU Leuven, 2013, pp. 283-284 et les références qui y sont mentionnées.

De plus, grâce à cette approche cohérente, en appliquant les mêmes critères pour interpréter le terme « pénal » (y compris les termes proches évoqués plus haut) dans les différentes dispositions de la Convention et ses Protocoles, la Cour évite une fragmentation du champ d'application de droits qui, par leur nature et par leur contenu, sont fort liés.

Cela étant, les garanties offertes par la Conv. EDH restent des garanties minimales. Les États peuvent donc aller au-delà de ce niveau de protection. En outre, il ne faut pas oublier que l'application du volet pénal de l'article 6 de la Conv. EDH n'implique pas pour autant que toutes les garanties de procédure pénale interne doivent s'appliquer. Il existe donc forcément des différences entre le droit pénal au sens national et le droit pénal au sens de la Conv. EDH. Cela explique, et justifie dans une certaine mesure, l'approche extensive adoptée par la Cour, même si la distinction *Jussila* entre le noyau dur, d'une part, et des types de droit pénal plus périphériques, d'autre part, reste évidemment une source d'incertitudes.

B. L'Union européenne

Par contre, au sein de l'Union européenne, la notion « pénale » joue un rôle bien plus complexe et moins univoque. D'un côté, comme le montre l'analyse précédente des affaires *Bonda* et *Åklagaren c/ Åkerberg Fransson*, cette notion permet de définir le champ d'application de certains droits fondamentaux garantis par la Charte. Rappelons que, d'après l'article 52, al. 3 de la Charte, le sens et la portée de ces droits doivent être les mêmes que ceux conférés par la Conv. EDH et offrir ainsi un niveau de protection équivalent, voire plus élevé, que celui de la Conv. EDH.

Mais de l'autre côté, cette notion sert aussi de critère de démarcation pour délimiter les compétences respectives de l'Union et des États membres. Ce double rôle explique pourquoi une interprétation autonome de la notion pénale est moins évidente et fort délicate, comme l'analyse des arrêts *Baláž* et *Commission européenne c/ Parlement européen et Conseil de l'UE* a mis en évidence.

Il reste donc à voir comment ces deux tendances dans la jurisprudence vont évoluer dans un proche avenir. Il est à prévoir que certaines directives en matière de procédure pénale (notamment les directives adoptées suite à la « Feuille de route ») vont remettre la question délicate de l'interprétation de la notion « pénale » à l'ordre du jour de la

Cour de justice[122]. D'un côté, ces directives garantissent clairement des droits fondamentaux, et mériteraient donc une approche autonome ou « fonctionnelle ». Mais de l'autre, elles sont adoptées sur la base de l'article 82, al. 2 du TFUE, touchant à la répartition des compétences entre l'Union et les États membres.

La tension entre l'approche fonctionnelle et l'approche formelle est notamment très nette dans la directive 2016/343 du Parlement européen et du Conseil du 9 mars 2016 portant renforcement de certains aspects de la présomption d'innocence et du droit d'assister à son procès dans le cadre des procédures pénales[123]. À cet égard, il suffit de citer le point 11 du préambule pour saisir le positionnement inconfortable du législateur européen, qui s'explique par la dynamique législative interinstitutionnelle[124] :

« La présente directive ne devrait s'appliquer qu'aux procédures pénales telles qu'elles sont interprétées par la Cour de justice de l'Union européenne (ci-après dénommée « Cour de justice »), sans préjudice de la jurisprudence de la Cour européenne des droits de l'homme. La présente directive ne devrait s'appliquer ni aux procédures civiles, ni aux procédures administratives, y compris lorsque ces dernières peuvent aboutir à des sanctions, telles que les procédures en matière de concurrence, de commerce, de services financiers, de circulation routière, de fiscalité ou de majorations d'impôt, ni aux enquêtes menées par les autorités administratives en rapport avec ces procédures. »[125]

V. Conclusion

Dans l'état actuel, il existe manifestement des différences d'approche au sein des deux ordres juridiques européens. Alors que la Cour de Strasbourg adopte une approche extensive afin de jouer pleinement son rôle protecteur, la Cour de justice se positionne plus prudemment

---

[122] *Cf.* A. WEYEMBERGH et N. JONCHERAY, « Punitive Administrative Sanctions and Procedural Safeguards : A Blurred Picture that Needs to be Addressed », *op. cit.*, pp. 201-202.

[123] *J.O.U.E.* L 65, 11 mars 2016, 1-11.

[124] S. CRAS et A. ERBEŽNIK, « The Directive on the Presumption of Innocence and the Right to Be Present at Trial », *eucrim* 2016, pp. 28-29; A. WEYEMBERGH et N. JONCHERAY, « Punitive Administrative Sanctions and Procedural Safeguards : A Blurred Picture that Needs to be Addressed », *op. cit.*, pp. 202-203.

[125] Nous soulignons. Pour une analyse plus approfondie du champ d'application de cette directive voy. S. LAMBERIGTS, « The Presumption of Innocence (and the Right to Be Present at Trial) Directive », *European Law Blog* 2016, disponible sur http://europeanlawblog.eu/2016/05/03/the-presumption-of-innocence-and-the-right-to-be-present-at-trial-directive/.

compte tenu des enjeux institutionnels créés par ce critère. Est-ce une position soutenable à long terme, une fois que l'UE aura accédé au Conseil de l'Europe ?

Clairement, le dernier mot au sujet de la notion « pénale » n'a pas encore été dit, et il s'avère donc que la citation de François Tulkens et de Michel van de Kerchove par laquelle la présente contribution a commencé reste toujours d'actualité.

Avril 2016

Droit disciplinaire & *Non bis in idem*

Jean-Marie BRIGANT

Maître de conférences à Le Mans Université,
Membre du Themis Um (EA 4333),
Membre associé de l'Institut François Gény (EA 7301)

« *Le droit disciplinaire est comme un orphelin qui cherche ses parents sans pouvoir les trouver* »[1].

Le droit disciplinaire – À l'origine, la discipline était un fouet fait de cordelettes ou de petites chaînes, utilisé au XIVème siècle pour se flageller, se mortifier (« *Des coups de discipline* »). Tel était le sens premier du mot discipline[2]. Aujourd'hui, la discipline s'entend comme « l'ensemble des règles et des devoirs imposés aux membres d'un corps ou d'une profession, ou attachés à l'exercice d'une fonction et dont le régime de sanction est autonome tant en ce qui concerne les instances compétentes et la procédure que la définition des infractions et la nature des peines »[3]. La discipline apparaît ainsi comme un phénomène inhérent à tout corps social établi dans la durée. Son origine n'est donc pas contractuelle mais bien institutionnelle comme l'a formulé Maurice Hauriou[4]. Le droit disciplinaire a ainsi pour objectif de préserver l'équilibre et l'unité du corps ou de la profession visés. Mais déjà ces quelques lignes laissent présager qu'il existe autant de droits disciplinaires que de groupements dont les membres sont soumis à une discipline.

Les Droits disciplinaires – Cette « atomisation des sources du droit disciplinaire »[5] conduit à l'affirmation selon laquelle il n'y aurait pas un droit disciplinaire mais des droits disciplinaires aux sources di-

---

[1] M. HAURIOU, *Précis de droit administratif et de droit public*, Paris, Leroux, 1907, 6e éd., p. 15.

[2] *Le Petit Robert*, Dictionnaire, 2016, V° Discipline.

[3] G. CORNU, *Vocabulaire juridique*, PUF, coll. Quadrige.

[4] M. HAURIOU, « L'institution et le droit statutaire », *Rec. de legisl. Toulouse*, Vol. 2, 1906, p. 134 ; du même auteur, « La théorie de l'institution et de la fondation (essai de vitalisme social) » *in : Aux sources du droit : le pouvoir, l'ordre et la liberté*, Caen, Centre de Philosophie politique et juridique, 1986, p. 98.

[5] J. PRALUS-DUPUY, *Discipline*, Rép. pén. Dalloz, oct. 1997, n° 13. V° égal. F. DELPÉRÉE, « Le droit disciplinaire, unité ou diversité », *RTDH* 1995.341.

verses et variées : celui des avocats, notaires, huissiers de justice, commissaires-priseurs, magistrats, policiers, experts judiciaires, médecins, chirurgiens-dentistes, sages-femmes, pharmaciens, architectes, géomètres-experts, vétérinaires, salariés, militaires, fonctionnaires, membres de l'enseignement supérieur, détenus, sportifs, élèves et étudiants, associations ou syndicats… De cet inventaire à la Prévert, il ressort que le droit disciplinaire ne serait donc pas un orphelin mais plutôt une fratrie orpheline. C'est la raison pour laquelle la doctrine a préféré essentiellement se « tourner vers l'étude des régimes disciplinaires particuliers à tel ou tel corps et qu'elle ait même parfois mis en doute l'utilité d'une réflexion globale sur la matière »[6], même si par la suite, elle s'est évertuée à faire émerger « l'existence d'un droit commun aux institutions privées et publiques »[7].

Droit disciplinaire & Droit pénal – Et pourtant, en raison de son caractère coercitif, le droit disciplinaire présente un « air de famille » qui invite à le rattacher naturellement au droit pénal. Cette filiation naturelle avait été soulignée par Michel Foucault dans une citation devenue célèbre : « au cœur de tout système disciplinaire fonctionne un petit système pénal »[8]. Cette analogie entre répressions disciplinaire et pénale a notamment été défendue par Alfred Legal et Jean Brethe de La Gressaye au début du XXème siècle qui d'ailleurs qualifiaient le droit disciplinaire de « droit pénal des corps intermédiaires »[9]. En effet, pour ces auteurs, « le droit disciplinaire est de même nature que le droit pénal. Il tend au même but, assurer l'ordre au sein d'une société donnée, au moyen de sanctions répressives qui, comme celles du droit pénal, ont en vue la réprobation, l'intimidation et la prévention. […] Ce qui distingue seulement le droit disciplinaire du droit pénal, c'est le groupement à l'intérieur duquel il s'applique et les devoirs qu'il sanctionne […] Il n'y a donc entre les deux répressions qu'une différence de domaine d'application, qui n'a rien d'essentiel, et qui explique les divergences que l'on ne

---

[6] J. PRALUS-DUPUY, *Discipline*, *op. cit.*

[7] En ce sens, A. LÉGAL, J. BRETHE DE LA GRESSAYE, *Le pouvoir disciplinaire dans les institutions privées*, Sirey, 1938 ; P. ANCEL, J. MORET-BAILLY (dir.), *Vers un droit commun disciplinaire* ?, P.U. Saint-Étienne, 2007.

[8] M. FOUCAULT, *Surveiller et punir. Naissance de la prison*, 1975, Gallimard, p. 180.

[9] J.-F. PILLEBOUT, *Discipline – Principes – Mesures de sûreté*, J.-Cl. Notariat, 2013, Fasc. 30, n° 22 : « Le droit disciplinaire peut être tout naturellement comparé au droit pénal. Dans les deux domaines, la collectivité se défend contre les atteintes que portent contre ses intérêts certains agissements de ses membres. La collectivité professionnelle étant restreinte et les intérêts à protéger étant moins généraux, le droit disciplinaire apparaît comme un droit pénal en réduction ».

peut manquer de relever entre elles »[10]. En définitive, cette différence de domaine d'application apparaît secondaire par rapport à la communauté de buts des sanctions disciplinaire et pénale qui est de maintenir la cohésion du groupe social. En ce sens, il faut admettre que les similitudes entre ces deux branches du droit n'ont cessé de se multiplier au fil des années qu'il s'agisse du droit disciplinaire au sens strict ou de la procédure disciplinaire.

Rapprochement sur le fond – Concernant les règles de fond, le principe de légalité des délits, longtemps absent, du droit disciplinaire, a aujourd'hui son équivalent « à condition que l'on ait une conception large de la légalité comprenant, non seulement les sources écrites, mais aussi coutumières et jurisprudentielles »[11]. En effet, pour la jurisprudence, le principe de légalité des délits est satisfait dès lors que les textes applicables font référence à des obligations auxquelles les intéressés sont soumis en raison de l'activité qu'ils exercent, de la profession à laquelle ils appartiennent ou de l'institution dont ils relèvent[12]. Le principe apparaît plus proche de la textualité que de la clarté et de la précision exigées en droit pénal. En revanche, le principe de légalité des peines apparaît appliqué en droit disciplinaire avec la même rigueur qu'en droit pénal. En effet, la quasi-totalité des droits disciplinaires instaure une échelle des peines comme l'attestent le droit disciplinaire des professions libérales[13], ceux des militaires et fonctionnaires[14] ou bien encore celui des personnes détenues[15]. Toutefois, l'absence de corrélation légale entre la faute et la sanction disciplinaires conduit à un risque de violation du principe de proportionnalité des peines. Sur ce point, les jurisprudences judiciaires[16] et administratives[17] sont venues préciser qu'une autorité disciplinaire ne

---

[10] A. LEGAL, J. BRETHE DE LA GRESSAYE, *Discipline*, Rép. pén. Dalloz, 1978.

[11] J. PRALUS-DUPUY, *Discipline*, *op.cit.*, n° 33.

[12] Cass. civ. 1ère, 10 juill. 2014, n° 13-19284 : *Bull. civ.* I. n° 137 ; *Gaz. Pal.* 11 oct. 2014, n° 284, p. 19, comm. J.-M. BRIGANT – CE 26 déc. 2013, n° 363310 : inédit ; CE 12 oct. 2009, n° 31164 : *LPA* 5 mai 2010, p. 6, concl. M. GUYOMAR – CE ass. 7 juill. 2004, n° 255136 : *RFDA* 2004, p. 913, concl. M. GUYOMAR ; *AJDA* 2004, p. 1695, comm. C. LANDAIS et F. LENICA.

[13] Par exemple : Ordonnance n° 45-1418 du 28 juin 1945 relative à la discipline des notaires et de certains officiers ministériels, art. 3 ; Décret n° 91-1197 du 27 novembre 1991 organisant la profession d'avocat, art. 184 ; C. santé publ., art. L. 4124-6 (professions médicales).

[14] C. défense, art. L. 4137-2 ; Loi n° 84-16 du 11 janvier 1984 portant dispositions statutaires relatives à la fonction publique de l'État, art. 66.

[15] C. proc. pén., art. R. 57-7-33 à R. 57-7-37.

[16] Cass. civ. 1ère, 16 juill. 1897 : *DP* 1901. 1. 414.

[17] CE 11 mars Hirigoyen, *S.* 1938. 3. 81 – CE 15 juin 1960, Storck, *AJDA* 1960, 316.

peut punir un comportement répréhensible de plusieurs sanctions prévues par les textes[18].

Rapprochement sur la forme – Sur la forme, on constate depuis plusieurs années une normalisation de la procédure disciplinaire qui emprunte de plus en plus ses garanties au droit pénal et ce sous l'influence des jurisprudences française et conventionnelle[19]. Parmi ces garanties visant à instaurer un procès (disciplinaire) équitable, figurent l'impartialité et l'indépendance du tribunal et le droit à un défenseur. Ainsi, le fonctionnaire à l'encontre duquel une procédure disciplinaire est engagée a droit à la communication de l'intégralité de son dossier individuel et de tous les documents annexes ainsi qu'à l'assistance du défenseur de son choix[20]. Il ne faudrait pas oublier le principe de la contradiction présent dans de nombreuses procédures disciplinaires[21], de même que la publicité des débats, consacrée par l'arrêt Maubleu[22], qui a permis à la justice disciplinaire de passer de l'ombre à la lumière. L'idée d'une prescription de l'action disciplinaire fait également son chemin dans différents contentieux, qu'il s'agisse des notaires[23] ou plus récemment des fonctionnaires[24]. Mais qu'en est-il en droit disciplinaire du principe *Non bis in idem ?* Ce principe, qui signifie « Pas deux fois pour la même chose », est consacré par plusieurs instruments internationaux dont notamment l'article 4 du Protocole n° 7 à la Convention européenne des droits de l'homme. Ce dernier dispose que « Nul ne peut être poursuivi ou puni pénalement par les juridictions du même État en raison d'une infraction pour laquelle il a déjà été acquitté ou condamné par un jugement

---

[18] Sauf lorsque sont prévues des sanctions principales et complémentaires ou accessoires.

[19] M. DELMAS-MARTY, « Réflexions sur le pouvoir disciplinaire », *RTDH* 1995, p. 156 ; J. PRALUS-DUPUY, « L'article 6 de la Convention européenne de sauvegarde des droits de l'homme et les contentieux de la répression disciplinaire », *RSC* 1995, 723 ; D. IMBERT-MAGNAND, « L'influence conventionnelle sur le droit disciplinaire », *in : Vers un droit commun disciplinaire ?*, *op.cit.*, p. 275.

[20] Loi n° 83-634 du 13 juillet 1983 portant droits et obligations des fonctionnaires, art. 19.

[21] Ex. Décret n°91-1197 du 27 novembre 1991 organisant la profession d'avocat, art. 177, 189 et 192.

[22] CE ass. 14 février 1996, *Maubleu, JCP G.* 1996. II. 22669, note M. LASCOMBE et D. VION.

[23] Ord. n° 45-1418 du 28 juin 1945 relative à la discipline des notaires et de certains officiers ministériels, art. 47.

[24] Loi n° 2016-483 du 20 avril 2016 relative à la déontologie et aux droits et obligations des fonctionnaires, art. 36 ; Loi organique n° 2016-1090 du 8 août 2016 relative aux garanties statutaires, aux obligations déontologiques et au recrutement des magistrats ainsi qu'au Conseil supérieur de la magistrature, art. 31.

définitif conformément à la loi de cet État ». Dans le même sens, l'article 368 CPP dispose qu'« aucune personne acquittée légalement ne peut plus être reprise ou accusée à raison des mêmes faits, même sous une qualification différente ». L'objectif de cette règle de fond et de forme est d'interdire, après un jugement définitif d'acquittement ou de condamnation, de nouvelles poursuites pour les mêmes faits à charge de la même personne. La question de ce cumul répressif se pose différemment selon que l'on est en présence d'une procédure disciplinaire unique ou d'une pluralité de procédures répressives[25].

***Non bis in idem* & la poursuite unique** – À l'occasion d'une procédure disciplinaire unique, le cumul des sanctions est régi par un principe d'interdiction ainsi que l'a affirmé le Conseil d'État. En effet, « en vertu d'un principe général du droit, il est interdit pour un maire de prononcer plusieurs sanctions disciplinaires pour réprimer les mêmes faits »[26]. Un même manquement ne peut donc donner lieu qu'à une seule sanction administrative[27]. Toutefois, en cas de concours réel de fautes disciplinaires commises par une même personne, la question du cumul ou de la confusion des sanctions disciplinaires a posé des difficultés à la jurisprudence. Selon le Conseil d'État, la règle de droit pénal de confusion des peines n'ayant pas d'application en matière disciplinaire, il est possible de prononcer deux peines de suspension, la seconde ne prenant effet qu'à l'expiration de la seconde[28]. La Cour de cassation estime au contraire qu'il convient d'opérer une confusion des peines de suspension infligées au praticien[29].

***Non bis in idem* & la pluralité de poursuites** – Cette première situation qui consacre *Non bis in idem* au sein d'une même juridiction disciplinaire doit être distinguée de celle du cumul de sanctions consécutif à une pluralité de procédures répressives[30]. Cette seconde situation, assez fréquente, résulte de l'appartenance d'une même per-

---

[25] En ce sens, J. PRALUS-DUPUY, « Cumul et non-cumul en droit disciplinaire », *D.* 1993, 135.

[26] CE 23 avril 1958, *Commune de Petit Quevilly* , *Rec. Lebon*, 394 ; *AJDA* 1958, 383 – CE 5 mars 1954, *Banque alsacienne privée et Dupont*, *Rec. Lebon*, 144 – CE 4 mai 1962, *Lacombe*, *Rec. Lebon*, 300 – CE 29 sept. 1982, *Mme Vernel* – CE 30 juin 1993, *CPAM région dieppoise c/ Ausina*, *Rec. Lebon*, 188 – CE, 2e et 7e ch., 30 déc. 2016, n° 395681, *ACNUSA*.

[27] CE 29 oct. 2009, *Sté Air France c/ ACNUSA*, n° 312825.

[28] CE 7 déc. 1984, *Subrini*, *Rec. Lebon*, 411 ; *D.* 1985, IR, p. 364, 3ème esp., obs. J. PENNEAU.

[29] Cass. civ. 1ère, 10 juin 1987, n°-85-14831, *Bull. civ.* I. n° 186 ; *Gaz. Pal.* 1987.2.511, note A. DAMIEN.

[30] B. BOULOC, *Procédure pénale*, Dalloz, coll. Précis, 25ème éd., n° 1191.

sonne à plusieurs institutions ou relevant de plusieurs autorités disciplinaires.

C'est le cas de l'étudiant, ayant fraudé ou tenté de frauder aux examens, exclu de l'établissement pour une durée de cinq ans et condamné à une peine d'amende[31], du salarié, ayant volé son employeur, licencié disciplinairement et condamné pénalement, du notaire ayant abusé de la confiance de ses clients, destitué disciplinairement et sanctionné pénalement par une interdiction professionnelle[32] ou bien encore du sportif sanctionné pour dopage par une fédération sportive et par le ministre de la défense en sa qualité de militaire[33].

Au regard du principe *Non bis in idem*, il s'agit non seulement de savoir si une condamnation pénale peut faire obstacle à des poursuites disciplinaires fondées sur le même fait mais également si une personne peut faire l'objet de poursuites disciplinaires pour des faits déjà réprimés disciplinairement ou administrativement[34].

En l'état actuel, dans l'hypothèse d'une pluralité d'autorités compétentes, le cumul répressif est considéré comme la solution de principe, solution que l'on peut aisément expliquer **(I.)**. Toutefois, au regard de la jurisprudence récente rendue par le Conseil constitutionnel et la Cour EDH, jurisprudence suscitant des espoirs modérés, la solution française en matière disciplinaire n'en demeure pas moins critiquable et paraît donc modifiable **(II.)**.

I. *De lege lata* : un cumul répressif explicable

L'exclusion de *Non bis in idem* – Le principe *non bis in idem* est méconnu par le droit disciplinaire français, ce qui se traduit de manière constante par un cumul de poursuites et de sanctions répressives. Ce cumul répressif est justifié par les juridictions françaises **(A)** et entériné par le Conseil constitutionnel **(B)**.

---

[31] Décret n° 92-657 du 13 juill. 1992, art. 40 – Loi 23 déc. 1901 réprimant les fraudes dans les examens et concours publics, art. 2.

[32] Cass. civ. 1ère, 9 avr. 2015, n° 14-50.012.

[33] CE 2 mars 2010, *Fédération française d'athlétisme*, n° 324439, *AJDA* 2010, 664, chron. S.-J. LIEBER et D. BOTTEGHI ; *D.* 2011, obs. CDES Limoges ; *Dr. adm.* 2010, comm. 82, note F. MELLERAY.

[34] J. CASTIAUX, J. ALARDIN, *Le droit disciplinaire dans la jurisprudence. Une analyse des arrêts de la Cour de Strasbourg, de la Cour constitutionnelle et de la Cour de cassation*, Bruxelles, Larcier, 2014, p. 60.

A. L'explication du cumul

Une double justification – La mise à l'écart de la règle *non bis in idem* dans l'hypothèse d'une pluralité de poursuites répressives reçoit une double justification : en raison du « vieux principe »[35] d'indépendance des poursuites pénales et disciplinaires d'une part **(1)** et en raison de la différence de nature des sanctions pénales et disciplinaires d'autre part **(2)**.

1. Le principe d'indépendance des poursuites

L'argument classique – La méconnaissance de la règle *Non bis in idem* s'explique de manière traditionnelle par le principe d'indépendance qui caractérise les relations entre répression pénale et répression disciplinaire, qui relèvent d'ordres juridiques distincts[36]. Cette autonomie des poursuites pénales et disciplinaires est parfois relayée par certaines dispositions légales. En ce sens, l'article L. 314-18 CJF affirme que « les poursuites devant la Cour [de discipline budgétaire et financière] ne font pas obstacle à l'exercice de l'action pénale et de l'action disciplinaire »[37].

Ce principe signifie que l'action disciplinaire ne se trouve pas sous la coupe d'instances civiles[38] et administratives[39], ni même d'une instance pénale : « le disciplinaire ne tient pas le pénal en l'état et le pénal ne tient pas le disciplinaire en l'état »[40]. Il résulte de cette règle qu'un même fait peut constituer un manquement disciplinaire et ne

---

[35] L. SEUROT, note sous CE, 21 juin 2013, *AJDA* 2013, p. 2203.
[36] CE 12 janv. 1917, *Letrillard, Rec. Lebon*, 33 ; Cass. civ. 28 juill. 1902, *DP* 1904, 2, p. 187.
[37] C. santé publ., art. L. 4126-5 : « L'exercice de l'action disciplinaire ne met obstacle : 1° Ni aux poursuites que le ministère public ou les particuliers peuvent intenter devant les tribunaux répressifs dans les termes du droit commun ; 2° Ni aux actions civiles en réparation d'un délit ou d'un quasi-délit ; 3° Ni à l'action disciplinaire devant l'administration dont dépend le médecin, le chirurgien-dentiste ou la sage-femme fonctionnaire ; 4° Ni aux instances qui peuvent être engagées contre les médecins, les chirurgiens-dentistes ou les sages-femmes en raison des abus qui leur seraient reprochés dans leur participation aux soins médicaux prévus par les lois sociales ». – Loi n° 83-634 du 13 juillet 1983 portant droits et obligations des fonctionnaires, art. 29 : « Toute faute commise par un fonctionnaire dans l'exercice ou à l'occasion de l'exercice de ses fonctions l'expose à une sanction disciplinaire sans préjudice, le cas échéant, des peines prévues par la loi pénale ».
[38] Cass. civ. 1ère, 18 avril 1961, *JCP G.* 1961, II 12184, note J. SAVATIER ; Cass. civ. 1ère, 1er juillet 1958, *D.* 1959. 283, note J. BRETHE DE LA GRESSAYE ; Cass. civ. 4 janv. 1950, *D.* 1950, J., p. 174.
[39] CE 19 juin 1964, *Teboul, Rec. Lebon*, 989 ; CE 28 févr. 2000, *Nataf*, req. n °193122.
[40] R. CHAPUS, *Droit administratif général*, t. 2, 15e éd., Paris, LGDJ, Montchrestien, p. 346.

pas recevoir de qualification pénale et à l'inverse, un agissement peut donner lieu à des poursuites pénales sans pour autant déclencher l'ouverture d'une procédure disciplinaire. Pour résumer, « il y a tuilage mais non superposition entre le domaine des infractions pénales et celui des infractions disciplinaires »[41].

Sauf texte contraire[42] ou solutions prétoriennes d'espèce[43], la jurisprudence française réaffirme fréquemment que le juge disciplinaire n'a pas l'obligation de surseoir à statuer lorsqu'une instance pénale est en cours[44] et qu'en le faisant il méconnaît sa propre compétence[45]. Bien évidemment l'absence de « synchronisation »[46] des affaires pénales et disciplinaires laisse souvent planer le risque d'une contradiction totale entre celles-ci.

Néanmoins, ce risque est en partie atténué par une jurisprudence séculaire affirmant qu'il y a autorité absolue des décisions de justice pénale quant aux constatations matérielles[47]. En revanche, le juge disciplinaire conserve toute latitude pour qualifier les faits au regard des règles déontologiques et détermine la sanction applicable[48].

---

[41] B. BLANCHARD, « La discipline de l'ordre », *in Droit et déontologie de la profession d'avocat*, sous la dir. B. BEIGNIER, B. BLANCHARD et J. VILLACÈQUE, Paris, LGDJ, 2008, n° 397.

[42] C. éduc., art. R. 511-47 : « Lorsqu'un élève est traduit devant le conseil de discipline de l'établissement ou le conseil de discipline départemental et fait l'objet de poursuites pénales en raison des mêmes faits, l'action disciplinaire peut, en cas de contestation sérieuse sur la matérialité de ces faits ou sur leur imputation à l'élève en cause, être suspendue jusqu'à ce que la juridiction saisie se soit prononcée ».

[43] Req. 9 nov. 1881, *D.* 1882, I. 281 ; Cass. civ. 1ère, 15 mai 1984, *D.* 1985, somm., p. 106, note BRUNOIS ; *Gaz. Pal.* 1984, 2, p. 275 ; Cass. civ. 1ère, 14 juin 1988, *Bull. civ.* I, n° 187 ; *JCP G.* 1988, IV, 294.

[44] CE 9 juill. 1948, *Sieur Archambault*, *Rec. Lebon*, 323 – CE 5 janv. 1951, *Faure*, *Rec. Lebon*, 6 ; *RDP* 1951, p. 935 – CE 13 mai 1974, *Carpentier*, *Rec. Lebon*, 284 ; *RTDSS* 1975, p. 34, concl. G. BRAIBANT – CE 11 mai 1984, *Peuvot*, req. n° 38023 – CE 27 janv. 1993, *Ivars*, *Rec. Lebon*, 852 – CE 30 déc. 2014, *Bonnemaison*, n° 381245.

[45] CE 28 janv. 1994, *L'Hermitte*, *RFDA* 1994, p. 459, concl. R. SCHWARTZ.

[46] Terme employé par J.-P. MARKUS, *Les juridictions ordinales*, LGDJ, 2003, p. 123.

[47] Cass. civ. 21 août 1849, *D.* 1849, I, 226 – Req., 9 nov. 1881, *D.* 1882, I., 281 – Cass. civ. 1ère, 17 mai 1988, *Bull. civ.*, I, n° 146 – Cass. civ. 1ère, 18 mai et 31 oct. 1989, *JCP G.* 1991, II, 21693, note G. MÉMETEAU – CE 1er oct. 1997, *Avrillier*, *Rec. Lebon*, 700 ; *D.* 1998, p. 1, note M. DOBKINE – CE 19 oct. 1956, *Princeteau*, *Rec. Lebon*, 378 – CE 24 juill. 1987, *Conseil dép. de l'ordre des médecins de l'Ariège*, *D.* 1989. somm. 56 – CE 18 oct. 1989, *JCP* 1991. II. 21693, note G. MÉMETEAU – CE 30 juin 2000, *Grossetête*, req. n° 196432.

[48] CE 30 janv. 1963, *S.*, *AJDA* 1963, II, p. 432, note B. PAULIN. – CE 24 juill. 1987, n° 65675, *Frantz*, *Dr. adm.* 1987, comm. 509. – CE 18 oct. 1989, *S.*, *D.* 1991, somm. p. 179 ; *JCP G* 1991, II, 21693, note G. MÉMETEAU – CE 14 mars 1990, n° 71085, *Ferreux*, *Rec. CE* 1990, p. 68 ; *Dr. adm.* 1990, comm. 245 - CE 20 oct. 1993, n° 105041, B.

De manière exceptionnelle, il arrive que le législateur fasse dépendre la prescription de l'action disciplinaire de celle de l'action publique[49], réduisant ainsi le principe d'autonomie. Ainsi, en cas de poursuites pénales exercées à l'encontre du fonctionnaire, le délai de l'action disciplinaire est interrompu jusqu'à la décision définitive de classement sans suite, de non-lieu, d'acquittement, de relaxe ou de condamnation[50].

2. La différence de nature des sanctions

L'argument technique – De manière constante, les juridictions françaises affirment que les peines disciplinaires et pénales peuvent se cumuler car il s'agit de sanctions de nature différente. Cette idée qu'il existe une différence de nature entre les sanctions disciplinaires et pénales a depuis bien longtemps « reçu le sacre jurisprudentiel »[51].

En effet, la première chambre civile de la Cour de cassation retient de manière constante que la peine prononcée par le juge pénal et les sanctions disciplinaires étant de nature différente, leur cumul n'est pas concerné par les dispositions de l'article 4 du Protocole n° 7 à la CEDH[52]. En 2015, cette solution a été réaffirmée à propos d'un notaire sanctionné pénalement et disciplinairement pour des faits d'escroquerie et d'abus de confiance dans l'exercice de ses fonctions[53]. La Cour a ainsi considéré que « la peine complémentaire d'interdiction d'exercer une fonction publique ou une activité professionnelle ou sociale prévue en matière pénale et la sanction disciplinaire de destitution susceptible de frapper un notaire sont de

[49] C. trav., art. L. 1332-4 : « Aucun fait fautif ne peut donner lieu à lui seul à l'engagement de poursuites disciplinaires au-delà d'un délai de deux mois à compter du jour où l'employeur en a eu connaissance, à moins que ce fait ait donné lieu dans le même délai à l'exercice de poursuites pénales ».

[50] Loi n° 83-634 du 13 juillet 1983 portant droits et obligations des fonctionnaires, art. 19 : « Passé ce délai et hormis le cas où une autre procédure disciplinaire a été engagée à l'encontre de l'agent avant l'expiration de ce délai, les faits en cause ne peuvent plus être invoqués dans le cadre d'une procédure disciplinaire » (mod. Loi n° 2016-483 du 20 avril 2016 relative à la déontologie et aux droits et obligations des fonctionnaires, art. 36).

[51] P. DEUMIER, « La sanction disciplinaire, un concept unifié », *in Vers un droit commun disciplinaire* ?, *op. cit.*, p. 249.

[52] Cass. civ. 1ère, 3 févr. 1998, n° 96-12.035 : *Bull. civ.* I, n° 43 ; *D.* 1998. 77 – Cass. civ. 1ère, 27 mars 2001, n°98-18.770 : *Bull. civ.* I, n° 85 – Cass. civ. 1ère, 26 oct. 2004, n° 02-17.903.

[53] Cass. crim., 6 avr. 2011, n° 10-82.318 – Cass. crim., 27 mars 2013, n° 12-82.845.

nature différente »[54]. Toujours en se fondant sur cette fameuse différence de nature, cette même formation n'a pas hésité à affirmer que les sanctions pénale et disciplinaire de suspension doivent être exécutées successivement[55] et que l'article 131-27 du Code pénal qui limite la durée de la peine complémentaire d'interdiction professionnelle n'est pas applicable en matière disciplinaire[56].

Cette solution autorisant une entorse à la règle « *non bis in idem* » est également reprise, dans des termes semblables, par la Chambre criminelle de la Cour de cassation[57] mais également par le Conseil d'État qui retient que « Les sanctions disciplinaires, les sanctions professionnelles et les sanctions statutaires mentionnées par l'article 29 de la loi du 13 juillet 1972 portant statut général des militaires poursuivent des objectifs distincts et sont de nature différente »[58].

Ce critère de distinction des sanctions selon leur nature permet ainsi à la jurisprudence française de pouvoir s'appuyer utilement sur la réserve formulée par l'État français en marge du Protocole n° 7 additionnel de la Convention EDH : « seules les infractions relevant en droit français de la compétence des tribunaux statuant en matière pénale doivent être regardées comme des infractions au sens des articles 2 et 4 du présent Protocole »[59]. Il ne reste alors qu'à définir ce qu'il faut entendre par « nature d'une sanction » et c'est bien là toute la difficulté tant la notion de nature paraît polysémique[60]. Si le Conseil constitutionnel a pu considérer qu'emprisonnement et amende ne sont pas des sanctions de nature différente[61], on pouvait légitimement penser que la Cour de cassation, dans sa décision du 9 avril 2015, aboutirait à la même conclusion s'agissant de la privation (discipli-

---

[54] Cass. civ. 1ère, 9 avr. 2015, n° 14-50.012, *JCP N.* 2015, n° 17, act. 535, obs. J.-M. BRIGANT ; *Defrénois* 2016, n° 12, p. 703, obs. M. LATINA ; *D.* 2015, p. 1192, note O. DÉCIMA ; *Gaz. Pal.* 30 mai 2015, p. 14, note R. EVANS ; *Dr. pén.* 2015, comm. 92, note V. PELTIER ; *LPA* 17 nov. 2015, n° 229, p. 11, note P.-L. NIEL.

[55] Cass. civ. 1ère, 17 mai 1988, n° 86-15.067, *Bull. civ.* 1988, I, n° 145.

[56] Cass. civ. 1ère, 18 oct. 2005, n° 04-15.215 ; *Bull. civ.* 2005, I, n° 367 ; *JCP N* 2007, n° 1, 1000, note J. DE POULPIQUET.

[57] Cass. crim. 10 janv. 2017, n° 15-85.519 – Cass. crim. 16 nov. 2016, n° 15-87.121– Cass. crim. 19 févr. 2014, n° 12-87.558 – Cass. crim., 7 sept. 2004, n° 04-80.010 : *Bull. crim.* n° 200, *D.* 2004, IR p. 2691 ; *RSC* 2005, p. 69, obs. E. FORTIS – Cass. crim., 7 avr. 1999, n° 98-83.770.

[58] CE 27 janv. 2006, *Ministre de la Défense*, n° 265600.

[59] Cass. crim., 7 sept. 2004, n° 04-80.010, *Bull. crim.* n° 200, *D.* 2004, IR p. 2691 ; *RSC* 2005, p. 69, obs. E. FORTIS – CE 30 juill. 2003, Houlle, n° 232238 – CE 7 janv. 2004, *Colombani*, n° 232465.

[60] En ce sens, O. DÉCIMA, « *Bis repetita placent :* cumul des sanctions pénales et disciplinaires », *D.* 2015, p. 1192.

[61] Cons. const. 18 mars 2015, n° 2014-453/454 QPC et 2015-462 QPC, consid. 26.

naire et pénale) de l'exercice d'un même droit : celui d'exercer une activité professionnelle. Or, tel n'est pas le sens qu'il fallait donner à l'expression de « nature distincte ». C'est de l'avis de l'Avocat général à la Cour de cassation que viendra la lumière sur cette notion obscure : « la différence de nature, sur laquelle elle se fonde, renvoie à la différence de nature des infractions qu'elles sanctionnent au regard de la catégorie professionnelle concernée et des valeurs et intérêts protégés »[62]. La différence de nature se réduit alors à une différence de finalité. Alors que le droit pénal se préoccupe du maintien de l'ordre social dans la société, le droit disciplinaire a pour but spécifique de préserver l'image de la profession qui est de l'essence même de la déontologie[63]. Ces propos se font ainsi le relais de la thèse (classique) de l'antinomie entre le droit pénal et le droit disciplinaire, thèse soutenue par de célèbres auteurs parmi lesquels Gaston Jèze[64] et Marcel Waline[65]. En outre, cette solution jurisprudentielle est loin d'avoir été démentie par le Conseil constitutionnel.

B. La validation du cumul

***Non bis in idem* ignoré** – Cette jurisprudence constante qui autorise le cumul des poursuites pénales et disciplinaires a été entérinée en son principe à plusieurs reprises par le Conseil constitutionnel (1) avant d'être assorti d'un correctif concernant le cumul des sanctions (2).

1. Le principe du cumul des poursuites pénales et disciplinaires

Un cumul consacré – Par le passé, la règle *Non bis in idem* a pu avoir valeur constitutionnelle, comme le prouvent l'article 9 de la Constitution du 3 septembre 1791[66] et l'article 253 de la Constitution du 5 Fructidor an III[67]. Mais aujourd'hui, nulle trace d'une telle exigence dans la Constitution du 4 octobre 1958. Uniquement présent aux articles 6, 368 et 692 CPP, le principe *non bis in idem* n'aurait donc que valeur législative, le législateur pouvant en conséquence y déroger.

---

[62] J.-P. SUDRE, « Le principe *non bis in idem* et le cumul des sanctions pénales et disciplinaires applicables aux notaires », *D.* 2015, p. 1187.

[63] R.-T. TROPLONG, note sous Req. 6 mai 1844, *D.P.* 1844, I. 193 : « Le fait est alors considéré sous un autre rapport. L'intérêt du corps et l'honneur de la profession prennent la place de l'intérêt social proprement dit ».

[64] G. JÈZE, *Les principes généraux du droit administratif*, 1926, p. 87.

[65] M. WALINE, *Traité élémentaire de droit administratif*, 1963, n° 1418.

[66] « Tout homme acquitté par un juré légal, ne peut plus être repris ni accusé à raison d'un même fait ».

[67] « Toute personne acquittée par un jury ne peut être reprise ni accusée pour un même fait ».

Dans un premier temps, le Conseil constitutionnel n'a pas répondu à la question de savoir si le principe de non-cumul des poursuites revêtait ou non une valeur constitutionnelle. Cela concernait le cumul des sanctions pécuniaires et pénales en matière boursière. En effet, dans décision du 28 juillet 1989, le Conseil a considéré « que, sans qu'il soit besoin de rechercher si le principe dont la violation est invoquée a valeur constitutionnelle, il convient de relever qu'il ne reçoit pas application au cas de cumul entre sanctions pénales et sanctions administratives »[68]. Il faut donc comprendre que cette règle de non-cumul ne s'applique qu'« au sein de chaque ordre sanctionnateur »[69].

Puis, le Conseil constitutionnel a précisé sa pensée concernant la question du cumul des poursuites répressives à l'occasion d'une question prioritaire de constitutionnalité portant sur les dispositions de l'article L. 145-2 CSS[70]. Les sages ont ainsi affirmé que « le principe de la nécessité des peines ne fait pas obstacle à ce que les mêmes faits commis par une même personne puissent faire l'objet de poursuites différentes aux fins de sanctions de nature disciplinaire ou administrative en application de corps de règles distincts devant leurs propres ordres de juridictions »[71]. Cette conformité du cumul de poursuites à l'article 8 DDHC sera également rappelée par le Conseil lors de deux QPC portant sur l'article L. 314-18 CJA, la première en 2014[72] et la seconde en 2016[73]. Pour un auteur, un autre fondement constitutionnel au cumul des poursuites peut implicitement justifier cette jurisprudence : « Il s'agit du principe d'indépendance des juridictions mais également de celui des fonctions juridictionnelles administratives et judiciaires conformément à la conception française de la séparation des pouvoirs »[74].

---

[68] Décision n° 89-260 DC du 28 juillet 1989 - Loi relative à la sécurité et à la transparence du marché financier, consid. 16.

[69] J. LUIS DE LA CUESTA, « Les compétences criminelles concurrentes nationales et internationales et le principe *ne bis in idem* », *Revue internationale de droit pénal*, 2002, vol. 73, p. 678.

[70] Ces dispositions, cumulées avec celles de l'article L. 4124-6 du code de la santé publique, permettent qu'un médecin soit poursuivi et sanctionné deux fois pour les mêmes faits par les juridictions du contentieux du contrôle technique de la sécurité sociale et par les chambres disciplinaires de l'ordre des médecins.

[71] Décision n° 2012-289 QPC du 17 janvier 2013 - *M. Laurent D.*, *RFDC* 2013, n° 95, p. 15-716, obs. J.-B. PERRIER.

[72] Décision n° 2014-423 QPC du 24 octobre 2014 - *M. Stéphane R. et autres*, consid. 35, *Dr. pén.* 2015, n°1, comm. 14, obs. V. PELTIER.

[73] Décision n° 2016-550 QPC du 1er juillet 2016 - *M. Stéphane R. et autres.*

[74] A.-C. BEZZINA, « L'identité menacée de la règle *non bis in idem* en droit public », *RDP* 2015, n° 4, p. 945.

Toutefois, le fait de dénier toute valeur constitutionnelle à la règle *non bis in idem* paraît bien critiquable[75]. La doctrine a ainsi démontré qu'elle pouvait trouver différents fondements constitutionnels. Pour certains auteurs, le principe de légalité permet d'offrir une assise constitutionnelle dès lors que « punir une infraction par deux sanctions cumulées, même légalement prévues, ce serait créer une troisième sanction, résultant des deux autres »[76]. Pour d'autres auteurs, les deux valeurs fondamentales que sont la sûreté individuelle, issue de la « première génération » des droits de l'homme à laquelle donna naissance la Révolution de 1789, et la dignité humaine, provenant de la « deuxième génération » des droits de l'homme datant de l'après 1945 peuvent fonder juridiquement un principe d'unicité d'action répressive dès lors que « l'une comme l'autre ont vocation à protéger l'individu contre l'arbitraire de la répression »[77].

2. Le plafonnement du cumul des sanctions pénales et disciplinaires

Un cumul plafonné – Concernant le cumul des sanctions, le Conseil constitutionnel a considéré dès 1982 que « la règle de non-cumul des peines en matière de crimes et délits (…) n'a que valeur législative et qu'il peut donc toujours y être dérogé par une loi »[78]. Cependant, à partir de 1989, le Conseil constitutionnel a jugé nécessaire d'assortir ce cumul d'un correctif. Ce dernier s'inspire non pas de la règle *non bis in idem* toujours mise à l'écart mais du principe de proportionnalité déduit de la nécessité des peines qui trouve son fondement dans l'article 8 de la déclaration de 1789.

Ce correctif a pris la forme d'une réserve d'interprétation qui conduit à un plafonnement des sanctions : « lorsque plusieurs sanctions prononcées pour un même fait sont susceptibles de se cumuler, le principe de proportionnalité implique qu'en tout état de cause, le montant global des sanctions éventuellement prononcées ne dépasse pas le montant le plus élevé de l'une des sanctions encourues »[79]. Cette ré-

---

[75] De manière isolée, voir : CE avis, 29 févr. 1996, n° 358.597 : « […] la règle "*non bis in idem*" qui fait partie du principe à valeur constitutionnelle de la nécessité des peines ».

[76] J. MOURGEON, *La répression administrative*, Paris, LGDJ, 1967, p. 113.

[77] J. LELIEUR-FISCHER, *La règle* ne bis in idem. *Du principe de l'autorité de la chose jugée au principe d'unicité d'action répressive*, thèse Paris 1 Panthéon-Sorbonne, 2005, n° 408 et s.

[78] Décision n° 82-143 DC du 30 juillet 1982, *Loi sur les prix et les revenus*, notamment ses articles 1, 3 et 4, consid. 13.

[79] Décision n° 89-260 DC du 28 juillet 1989 - *Loi relative à la sécurité et à la transparence du marché financier*, consid. 22.

serve formulée à propos du cumul des sanctions en matière boursière a logiquement été déclinée par la suite au cumul des sanctions pénales et disciplinaires[80]. Ainsi, lors de l'examen de article L. 145-2 CSS en 2013, le Conseil constitutionnel a considéré que le législateur avait assuré le respect du principe de proportionnalité en prévoyant que « les sanctions prévues par cet article ne sont pas cumulables avec les peines prévues à l'article L. 4124-6 du code de la santé publique lorsqu'elles ont été prononcées à l'occasion des mêmes faits ; que, si les juridictions compétentes prononcent des sanctions différentes, seule la sanction la plus forte peut être mise à exécution »[81]. Comme le souligne une partie de la doctrine, d'une certaine manière, « par la proportionnalité sous réserve, le juge constitutionnel consacre une "variété" de *non bis in idem* proche de l'application qui en est faite en matière pénale »[82].

De manière quasi automatique, le Conseil constitutionnel assortit ce plafonnement d'une obligation à la charge des autorités juridictionnelles et disciplinaires. En effet, il appartient à celles-ci de « veiller au respect de cette exigence et de tenir compte, lorsqu'elles se prononcent, des sanctions de même nature antérieurement infligées »[83]. Cette exigence formulée par le Conseil constitutionnel est-elle respectée par les autorités compétentes ? La réponse est positive lorsqu'il s'agit de la juridiction administrative qui n'a pas hésité à transposer ce plafonnement du cumul aux interdictions d'exercer concernant un pharmacien[84]. En revanche, la réponse est négative pour le juge judiciaire qui n'a pas hésité à affirmer que les sanctions pénale et disciplinaire de suspension doivent être exécutées successivement[85] mais aussi que l'article 131-27 du Code pénal qui limite la durée de la peine complémentaire d'interdiction professionnelle n'est pas applicable en matière disciplinaire[86].

---

[80] Décision n° 2014-423 QPC du 24 octobre 2014 - *M. Stéphane R. et autres*, consid. 37 – Décision n° 2016-550 QPC du 1er juillet 2016 - *M. Stéphane R. et autres*, consid. 8.
[81] Décision n° 2012-289 QPC du 17 janvier 2013 - *M. Laurent D.*, consid. 6.
[82] A.-C. BEZZINA, « L'identité menacée de la règle *non bis in idem* en droit public », *RDP* 2015, n° 4, p. 945.
[83] Décision n° 2014-423 QPC du 24 octobre 2014 - *M. Stéphane R. et autres*, consid. 37 – Décision n° 2016-550 QPC du 1er juillet 2016 - *M. Stéphane R. et autres*, consid. 8.
[84] CE 21 juin 2013, *M.A.*, n° 345500, *Rec. Lebon* ; *AJDA* 2013, 2209, note L. SEUROT.
[85] Cass. civ. 1ère, 17 mai 1988, n° 86-15.067, *Bull. civ.*, I, n° 145.
[86] Cass. civ. 1ère, 18 oct. 2005, n° 04-15.215, *Bull. civ.* I, n° 367 ; *D.* 2005. 2901 ; Cass. crim. 26 janv. 2011, n° 10-85340 QPC, Dalloz actu. 15 févr. 2011, obs. S. LAVRIC.

II. *De lege ferenda* : un cumul répressif modifiable ?

Nouvelle donne ? – Après ces différentes explications permettant de mieux comprendre le cumul de sanctions disciplinaires et pénales opéré par le législateur et les juridictions françaises, il est désormais permis de s'interroger sur les possibilité de modification, totale ou partielle, de cette double répression. Cette réflexion est rendue possible en raison d'un « changement de circonstances de droit »[87], à savoir les jurisprudences récentes en matière de cumul de poursuites en matière boursière. Celles-ci ont été dégagées d'une part, par la Cour européenne des droits de l'homme dans l'arrêt *Grande Stevens*[88] **(A)**, et d'autre, par le Conseil Constitutionnel dans l'affaire *EADS* **(B).**

A. Un cumul modifiable sous l'influence de la jurisprudence européenne ?

Un double obstacle – Bien que ce cumul de sanctions disciplinaires et pénales ait été validé à plusieurs reprises par le Conseil constitutionnel[89], il n'est pas certain qu'il soit en parfaite conformité avec l'article 4 §1 du Protocole additionnel n° 7 de la Convention européenne des droits de l'homme. Mettre fin à ce cumul répressif suppose de franchir deux obstacles : celui de la validité de la réserve française **(1)** et ensuite, celui de la non-appartenance des sanctions disciplinaires à la matière pénale **(2).**

1. La validité de la réserve française

Les précédents autrichien et italien – En marge du Protocole n° 7 additionnel à la Convention EDH, l'État français, afin de limiter l'application du principe *Non bis in idem*, a formulé la clause de réserve suivante : « Le Gouvernement de la République française déclare que seules les infractions relevant en droit français de la compétence des tribunaux statuant en matière pénale doivent être regardées comme des infractions au sens des articles 2 à 4 du présent

---

[87] Expression employée par les requérants à l'appui de leur QPC.

[88] S'il existe une abondante jurisprudence de la Cour de justice de l'Union européenne relative à la règle *non bis in idem*, celle-ci sort du cadre du présent article consacré au cumul des sanctions pénales et disciplinaires. Pour un même constat, J. CASTIAUX, J. ALARDIN, *Le droit disciplinaire dans la jurisprudence. Une analyse des arrêts de la Cour de Strasbourg, de la Cour constitutionnelle et de la Cour de cassation*, *op. cit.*, p. 104.

[89] Voir *supra*.

Protocole »[90]. Cette déclaration unilatérale de l'État français permet ainsi l'exercice des poursuites devant le juge répressif parallèlement à une procédure administrative ou disciplinaire. Toutefois, les juges européens ont été amenés à se prononcer, dès 1988, sur la validité de réserves étrangères formulées en des termes très proches de ceux de la réserve française[91].

En premier lieu, la Cour européenne a invalidé la réserve formulée par l'État autrichien dans l'arrêt *Gradinger* de 1995[92]. Cette déclaration autrichienne avait circonscrit l'application de *Non bis in Idem* aux seules « procédures pénales dans le sens du Code pénal autrichien »[93], ce qui revenait ainsi à exclure les poursuites administratives ou disciplinaires. Or à l'examen, la Cour a relevé que la déclaration n'offrait pas à un degré suffisant la garantie [qu'elle] ne va pas au-delà des dispositions explicitement écartées par l'Autriche. Par conséquent, elle a méconnu l'article 64-2 de la Convention qui exige que « toute réserve émise conformément au présent article (art. 64) comporte un bref exposé de la loi en cause ». Une fois la réserve invalidée, la Cour avait d'ailleurs retenu la violation du principe *non bis in idem* par l'Autriche car les deux décisions litigieuses se fondaient « sur le même comportement »[94]. Le requérant avait fait l'objet d'une condamnation pénale du chef d'homicide par imprudence en état d'ivresse et d'une sanction administrative pour conduite sous l'empire de l'alcool.

---

[90] Réserve contenue dans l'instrument de ratification, déposé le 17 février 1986 – Décret n°89-37 du 24 janvier 1989 portant publication du protocole n° 7 à la Convention de sauvegarde des droits de l'homme et des libertés fondamentales, fait à Strasbourg le 22-11-1984, ainsi que des déclarations et réserves accompagnant l'instrument français de ratification et de la déclaration française du 01-11-1988.

[91] CEDH 29 avril 1988, *Belilos c/ Suisse*, n° 10328/83, série A n° 132, §55 et 59 (réserve – art. 6 §1 CEDH).

[92] CEDH 23 oct. 1995, *Gradinger c/ Autriche*, n° 15963/90, Série A, n° 328-C, *AJDA* 1996. 376, chron. J.-F. FLAUSS ; *RFDA* 1997. 1, étude F. MODERNE ; *RSC* 1996. 479, obs. R. KOERING-JOULIN ; *ibid.* 487, obs. R. KOERING-JOULIN.

[93] CEDH 23 oct. 1995, *Gradinger c/ Autriche*, n° 15963/90, Série A, n° 328-C, § 29.

[94] Arrêt préc., § 55 : « La Cour n'ignore pas que les dispositions en cause se distinguent non seulement sur le plan de l'appellation des infractions mais aussi sur celui, plus fondamental, de leur nature et de leur but. Elle relève en outre que l'infraction punie par l'article 5 du code de la route ne représente qu'un aspect du délit sanctionné par l'article 81 par. 2 du code pénal ». Voir auparavant, CEDH 10 février 2009, *Sergueï Zolotoukhine c/ Russie*, n° 14939/03, *D.* 2009. 2014, note J. PRADEL ; *AJDA* 2009.872, chron. J.-F. FLAUSS ; *RSC* 2009.675, obs. D. ROETS.

En second lieu, les juges européens ont fait subir le même sort à la réserve italienne dans un arrêt *Grande Stevens*[95]. Selon la déclaration formulée par l'État italien, les articles 2 à 4 du Protocole n° 7 ne s'appliquaient qu'aux infractions, aux procédures et aux décisions qualifiées de pénales par la loi italienne, ce qui n'était pas le cas des infractions sanctionnées par l'autorité de régulation des marchés italienne. Or, pour être valable, une réserve ne doit pas revêtir un caractère général et doit comporter un bref exposé de la loi visée. La Cour a constaté que la réserve en question ne comportait pas un « bref exposé de la loi visée », contrairement aux exigences de l'article 57 de la Convention. Par conséquent, le juge européen a conclu à l'invalidité de cette réserve italienne.

Ces deux décisions majeures de la Cour EDH laissent entrevoir une très probable invalidation de la réserve française qui pour l'instant fait obstacle au non-cumul des sanctions pénales et disciplinaires. Or, sur ce point, le juge judiciaire rechigne à suivre le juge européen en estimant qu'il ne lui appartient pas d'en apprécier la validité et que les arrêts évoqués plus haut s'appliquent à des pays qui n'ont pas fait les mêmes réserves (*sic*)[96]. Dans l'arrêt du 9 avril 2015, l'Avocat général à la Cour de cassation fait également valoir dans son avis que l'examen de cette réserve émise par la France doit être conditionné à celui du cumul des sanctions[97]. Le procédé employé n'en demeure pas moins critiquable puisque la question de la validité de la réserve doit être, selon nous, préalable à celle de l'application même de l'article 4 du Protocole.

---

[95] CEDH 4 mars 2014, n° 18640/10, 18647/10, 18663/10, 18668/10 et 18698/10, *Grande Stevens et autres c/ Italie*, *D.* 2015.1506, obs. C. MASCALA ; *Rev. sociétés* 2014.675, note H. MATSOPOULOU ; *RSC* 2014.110, obs. F. STASIAK ; *RSC* 2015.169, obs. J.-P. MARGUÉNAUD.

[96] Cass. crim. 22 janv. 2014, n° 12-83.579, *Bull. crim.* n° 22 ; *RSC* 2014, 106, obs. F. STASIAK : « Pourtant, la question est moins de savoir si la réserve émise par la France est différente de celles faites par d'autres pays, que de déterminer si elle offre, ou non, "à un degré suffisant" la garantie [qu'elle] ne va pas au-delà des dispositions explicitement écartées ».

[97] J.-P. SUDRE, « Le principe *non bis in idem* et le cumul des sanctions pénales et disciplinaires applicables aux notaires », *D.* 2015.1187 : « dans l'hypothèse où vous estimeriez que le droit disciplinaire notarial ne relève pas du volet pénal de l'article 6, § 1, de la Convention et ne donne pas lieu à procédure pénale, au sens de l'article 4 du Protocole n° 7, il serait inutile de vous prononcer sur la question posée par cette seconde branche ».

2. L'appartenance du droit disciplinaire à la matière pénale

Variations disciplinaires – Cependant, la seule invalidation de la réserve française au Protocole additionnel n° 7 de la CEDH n'est pas pour autant synonyme d'une interdiction de tout cumul entre les sanctions pénales et les sanctions disciplinaires. La mise en œuvre de *Non bis in idem* suppose en effet que les sanctions disciplinaires relèvent de la « matière pénale » au sens de la Convention EDH.

Cette « notion autonome »[98] suppose de satisfaire à trois critères alternatifs que sont la qualification juridique de l'infraction dans le droit national, la nature de l'infraction litigieuse et enfin la nature et la gravité de la sanction encourue. L'application de ces critères a en effet permis au juge européen de considérer que certains contentieux qualifiés de disciplinaires – une minorité en réalité – sont susceptibles d'être soumis à l'article 6 au titre d'accusation en matière pénale. Tel est bien le cas du droit disciplinaire militaire[99], du droit pénitentiaire[100] ainsi qu'en matière de discipline budgétaire et financière[101].

Toutefois, en majorité, sous l'angle de l'article 6 Convention EDH, la Cour considère de longue date que les poursuites disciplinaires ne relèvent pas de la matière pénale mais constituent une contestation sur des droits et obligations de caractère civil. Régulièrement, les juges européens estiment qu'un contentieux disciplinaire dont l'enjeu, par exemple, est le droit de continuer à pratiquer la médecine à titre libéral, donne lieu à des contestations sur des droits de caractère civil au sens de l'article 6 §1 de la Convention[102]. Il en va de même de la confiscation de la pension de retraite d'un policier ayant commis de

---

[98] CEDH 8 juin 1976, *Engel et a. c/ Pays-Bas*, § 81 : La cour rappelle que la notion de « peine », comme celle « d'accusation pénale », possède une portée autonome. Dans son analyse, elle n'est pas liée par les qualifications données par le droit interne, celles-ci n'ayant qu'une valeur relative.

[99] CEDH 8 juin 1976, *Engel c/ Pays Bas*, série A, n° 22 (privations de liberté).

[100] CEDH 28 juin 1984, *Campbell et Fell c/ R.-U.*, série A, n° 80 (perte de remises de peine).

[101] CEDH 26 septembre 2000, *Guisset c/ France*, req. 33933/96 (amende).

[102] CEDH 28 juin 1978, *König c/ Allemagne*, série A n° 27 – CEDH 23 juin 1981, *Le Compte, Van Leuven et de Meyere*, série A, n° 43 – CEDH 23 juin 1983, *Albert et Le Compte*, série A, vol. 58 – CEDH 30 nov. 1987, *X c/ Belgique*, série A, n° 127 ; CEDH 2 mars 1994, *Ouendedo c/ France*, n° 18441/91 – CEDH 22 sept. 1994, *Debled c/ Belgique*, série A, n° 292 – CEDH 26 sept. 1995, *Diennet*, série A, n° 325 – CEDH 3 mars 1997, *Milhaud c/ France*, n° 23201/94.

graves infractions pénales[103] ou de la décision de révocation de militaires pour indiscipline[104].

Sous l'angle de l'article 4 du Protocole n° 7, la Cour de Strasbourg a également estimé qu'une procédure disciplinaire ayant abouti à un blâme infligé à un avocat par le conseil de l'ordre des avocats à la suite de sa condamnation pour conduite sous l'empire d'un état alcoolique ne pouvait être considérée comme une accusation en matière pénale. Dès lors, il n'avait pas été poursuivi ou puni pénalement par les juridictions disciplinaires dans des conditions contraires à l'article 4 du Protocole n° 7[105]. Dans le même sens, les juges européens ont retenu qu'une procédure disciplinaire ayant abouti à la destitution d'un notaire ne peut être considérée comme une procédure pénale au sens de l'article 4 du Protocole n° 7, la destitution revêtant un caractère typiquement disciplinaire[106].

En définitive, cet éclatement du droit disciplinaire au regard de la CEDH entre le volet pénal et le volet civil vient réduire drastiquement la possibilité de faire émerger un principe *non bis in idem* entre droit disciplinaire et droit pénal. Alors que « nul ne conteste évidemment que des sanctions qui entraînent une interdiction temporaire ou définitive d'exercer une activité sont d'une gravité bien supérieure à des peines d'amende et qu'elles sont susceptibles d'avoir des conséquences plus dramatiques que certaines peines d'emprisonnement »[107], la Cour EDH s'obstine à conserver la nature strictement disciplinaire

---

[103] CEDH 18 octobre 2005, *Banfield c/ Royaume-Uni*, n° 6223/04.

[104] CEDH 4 juillet 2007, *Kaplan et Karaca c/ Turquie*, n° 40736/98 – CEDH 4 juillet 2007, *Gökden et Karacol c/ Turquie*, n° 40535/98 – CEDH 4 juillet 2007, *Batur c/ Turquie*, n° 38604/97 – CEDH 4 juillet 2007, *Duran et autres c/ Turquie*, n° 38925/97 – CEDH 4 juillet 2007, *Yildrim c/ Turquie*, n° 40800/98 – CEDH 4 juillet 2007, *Durgun c/ Turquie*, n° 40751/98 – CEDH 22 juin 2000, *Linde Falero c/ Espagne*, n° 51535/99.

[105] CEDH 3 novembre 2005, *Tabet c/ France*, n° 12922/03.

[106] CEDH, 31 janv. 2012, *Durand c/ France*, n° 10212/07.

[107] J. CASTIAUX, J. ALARDIN, *Le droit disciplinaire dans la jurisprudence. Une analyse des arrêts de la Cour de Strasbourg, de la Cour constitutionnelle et de la Cour de cassation, op. cit.*, p. 44.

de ces sanctions hors de la matière pénale, permettant *in fine* le cumul répressif[108].

B. Un cumul modifiable sous l'influence de la jurisprudence constitutionnelle

Portée limitée de la QPC EADS – Le 18 mars 2015, le Conseil constitutionnel, a jugé contraire à la Constitution le cumul des poursuites administratives et pénales en matière boursière au regard du principe de nécessité des délits et des peines énoncé à l'article 8 de la DDHC 1789 et non d'une quelconque règle *Non bis in idem*[109]. Après cette importante décision, qualifiée de « tremblement de terre » par certains auteurs[110], praticiens et universitaires guettaient d'éventuelles « ré-

[108] CEDH, 22 févr. 1996, *Putz c/ Autriche*, *RSC* 1997, p. 468, obs. R. KOERING-JOULIN. Voir l'opinion dissidente du juge DE MEYER : « Tout d'abord, en ce qui concerne le droit disciplinaire, plutôt que d'opposer celui-ci au droit pénal, on doit reconnaître qu'il en fait partie, qu'il en constitue une catégorie particulière, en tant que droit pénal propre à un corps, une collectivité spécifique. S'il y a à faire une distinction, elle ne peut l'être qu'entre ce droit pénal particulier, uniquement applicable aux membres de ce corps ou de cette collectivité, et le droit pénal général, applicable à tous. Il en est de même pour tout autre système de sanction qu'on pourrait considérer comme se rapprochant du droit disciplinaire ou comme distinct, à un titre quelconque, du droit pénal général. Il me semble que, quels que soient les noms qu'on puisse donner aux choses, toute sanction infligée à quelqu'un en raison d'un comportement considéré comme répréhensible est une "peine" et relève dès lors, par sa "nature" même, du domaine pénal. Il doit en être certainement ainsi de toute sanction de caractère pécuniaire ou privative de liberté ».

[109] Décision n° 2014-453 QPC, n° 2014-454 QPC et n° 2015-462 QPC du 18 mars 2015, *M. John L. et les autres, JCP G* 2015, 368, F. SUDRE ; *JCP G* 2015, 369, J.-H. ROBERT ; *Rev. sociétés* 2015, p. 380, note H. MATSOPOULOU ; *RLDA* 2015/105, n° 5611 et *Bull. actu. Lamy Dr. pénal Aff.* 2015, I, n° 151, note F. STASIAK ; *D.* 2015. 894, et les obs., note A.-V. LE FUR et D. SCHMIDT ; *ibid.* 874, point de vue O. DÉCIMA ; *ibid.* 1506, obs. C. MASCALA ; *RSC* 2015. 374, obs. F. STASIAK et 705, obs. B. DE LAMY.

[110] J. LASSERRE CAPDEVILLE, « Tremblement de terre pour le droit des abus de marché », *D. Actualités* 20 mars 2015 ; C. MAURO, « *Ne bis in idem*, un tremblement de terre ? », *AJ Pén.* 2015, p. 172. . Le tremblement de terre n'a pas eu lieu en matière boursière puisque le législateur s'est contenté de réformer, par un système d'aiguillage, le système de répression des abus de marché par la loi n°2016-819 du 21 juin 2016. Si des poursuites ont été engagées par l'une des autorités de poursuite, l'autre ne peut à son tour engager des poursuites pour les mêmes faits à l'encontre d'une même personne.

pliques » concernant notamment les sanctions fiscales[111] et les sanctions disciplinaires. S'agissant du cumul de ces dernières avec les sanctions pénales, il est possible de reprendre le quadruple examen opéré par le Conseil constitutionnel en 2015 pour vérifier la possibilité d'une éventuelle censure constitutionnelle. Les sages ont en effet énoncé quatre conditions devant être cumulativement réunies afin que le même comportement ne puisse être puni deux fois. En matière disciplinaire, si certaines conditions semblent réunies **(1)**, d'autres ne risquent pas de l'être après examen **(2)**, faisant de l'interdiction d'un cumul répressif un « mouton à cinq pattes ».

1. Les conditions présentes

L'identité des faits et de nature des sanctions – À s'en tenir à la première et à la troisième conditions posées par le Conseil constitutionnel, le cumul des poursuites disciplinaires et pénales devrait être prohibé sur le fondement du principe de nécessité des délits et des peines.

Comme première condition, le Conseil constitutionnel a demandé à ce que les dispositions contestées « tendent à réprimer les mêmes faits »[112]. Dans la décision du 18 mars 2015, le juge constitutionnel a considéré que les articles L. 465-1 et L. 621-15 du CMF « définissent et qualifient de la même manière le manquement d'initié et le délit d'initié ». La doctrine a été quelque peu surprise par cette analyse « puisque les dispositions relatives au délit d'initié répriment un comportement intentionnel, lorsque celles relatives au manquement visent un comportement pouvant indifféremment être intentionnel ou non intentionnel »[113]. Un constat similaire pour être formulé concernant des dispositions définissant un manquement disciplinaire et une infraction pénale, la première étant dépourvue d'élément moral à la différence de la seconde. En outre, au vu de la définition très som-

---

[111] Le Conseil constitutionnel n'a pas jugé contraire au principe de nécessité et de proportionnalité le cumul des sanctions pénales et fiscales estimant que celles-ci permettent d'assurer ensemble la protection des intérêts financiers de l'État ainsi que l'égalité devant l'impôt, en poursuivant des finalités communes, à la fois dissuasive et répressive. Le Conseil a réitéré sa réserve d'interprétation garantissant le respect du principe de proportionnalité des peines (Décision n° 2016-546 QPC du 24 juin 2016 - *M. Jérôme C.* – Décision n° 2016-545 QPC du 24 juin 2016 - *M. Alec W. et autres* – Décision n° 2016-556 QPC du 22 juillet 2016 - *M. Patrick S.*)

[112] Cons. const., déc. 18 mars 2015, n° 2014-453 QPC, n° 2014-454 QPC et n° 2015-462 QPC, consid. 24.

[113] F. STASIAK, « Cumul de poursuites pénales et administratives », *RSC* 2015.374 ; H. MATSOPOULOU, « La fin partielle du cumul des poursuites pour manquement et pour délit d'initié », *Rev. sociétés* 2015, p. 380.

maire de la faute disciplinaire, il est peu probable (sauf cas particuliers) qu'elle définisse et qualifie avec précision et clarté un comportement réprimé pénalement. Pour autant, de manière implicite, ce premier critère doit être compris comme interdisant « de poursuivre ou de juger une personne pour une seconde "infraction" pour autant que celle-ci a pour origine des faits qui sont en substance les mêmes »[114]. Ainsi, la première condition semble remplie puisqu'une même conduite peut donner lieu, par exemple, à des poursuites disciplinaires pour manquement à l'honneur et à la probité et des poursuites pénales pour abus de confiance.

La troisième condition dégagée par le Conseil constitutionnel concerne l'identité de nature des sanctions encourues. Pour obtenir une censure du cumul répressif, les faits réprimés par le droit pénal et le droit disciplinaire devront, selon l'expression employée, « être regardés comme susceptibles de faire l'objet de sanctions qui ne sont pas de nature différente »[115]. L'application de cette condition très critiquée[116] va réduire le champ du cumul prohibé aux seules sanctions pécuniaires et interdictions d'exercer une activité ou profession. En effet, ces deux catégories de sanctions disciplinaires peuvent être regardées comme d'une sévérité équivalente aux peines d'emprisonnement et d'amende prévues par la loi pénale. En ce sens, le Conseil constitutionnel a formellement reconnu que les peines disciplinaires instituées par l'Ordonnance du 28 juin 1945 relative à la discipline des notaires – l'interdiction temporaire et la destitution – relèvent de la catégorie de « sanction ayant le caractère d'une punition »[117].

Comme exemple de cumul répressif contraire au principe constitutionnel de nécessité des délits et des peines, il est possible d'évoquer la situation de l'intermédiaire d'assurance ayant enfreint la réglemen-

---

[114] CEDH 10 février 2009, *Sergueï Zolotoukhine c/ Russie*, n° 14939/03, *D.* 2009.2014, note J. PRADEL ; *AJDA* 2009.872, chron. J.-F. FLAUSS ; *RSC* 2009.675, obs. D. ROETS ; CEDH 4 mars 2014, n° 18640/10, 18647/10, 18663/10, 18668/10 et 18698/10, *Grande Stevens et autres c/ Italie*, *D.* 2015.1506, obs. C. MASCALA ; *Rev. sociétés* 2014.675, note H. MATSOPOULOU ; *RSC* 2014.110, obs. F. STASIAK ; *RSC* 2015.169, obs. J.-P. MARGUÉNAUD.

[115] Décision n° 2014-453 QPC, n° 2014-454 QPC et n° 2015-462 QPC du 18 mars 2015, *M. John L. et les autres*, consid. 26. Dans la décision du 18 mars 2015, chaque « ordre sanctionnateur » dispose de sanctions qui, quoique différentes, peuvent être regardées comme d'une sévérité équivalente : si le juge pénal peut prononcer une peine d'emprisonnement et une dissolution, l'AMF peut prononcer une sanction pécuniaire très élevée.

[116] B. DE LAMY, « Le non-cumul des sanctions par la non-constitutionnalisation du principe *ne bis in idem* », *RSC* 2015, 705.

[117] Décision n° 2014-385 QPC du 28 mars 2014 - *M. Joël M.*, consid. 8.

tation relative à l'intermédiaire en assurance et à la lutte contre le blanchiment de capitaux et financement du terrorisme. Ce dernier peut encourir une sanction pécuniaire de 100 millions d'euros[118] mais également un emprisonnement de 2 ans[119]. Cette illustration mise à part, la majorité des sanctions disciplinaires, de faible gravité, pourront logiquement se cumuler en toute légalité avec n'importe quelle sanction pénale. Il est vrai que « l'avertissement et le blâme sont des peines purement morales qui n'entraînent aucune incidence sur la vie professionnelle »[120] de tout praticien.

2. Les conditions absentes

L'identité de finalité répressive et d'ordre de juridictions – Cependant, le Conseil constitutionnel, dans sa décision du 18 mars 2015, n'a pas posé deux mais quatre conditions à l'encadrement des poursuites répressives. La deuxième et la dernière conditions faisant défaut, le cumul des poursuites disciplinaires et pénales risque fort bien d'être considéré comme conforme au principe de nécessité des délits et des peines.

La deuxième condition réside dans l'identité de finalité des répressions pénale et para-pénale. Ainsi, dans l'affaire *EADS*, le Conseil constitutionnel a relevé que la répression du manquement d'initié et celle du délit d'initié poursuivent une seule et même finalité de protection du bon fonctionnement et de l'intégrité des marchés financiers[121]. Pour ce qui nous concerne, ce critère conduit à vérifier que la répression d'un manquement disciplinaire et celle de l'infraction pénale poursuivent une seule et même finalité[122]. Concernant le cumul de sanctions pénitentiaires disciplinaires et de sanctions pénales, la Cour de cassation a eu l'occasion d'affirmer qu'elles sont de finalité, de nature et de sévérité différentes[123]. En revanche, en matière profes-

---

[118] CMF, art. L. 612-41.

[119] C. assur., art. L. 514-1.

[120] B. BEIGNIER, B. BLANCHARD et J. VILLACÈQUE, *Droit et déontologie de la profession d'avocat*, LGDJ, 2008, n° 392.

[121] Décision n° 2014-453 QPC, n° 2014-454 QPC et n° 2015-462 QPC du 18 mars 2015, *M. John L. et les autres*, consid. 26.

[122] Décision n° 2012-289 QPC du 17 janvier 2013, consid. 5. Les articles L. 145-2 CSS et L. 4124-6 CSP répondent en outre à des finalités répressives différentes – répression des « fautes, abus, fraudes et tous faits intéressant l'exercice de la profession » pour la première disposition et « maintien des principes de moralité, de probité, de compétence et de dévouement indispensables à l'exercice de la médecine, […] des devoirs professionnels, ainsi que des règles édictées par le code de déontologie » pour la seconde disposition.

[123] Cass. crim. 10 janv. 2017, n° 15-85.519 : Reconnue coupable d'outrages à personne dépositaire de l'autorité publique, la personne détenue avait fait l'objet d'un placement

sionnelle, il n'est pas rare que la répression pénale et la répression disciplinaire protègent les mêmes intérêts sociaux : en l'occurrence l'intégrité d'une profession. Il est vrai que la distinction entre répression pénale et répression disciplinaire est très lâche, « tant il est manichéen de prétendre que la discipline d'une activité économique est sans incidence sur l'ordre social général, que la faute d'un magistrat ne porte pas atteinte à la justice de l'État, que celle des médecins ne salit pas la santé publique »[124]. Cependant, pour conclure à l'identité de finalité, le Conseil constitutionnel vérifie que les deux répressions ont vocation à s'appliquer à toute personne. Ainsi, la poursuite pour manquement d'initié devant l'AMF permet de prononcer des sanctions y compris à l'égard des non-professionnels, « contrairement aux procédures disciplinaires ordinales ou administratives tendant à réguler un secteur et les seules personnes participant à l'activité de celui-ci »[125]. Il faut en conclure qu'en cas de cumul entre les sanctions pénales et disciplinaires, ce deuxième critère dégagé par le Conseil constitutionnel risque de ne pas être rempli : la répression disciplinaire, au nom d'un principe de spécialité, ne pouvant frapper que les professionnels et non toute personne. C'est d'ailleurs la conclusion à laquelle a abouti la Chambre criminelle concernant le cumul des sanctions disciplinaires et pénales issu des dispositions des articles 313-1, 313-7 et 313-8 du Code pénal, L. 4124-6 du Code de la santé publique et L. 145-2 du Code de la sécurité sociale[126].

---

en cellule disciplinaire et d'un retrait d'un credit de réduction de peines. La Chambre criminelle a considéré que « d'une part, la sanction de placement en cellule disciplinaire prévue à l'article R. 57-7-43 du Code de procédure pénale ne saurait s'analyser en une condamnation supplémentaire pour la même infraction, mais seulement en une modalité d'exécution d'un emprisonnement antérieurement prononcé pour d'autres faits ; que, d'autre part, le prononcé d'une telle sanction et le retrait d'un crédit de réduction de peine, qui n'ont pas la même nature juridique, ne tendent pas au même but, le premier assurant la tranquillité et la sécurité de l'établissement pénitentiaire et le second participant de l'application individualisée de la peine ».

[124] P. DEUMIER, « La sanction disciplinaire, un concept unifié », *in Vers un droit commun disciplinaire ?*, *op. cit.*, p. 248.

[125] Commentaire de la Décision n° 2014-453/454 QPC et 2015-462 QPC du 18 mars 2015
(http://www.conseil-constitutionnel.fr/conseilconstitutionnel/root/bank/download/2014453_454QPCet2015462QPC2014453_454_462qpc_ccc.pdf).

[126] Cass. crim. 27 juillet 2016, n° 16-80.694, publié au bulletin. La Cour de cassation refuse de transmettre la QPC au motif que « le délit d'escroquerie, classé par le législateur dans la catégorie des atteintes frauduleuses aux biens, est susceptible d'être commis par toute personne et non pas seulement par des professionnels de santé, au préjudice de personnes physiques ou morales quelles qu'elles soient ; que les intérêts protégés par cette infraction ne sont pas non plus identiques aux précédents ».

La dernière condition sur laquelle se fonde le Conseil constitutionnel est celle de l'identité de l'ordre de juridiction compétent[127]. En application de ce critère, on constate que le cumul de sanctions ne sera répréhensible que si les sanctions encourues par l'auteur du manquement disciplinaire et de l'infraction pénale relèvent toutes deux des juridictions de l'ordre judiciaire. Ce dernier critère conduit finalement à réprimer de manière totalement arbitraire le cumul de sanctions pour le droit disciplinaire des avocats et des officiers ministériels mais pas pour celui des professions de santé ou des fonctionnaires qui relève du juge administratif. Comme le souligne la doctrine, « en quoi le fait qu'une sanction relève d'un recours devant une juridiction de l'ordre judiciaire et une autre d'un recours devant une juridiction de l'ordre administratif permettrait de les appliquer cumulativement à l'auteur d'un fait unique ? »[128] En effet, la matière pénale ne distingue pas l'ordre de juridiction auquel appartient l'organe sanctionnateur. Le principe de nécessité est appliqué tant devant les juridictions judiciaires que devant les juridictions administratives. Cette dernière condition n'est donc remplie que partiellement : au bénéfice des seuls droits disciplinaires relevant de l'ordre judiciaire… Toutefois, en 2016, le Conseil constitutionnel a semble-t-il légèrement modifié les critères de son contrôle du cumul de poursuites, en supprimant celui du double ordre de juridictions : « le principe de nécessité des délits et des peines ne fait pas obstacle à ce que les mêmes faits commis par une même personne puissent faire l'objet de poursuites différentes aux fins de sanctions de nature administrative ou pénale en application de corps de règles distincts »[129]. Au vu de cette évolution, la seule condition faisant désormais obstacle au non-cumul des poursuites pénales et disciplinaires tiendrait à la différence de finalités des dispositions concernées.

***

En conclusion, l'influence de la jurisprudence européenne et constitutionnelle ne va pas permettre une consécration générale de la règle *Non bis in idem* en droit disciplinaire mais à un résultat bien pire : un éclatement de cette branche du droit par le biais d'une reconnaissance au cas par cas.

---

[127] Décision n° 2014-453 QPC, n° 2014-454 QPC et n° 2015-462 QPC du 18 mars 2015, *M. John L. et les autres*, consid. 27.

[128] B. DE LAMY, « Le non-cumul des sanctions par la non constitutionnalisation du principe *ne bis in idem* », *RSC* 2015. 705.

[129] Décision n° 2016-546 QPC du 24 juin 2016 - *M. Jérôme C.* – Décision n° 2016-545 QPC du 24 juin 2016 - *M. Alec W. et autres* – Décision n° 2016-556 QPC du 22 juillet 2016 - *M. Patrick S.*

La récente jurisprudence rendue par la Cour européenne des droits de l'homme validant le cumul de sanctions en matière fiscale ne changera probablement rien à ce risque d'éclatement[130]. En effet, les poursuites pénales et disciplinaires ne paraissent pas constituer des procédures parallèles ou mixtes considérées comme conformes au principe *non bis in idem*, à défaut de présenter entre elles « un lien matériel et temporel suffisamment étroit »[131].

En réalité, les sanctions pénales et disciplinaires sont infligées sans que les procédures aient le moindre lien entre elles, chacune suivant son propre cheminement et prenant fin indépendamment l'une de l'autre. Le seul caractère simultané de ces procédures est insuffisant en l'absence de lien matériel. En définitive, « Il est fort triste que nous soyons constitués de deux moitiés qui font toutes deux la même chose, de sorte que tout se produit deux fois »[132].

Février 2017

---

[130] CEDH, 15 nov. 2016, *A et B c/ Norvège*, n° 24130/11 et 29758/11, *Rev. sociétés* 2017, 99, comm. H. MATSOPOULOU ; *Rev. droit bancaire et financier*, n° 259, comm. P. PAILLER ; *JCP G*. 2017, 32, chron. F. SUDRE, n° 21.

[131] CEDH, 15 nov. 2016, *A et B c/ Norvège*, n° 24130/11 et 29758/11, § 130.

[132] G. BÜCHNER, *La mort de Danton*, cité en en-tête par E. ROSENFELD et J. VEIL, *in* : « Sanctions administratives, sanctions pénales », *Pouvoirs* 2009/1, n° 128, p. 61.

Le *non bis in idem* en droit pénal de l'environnement

Véronique JAWORSKI
Maître de conférences-HDR à l'Université de Strasbourg

Déjà connu du droit romain, le principe « *non bis in idem* » énonce que nul ne peut être poursuivi ni condamné deux fois pour les mêmes faits. Renvoyant aux impératifs de sécurité juridique, de justice et d'équité, cette règle, ô combien importante pour les droits fondamentaux de la personne, figure aussi bien en droit interne, dans l'article 368 de notre Code de procédure pénale[1], qu'à l'échelon supranational, dans l'article 4 du Protocole n° 7 à la Convention européenne des droits de l'homme[2], l'article 14 §7 du Pacte international relatif aux droits civils et politiques[3] ou encore l'article 50 de la Charte européenne des droits fondamentaux[4]. Si la variété des fondements révèle toute l'importance conférée à cette règle, elle n'est pas sans poser problème faute d'une harmonisation d'ensemble. En effet, « *non bis in idem* » reçoit autant de définitions qu'il y a de textes le formulant, ce qui crée de sérieuses difficultés quant à la détermination de son champ d'intervention et de ses conditions d'application. En pratique, il apparaît ainsi que la garantie de son respect pourra connaître des variations selon le secteur d'activité dans lequel la question du *non bis in idem* est susceptible de se poser, que ce soit en droit boursier, fiscal ou encore disciplinaire ; situation à l'origine d'une casuistique empreinte de bien des interrogations et incertitudes.

C'est alors sans grande surprise que l'on constatera que le droit de l'environnement, qui est un droit de régulation des activités humaines, apporte une pierre supplémentaire à l'édifice de la réflexion portant

---

[1] « Aucune personne acquittée légalement ne peut plus être reprise ou accusée à raison des mêmes faits, même sous une qualification différente ».

[2] « Nul ne peut être poursuivi ou puni pénalement par les juridictions d'un même État en raison d'une infraction pour laquelle il a été déjà acquitté ou condamné par un jugement définitif conformément à la procédure pénale de cet État ».

[3] « Nul ne peut être poursuivi ou puni en raison d'une infraction pour laquelle il a déjà été acquitté ou condamné par un jugement définitif conformément à la loi et à la procédure pénale de chaque pays ».

[4] « Nul ne peut être poursuivi ou puni pénalement en raison d'une infraction pour laquelle il a déjà été acquitté ou condamné dans l'Union pour un jugement pénal définitif conformément à la loi ».

sur le point de savoir s'il existe encore un seul *non bis in idem* aujourd'hui[5]. D'emblée, la haute spécificité de la matière impose d'en dessiner les contours et de constater qu'en droit pénal de l'environnement, la problématique du *non bis in idem* est tout à fait particulière parce qu'elle fait écho au particularisme même de ce droit transversal qui interpénètre toutes les branches du droit classiques. Le droit de l'environnement est en effet une matière nouvelle et pluridisciplinaire, dans laquelle le droit administratif, le droit pénal et le droit civil – notamment… pour se limiter à la sphère nationale – coexistent. Ainsi, l'atteinte à l'environnement peut donner lieu, y compris cumulativement, à une sanction pénale, une sanction administrative et une réparation du préjudice sur le plan civil.

Une telle situation s'explique par le fait que le droit de l'environnement français est composé d'un grand nombre de polices spéciales de l'environnement (« police » entendue au sens administratif du terme). On en dénombre ainsi pas moins de vingt-cinq dans le Code de l'environnement, par secteurs environnementaux (polices de l'eau, de l'air, du bruit, des déchets, etc.), appliquées par les mêmes agents dénommés « agents de l'environnement » depuis une ordonnance du 11 janvier 2012[6]. D'où une difficulté majeure au regard du respect du principe *non bis in idem* et de la jurisprudence de la Cour européenne des droits de l'homme, le risque de doubles poursuites et de doubles peines pour un même fait étant notamment dénoncé par les entreprises, d'autant que les agents habilités à rechercher et à constater les infractions interviennent le plus souvent au titre de leurs attributions à la fois de police administrative et de police judiciaire. Les deux polices sont en effet liées puisqu'en pratique, ce sont des enquêtes par administrations spécialisées qui sont menées, les agents opérant, dans un premier temps, un contrôle de la situation administrative des exploitants qui, en cas d'irrégularité, pourra mener, dans un second temps, au constat d'une ou plusieurs infractions pénales, faisant basculer l'enquête de police administrative en une enquête de police judiciaire.

Les réseaux de sanctions, administratives et pénales, sont donc intimement imbriqués et posent, par là-même, la question spécifique du

---

[5] P. LASCOUMES, « Les sanctions administratives : une forme de droit pénal instrumentaliste ? L'exemple du droit pénal de l'environnement », *Déviances et société*, 1990, vol. 14, n° 1, pp. 75-78.

[6] Ordonnance n° 2012-34 du 11 janvier 2012 portant simplification, réforme et harmonisation des dispositions de police administrative et de police judiciaire du Code de l'environnement (JO 12 janv. 2012).

non bis in idem. Mais en quels termes, aujourd'hui, se présente-t-elle précisément ? Et quelles en sont les implications et conséquences ?

En février 2005, un rapport établi sous la direction de Marie-Louise Simoni, à la demande de cinq ministres et intitulé « Renforcement et structuration des polices de l'environnement »[7], dressait un constat alarmant, relevant notamment « une efficience médiocre qui ne correspond ni aux enjeux actuels, ni à l'évolution des normes juridiques, notamment communautaires, ni aux attentes croissantes des citoyens dans ce domaine ». Ce rapport ne faisait que reprendre ce que le Conseil d'État avait souligné à maintes reprises, relayé plus récemment par le groupe « Gouvernance » du Grenelle de l'environnement, tous deux insistant sur les difficultés de mettre en œuvre un droit de l'environnement au caractère particulièrement hétéroclite parce que constitué de dispositions disparates qui se superposent les unes aux autres par strates successives, sans cohésion aucune.

En réponse à ce sombre tableau, une ordonnance[8] prise sur le fondement de l'article 256 de la loi Grenelle II du 12 juillet 2010[9] est venue, comme son nom l'indique, porter simplification et harmonisation des dispositions de police administrative et de police judiciaire du Code de l'environnement. L'ordonnance du 11 janvier 2012, en vigueur au 1er juillet 2013, se voit ainsi assigner l'objectif de réformer en profondeur le dispositif normatif, pour lui donner cette cohérence d'ensemble dont il manquait cruellement jusque-là.

L'amélioration recherchée, voire réalisée, n'enlève pourtant rien à l'épineuse question de l'application, aujourd'hui, du *non bis in idem* dans ce domaine. La coexistence voire le cumul de sanctions administratives et pénales (I), entérinés par l'ordonnance, posent la question de l'atteinte à la règle *non bis in idem* (II) et de la nécessité d'une réforme du dispositif répressif en droit de l'environnement sur ce point (III).

---

[7] www.ladocumentationfrancaise.fr/var/storage/rapports.../054000633.pdf
[8] *Op. cit.*, note 6.
[9] Loi n° 2010-788 du 12 juillet 2010 portant engagement national pour l'environnement.

I. La coexistence de sanctions administratives et pénales : trait marquant du droit de l'environnement

Depuis l'avènement de l'État régulateur, dans les années 1970, un certain nombre d'autorités administratives ont été dotées par la loi d'un pouvoir répressif[10]. Ces dernières décennies ont été marquées par une multiplication des sanctions administratives et le droit de l'environnement français n'a pas échappé à ce mouvement de « pénalisation » de la répression administrative.

Il est vrai que la problématique environnementale s'y prête particulièrement. Dès l'origine, l'objectif a été d'encadrer l'ensemble des activités humaines productrices de pollutions et de nuisances (pollutions de l'eau, de l'air, nuisances olfactives, sonores, lumineuses, etc.), afin d'assurer la protection de différents intérêts dont la liste s'est allongée au fil du temps. Ont d'abord été pris en compte les intérêts concernant directement l'homme, à savoir la commodité du voisinage, la santé, la sécurité et la salubrité publiques, puis l'environnement en tant que tel, au travers de la nature, des sites et monuments ou encore des éléments du patrimoine archéologique[11].

Dans le contexte spécifique du droit de l'entreprise, la législation sur les installations classées pour la protection de l'environnement (loi du 19 juillet 1976[12] qui s'applique aux usines, ateliers, dépôts, chantiers…) a posé le modèle de cette réglementation administrative des activités économiques, qui sera suivi par bien d'autres lois sectorielles postérieures, que ce soit en matière de déchets, d'eau ou encore de bruit par exemple. La ligne directrice de toutes ces polices environnementales consiste à prévoir des textes réglementaires de prévention ou d'interdiction (décrets d'application et arrêtés ministériels et préfectoraux), dont le respect sera garanti par un double dispositif de sanctions, à la fois administratives et pénales. On le voit, le droit de l'environnement se présente principalement comme un droit de réglementation, tant d'un point de vue strictement de droit administratif où les textes règlementaires sont prolifiques que sur le plan de la répression qui découle d'un droit pénal de réglementation largement majoritaire, les infractions autonomes étant extrêmement rares.

---

[10] Conseil d'État, *Les pouvoirs de l'administration dans le domaine des sanctions*, Paris, La Documentation Française, 1995.

[11] Article L. 511-1 du Code de l'environnement (anc. art. 1er de la loi n° 76-663 du 19 juil. 1976 relative aux installations classées pour la protection de l'environnement).

[12] Loi n° 76-663 du 19 juillet 1976 relative aux installations classées pour la protection de l'environnement.

L'ordonnance du 11 janvier 2012 a opéré une unification de ce système complexe et disparate, quelle que soit la police environnementale considérée. Elle ajoute au Livre Ier du Code de l'environnement un nouveau titre VII intitulé « Dispositions communes relatives aux contrôles et aux sanctions », qui fixe le tronc commun des dispositions répressives applicables à tous les domaines couverts par le Code de l'environnement. Ce faisant, elle opère une double harmonisation : d'une part, des mesures et sanctions administratives qui peuvent résulter des contrôles administratifs (art. L. 171-7 et 8 C. env.), d'autre part, des sanctions pénales venant réprimer toutes les infractions du Code de l'environnement (art. L. 173-1 à -11 C. env.).

Si l'on suit la chronologie appliquée en pratique, sur le plan administratif tout d'abord, le préfet, qui est « l'autorité administrative compétente » visée par les textes, a des pouvoirs spéciaux pour obliger un industriel à se conformer à la législation environnementale. En cas d'inobservation des prescriptions applicables en vertu du Code de l'environnement aux installations, ouvrages, travaux, aménagements, opérations, objets, dispositifs et activités, il lui appartient d'édicter une mise en demeure de satisfaire aux conditions légales dans un délai déterminé. Lorsque l'intéressé n'a pas obtempéré à cette injonction dans le délai imparti, le préfet a alors le choix entre plusieurs types de sanctions administratives :

1° la consignation d'une somme correspondant au montant des travaux ou opérations à réaliser

2° l'exécution d'office des mesures prescrites, en lieu et place de la personne mise en demeure et à ses frais

3° la suspension du fonctionnement des installations et ouvrages, de la réalisation des travaux et opérations ou de l'exercice des activités

4° le paiement d'une amende au plus égale à 15.000 €, pouvant être accompagnée d'une astreinte journalière au plus égale à 1.500 €. Cette dernière sanction administrative a été rajoutée par l'ordonnance de 2012[13].

Le préfet peut également prononcer des sanctions plus radicales, à savoir la fermeture ou la suppression des installations ou ouvrages, la cessation définitive des travaux, opérations ou activités, en cas d'absence de déclaration, d'enregistrement ou d'autorisation. Enfin,

[13] Ces quatre catégories de sanctions administratives sont prévues à l'article L. 171-8 II du Code de l'environnement.

dans un souci de protection de l'environnement, il pourra ordonner la remise en état des lieux[14].

Les textes (art. L. 171-7 et 8 C. env.) précisent que ces différentes sanctions administratives pourront être ordonnées « indépendamment des poursuites pénales qui peuvent être exercées ». L'arrêté préfectoral de mise en demeure est donc le point de départ obligatoire des sanctions administratives et, éventuellement, celui d'un contentieux pénal pouvant aboutir au prononcé de sanctions pénales, prévues aux articles L. 173-1 à L. 173-11 du Code de l'environnement. Celles-ci se déclinent aussi bien en peines principales classiques d'amende et d'emprisonnement qu'en de multiples peines complémentaires. Sont ainsi proposées au libre pouvoir d'individualisation du juge pénal les peines de publicité, de confiscation de la chose en rapport direct avec l'infraction, d'immobilisation de véhicules, d'interdiction pendant 5 ans au plus d'exercer l'activité professionnelle dans l'exercice ou à l'occasion de l'exercice de laquelle l'infraction a été commise. Le juge peut en outre, tout comme l'autorité administrative, ordonner la suspension ou l'arrêt temporaires des opérations, travaux, activités ou de l'utilisation d'un ouvrage ou d'une installation à l'origine de l'infraction, ainsi que des mesures de remise en état des lieux ou de réparation des dommages causés à l'environnement, au besoin sous astreinte. L'exécution d'office de même que la consignation, autrefois réservées à l'autorité administrative, relèvent désormais aussi du champ de compétence des juridictions pénales.

On le voit donc, aux côtés du droit pénal classique, s'est développé un véritable droit pénal administratif, manifestation d'un pouvoir de répression étendu, octroyé à l'Administration régulatrice des activités humaines[15]. Un même fait, constitutif à la fois d'un manquement administratif et d'une infraction – délictuelle ou contraventionnelle – aux prescriptions prévues par le Code de l'environnement, pourra être sanctionné doublement parce que le législateur a fait, en ce domaine, un choix de politique criminelle très clair : celui du fonctionnement cumulatif des réseaux de sanctions, pour plus d'efficacité.

La coexistence des sanctions pénales et administratives pouvant aboutir en pratique à un cumul, se pose dès lors la question légitime de l'atteinte à la règle *non bis in idem*.

---

[14] Ces sanctions sont prévues à l'article L. 171-7 al. 4 du Code de l'environnement.

[15] M. DELMAS-MARTY et C. TEITGEN-COLLY, *Punir sans juger ? De la répression administrative au droit administratif pénal*, Economica, 1992.

II. Le cumul des sanctions administratives et pénales : une atteinte à la règle *non bis in idem* ?

Les sanctions pénales pouvant être appliquées simultanément aux sanctions administratives, la question du respect du principe *non bis in idem* se pose avec une acuité particulière en droit de l'environnement. Cette possibilité d'une double sanction, qu'il n'est pas rare de constater en pratique, ne vient-elle pas heurter l'interdiction qu'une personne puisse être sanctionnée pénalement plusieurs fois pour un même fait ? C'est en fait la nature particulière des sanctions administratives prévues par le Code de l'environnement qui laisse la question ouverte, tant l'objectif qu'elles poursuivent que leur ampleur pourraient les apparenter à des sanctions pénales au sens de la jurisprudence de la Cour européenne des droits de l'homme.

La question de l'atteinte à la règle *non bis in idem* est susceptible de recevoir une réponse différente, selon que l'on se réfère au droit interne ou au droit européen, compte tenu de la dissension qui existe sur ce point entre la jurisprudence française et celle de la Cour de Strasbourg. Tout va dépendre du champ d'application qui est assigné au principe *non bis in idem*[16].

En droit français tout d'abord, le principe n'a pas valeur constitutionnelle, ce qui signifie que le législateur peut y déroger[17]. De ce point de vue, le double système combiné de sanctions, pénales et administratives, institué par le Code de l'environnement, n'apparaît pas inconstitutionnel. Ensuite, le gouvernement français a pris la précaution d'assortir la ratification de l'article 4 du Protocole n° 7 à la Convention européenne des droits de l'homme d'une réserve spécifiant que la règle *non bis in idem* ne s'applique qu'aux infractions relevant en droit français de la compétence des tribunaux statuant en matière pénale[18]. Dans notre droit national, le principe n'est ainsi consacré de façon absolue qu'en matière pénale. Et, selon une conception stricte de cette notion qui a été retenue par les juges français, il ne peut pas s'appliquer au cumul des sanctions pénales et administratives, l'indépendance des ordres de juridictions, la séparation des contentieux judiciaire et administratif, invoquées par le Conseil cons-

---

[16] V. : M. HEERS, « Le principe *non bis in idem* devant le juge administratif français », *Rev. trim. dr. h.* 1996, pp. 35-44.

[17] Cons constit. 30 juillet 1982, n° 82-143.

[18] Décret n° 89-37 du 24 janvier 1989 publié au JO du 27 janvier 1989.

titutionnel, permettant de justifier un tel cumul[19]. Aussi, deux arguments plaident en faveur de la non-application du *non bis in idem* en droit de l'environnement : d'une part, le préfet, qui prononce les sanctions administratives du Code de l'environnement, n'est pas un « tribunal » au sens de la réserve ; d'autre part, le contentieux – abondant – lié aux sanctions administratives relève de l'ordre administratif et non judiciaire. La jurisprudence du Conseil constitutionnel reposant sur ces arguments ajoute néanmoins une réserve d'interprétation importante, qui apparaît comme une solution de compromis[20]. S'appuyant sur le principe de proportionnalité, qui se déduit lui-même du principe de nécessité[21] des peines formulé à l'article 8 de la Déclaration des droits de l'homme et du citoyen[22], il précise que si le cumul n'est pas exclu par principe, le total des peines ne peut toutefois excéder le maximum prévu pour la sanction la plus sévère.

La pertinence des arguments avancés pour écarter l'atteinte à la règle *non bis in idem* pourrait néanmoins être contestée à l'échelon supranational. En effet, ces arguments portent principalement sur la différence de nature des deux procédures menant aux sanctions, l'une administrative, l'autre pénale, ce qui ne mettrait pas en cause la règle *non bis in idem*, car celle-ci prohibe uniquement une double poursuite pénale. Or la Cour européenne des droits de l'homme a admis que la matière pénale dépasse les juridictions pénales et donc, des sanctions administratives peuvent être assimilées à des sanctions de nature pénale[23]. C'est ainsi que dans l'arrêt *Grande Stevens et autres c/ Italie*

---

[19] Cons constit. 28 juillet 1989, n° 89-260 DC, consid. 16 ; Cons constit. 30 décembre 1997, n° 97-395 DC ; Cass. 8 juillet 2010 ; CE 16 juillet 2010. V. aussi Cons constit. 18 mars 2015, n° 2015-662 QPC, qui pose 4 conditions à l'interdiction du cumul des sanctions : l'identité des faits réprimés, l'identité des fins poursuivies, l'identité de nature des sanctions prononcées et l'identité d'ordres de juridictions.

[20] Cons constit. 28 juillet 1989, décision COB, *op. cit.* : « [...] si l'éventualité d'une double procédure peut conduire à un cumul de sanctions, le principe de proportionnalité implique, qu'en tout état de cause, le montant global des sanctions éventuellement prononcées ne dépasse pas le montant le plus élevé de l'une des sanctions encourues ». V. aussi : Cons constit. 22 avril 1997, n° 97-389 et Cons constit. 30 décembre 1997, n° 97-395.

[21] « Le principe de la nécessité des peines ne fait pas obstacle à ce que les mêmes faits commis par une même personne puissent faire l'objet de poursuites différentes aux fins de sanctions de nature disciplinaire ou administrative en application de corps de règles distincts devant leurs propres ordres de juridictions » : décision n° 2013-289 QPC du 17 janvier 2013.

[22] « La loi ne peut établir que les peines strictement et évidemment nécessaires ».

[23] CEDH 10 février 2009, *Zolotoukhine c/ Russie*, req. n° 14939/03, *D.* 2009, p. 2014, note J. PRADEL ; *Rev. Sc. Crim.*, 2009, p. 675, obs. D. ROETS.

rendu le 4 mars 2014 par la Grande Chambre[24], elle invalide indirectement la réserve française, exposant la France à un risque de condamnation pour violation de la règle *non bis in idem* en cas d'identité des faits matériels en cause (et non plus d'identité d'infractions juridiques).

Le raisonnement de la Cour de Strasbourg est tout à fait transposable à la matière environnementale. En effet, en droit de l'environnement, le but poursuivi tant par la procédure pénale que par la procédure administrative, après une mise en demeure préfectorale restée infructueuse, est la sanction d'un comportement prohibé, d'une situation illégale qui porte atteinte à l'environnement entendu au sens large. Leur objet est donc commun. En outre, les sanctions administratives sont très lourdes, similaires à celles pouvant être prononcées par le juge pénal. Pour certaines même, telles que l'exécution d'office, la consignation, la suspension ou l'arrêt d'activité, ou encore la remise en état, elles sont parfaitement identiques. Les sanctions administratives peuvent par conséquent être considérées comme suffisamment sévères, répondant à un objet répressif. De la sorte, si l'on analyse ces éléments au regard de la définition particulièrement large donnée par la Cour européenne des droits de l'homme de la « matière pénale », les sanctions pouvant être prononcées par le préfet pourraient très bien être considérées comme étant de nature pénale, ladite Cour ne s'estimant pas liée par la qualification donnée par les États. Notons de surcroît que la Cour de justice de l'Union européenne a affirmé, dans le même sens, en 2013[25] que ce n'est que dans l'hypothèse où la sanction administrative revêtirait un caractère pénal au sens de la Charte des droits fondamentaux de l'Union européenne et serait devenue définitive que le principe *non bis in idem* s'opposerait à ce que des poursuites pénales puissent être menées contre la même personne.

Le risque pour la France de se voir condamner au plan européen est donc réel et amène en conséquence à s'interroger sur une recomposition du système de sanctions en matière environnementale.

---

[24] CEDH 4 mars 2014, *Grande Stevens et autres c/ Italie*, req. n° 18640/10, 18647/10, 18663/10 et 18698/10 : condamnation sur le fondement de la règle *non bis in idem* de la double répression administrative et pénale des abus de marché mise en œuvre par l'Italie, à l'unanimité des sept juges de la deuxième chambre.

[25] CJUE, *Aklagaren c/ Hans Akerberg Fransson*, 26 février 2013, aff. C-617/10, *AJ pénal* 2013, p. 270, note C. COPAIN ; *RTD civ.* 2014, p. 312, obs. L. USUNIER.

III. La nécessité d'une réforme du dispositif répressif en droit de l'environnement

Le cumul possible entre répression pénale et extra-pénale en matière environnementale expose la France à un risque de condamnation par la Cour européenne des droits de l'homme. Les fonctions répressives des deux types de sanctions étant identiques, la logique voudrait que pour une même valeur protégée (selon l'expression consacrée par la Cour de cassation), en l'occurrence l'environnement entendu au sens large, une seule sanction soit décidée. Ceci apparaît conforme à l'équité que sous-tend la règle *non bis in idem*. Une réforme du système cumulatif actuel s'avère par conséquent nécessaire. Mais en quels termes ? Autrement dit, par qui et comment ?

À n'en pas douter c'est au législateur qu'il appartient de mettre en place une nouvelle stratégie de politique criminelle, qui soit de nature à assurer un respect bien plus affiné de la règle *non bis in idem*. Une coordination des réseaux de sanctions, avec un partage de compétences entre les autorités administrative et judiciaire pourrait être une solution, comme l'ont déjà préconisé certains auteurs en matière financière[26]. Cela supposerait, en l'espèce, d'opérer, dans un premier temps, une nouvelle répartition des sanctions pour qu'il n'y ait plus de doublons entre les dispositifs administratif et pénal, car le cumul de sanctions identiques ne présente aucun intérêt. Il jette même un certain discrédit sur chacun des réseaux de répression, laissant penser que pour plus d'efficacité il est préférable de prévoir deux fois la même chose entre les mains d'autorités différentes dont on craint ou prédit par avance la défaillance. Cette répartition se ferait sur la base d'une hiérarchisation des autorités de répression en fonction de la gravité de l'acte commis et des dommages qui en résultent, les comportements les moins graves relevant de la compétence de l'autorité administrative, tandis que les plus graves ouvriraient la voie au procès pénal.

Une telle stratégie paraît néanmoins extrêmement complexe à mettre en œuvre tant sur le plan de la redistribution des catégories de sanctions qu'au niveau de l'appréciation de la gravité des situations infractionnelles et des dommages pouvant en découler. La matière financière n'est pas la matière environnementale. Les enjeux, même si respectivement très importants, ne sont pas les mêmes. Aussi une autre articulation des compétences, plus simple en pratique, pourrait

[26] J. LASSERRE-CAPDEVILLE, C. MASCALA et S. NEUVILLE, « Propositions doctrinales pour lutter contre l'atteinte au principe *non bis in idem* en matière financière », *Recueil Dalloz* 2012, p. 693.

être mieux adaptée à la spécificité de la problématique environnementale, qui impose de privilégier la régularisation de la situation. L'environnement mis en danger par les comportements infractionnels n'a effectivement que faire de l'emprisonnement des responsables ou encore du paiement d'amendes au Trésor Public. Ces peines classiques ne répondent pas à l'enjeu écologique qui est la cessation de l'infraction pour un retour *in integrum* à la situation antérieure. Or, si l'on part du constat que le droit de l'environnement est avant tout un droit citoyen dont l'efficacité relève en grande partie du comportement civique et responsable de tout un chacun, l'éducation et la pédagogie apparaissent – du moins dans un premier temps – comme les solutions les plus appropriées à la délinquance écologique. Bien plus que la répression pure qui ne doit constituer que la réponse ultime, le dernier recours à une situation illicite qui perdure.

La mise en demeure préfectorale correspond parfaitement à cette orientation en ce qu'elle constitue un outil de la deuxième chance pour l'agent en cause. En tenant compte des intérêts qui s'attachent à la fois à la protection de l'environnement et à la continuité des activités économiques, elle a pour objet de permettre à l'industriel de régulariser sa situation dans un délai déterminé en vue d'éviter une sanction pouvant aller, on l'a vu, jusqu'à la suspension voire l'arrêt de son activité[27]. Elle pourrait ainsi être la première étape d'un processus de rétablissement de l'ordre public écologique, qu'il conviendrait de renforcer en pratique, notamment par le développement des mesures conservatoires et la possibilité d'une astreinte accompagnant l'injonction du préfet. La phase de répression proprement dite n'interviendrait, elle, qu'en second lieu, en cas de non-exécution de l'injonction, et s'appuierait exclusivement sur l'application de sanctions pénales au sens strict du terme.

La nouvelle stratégie proposée passe donc par la suppression des sanctions administratives, tout en laissant au préfet son rôle et pouvoir de régulation des activités humaines par le biais de la mise en demeure à laquelle il serait désormais cantonné. Si cette dernière n'est pas entendue et que la situation illicite perdure, manifestant une intention délibérée et réitérée de la part de l'agent de ne pas respecter la législation, le juge pénal prendrait le relais utilisant l'arsenal répressif que le Code de l'environnement met actuellement à sa disposition. En pratique, l'étroite imbrication des enquêtes de polices administrative et judiciaire, menées sur le terrain par les mêmes agents de

[27] TA Versailles, 17 novembre 2009, req. n° 0609406.

l'environnement, permet une telle articulation des compétences, qui pourrait être placée sous le contrôle de ces nouveaux procureurs référents en matière d'environnement annoncés par la circulaire du 21 avril 2015[28]. Cette dernière insiste justement sur la nécessité d'une coordination entre les parquets et les services administratifs et de police judiciaire. À cet effet, le 2 décembre 2015, la Direction des affaires criminelles et des grâces (DACG) du ministère de la justice avait réuni à la Cour d'appel de Paris les parquetiers référents en matière d'environnement et les représentants des structures administratives spécialisées dans ce domaine (Ministère de l'Écologie, ONCFS, ONF, ONEMA), dans le but d'améliorer la connaissance de chacun des dispositifs répressifs, de faciliter le travail quotidien entre l'autorité judiciaire et les autorités administratives et de faire le point sur les réformes à l'œuvre[29].

L'encadrement du nouveau partage des compétences proposé est ainsi d'ores et déjà trouvé ; il n'attend plus que d'être mis en œuvre ! L'efficacité du système proposé reposera bien évidemment sur une parfaite coordination des autorités intervenantes, un investissement réel à chaque étape du processus et au final, lorsque la répression est le dernier recours, sur le fait que les sanctions pénales soient pleinement ordonnées et mises en œuvre de manière adéquate. Mais cela, c'est-à-dire l'efficacité du droit pénal de l'environnement dans son ensemble[30], est un autre débat que l'ordonnance du 11 janvier 2012[31] n'a pas clôturé...

Février 2017

[28] Circulaire du 21 avril 2015 relative aux orientations de politique pénale en matière d'atteintes à l'environnement, publiée au Bulletin officiel du ministère de la Justice n° 2015-04 du 30 avril 2015 (Partie n° 1, NOR : JUSD 1509851C), http://www.justice.gouv.fr/publication/circulaire_21042015_close.pdf

[29] V. : V. JAWORSKI, Chronique de droit pénal de l'environnement, *R.J.E.* 2/2016, pp. 368 et 379.

[30] V. : V. JAWORSKI, « L'état du droit pénal de l'environnement français : entre forces et faiblesses », *in Les Cahiers de Droit* 889, vol. 50, n° 3-4, « Dérives et évolutions du droit pénal », Faculté de droit/Université Laval, sept.-déc. 2009, p. 889-917.

[31] V. : V. JAWORSKI, « Le volet pénal de l'ordonnance N°2012-34 du 11 janvier 2012 », *R.J.E.* 2/2013, pp. 221-236.

Le *non bis in idem* en droit pénal des affaires

Jérôme LASSERRE CAPDEVILLE
Maître de Conférences-HDR à l'Université de Strasbourg

1. « *Non bis in idem* »[1]. Voilà un principe qui a vocation s'appliquer en matière de droit pénal des affaires.

2. Mais comment joue, concrètement, ce principe ? Tout dépend ce que l'on met dans le droit pénal des affaires. Quelles infractions regroupe-t-il exactement ? Voilà une question traditionnelle à laquelle nous peinons toujours à répondre. Si sociologiquement le droit pénal des affaires existe, son périmètre varie souvent d'un auteur à l'autre. Ce constat ne saurait surprendre. Le droit pénal des affaires ne fait que refléter la complexité des relations sociales et la difficulté, voire l'impossibilité, à trouver des distinctions franches entre les différentes activités humaines.

3. D'une façon générale, on peut simplement le présenter comme un droit de synthèse regroupant des qualifications pénales de droit commun (telles que le vol, l'escroquerie, l'abus de confiance, le recel, le blanchiment, etc.), des incriminations relevant du droit pénal des sociétés (abus de biens sociaux, présentations de comptes infidèles, etc.) ou des entreprises en difficultés (banqueroute, etc.), du droit pénal de la concurrence (pratiques restrictives de concurrence, pratiques anticoncurrentielles, etc.), du droit pénal fiscal (fraude fiscale, etc.), du droit pénal de la consommation (pratiques commerciales trompeuses, tromperie, etc.), du droit pénal financier (délit d'initié, manipulation de cours, etc.), ou encore du droit pénal bancaire (exercice illégal de l'activité de bancaire, délit d'usure, violation du secret bancaire, etc.). Cette présentation laisse néanmoins le sentiment d'une construction artificielle dont le champ d'application repose sur des critères mal identifiés.

---

[1] « Nul ne peut être poursuivi ou condamné deux fois pour de mêmes faits ». - Si ce principe a, dans certains pays, la valeur d'une règle constitutionnelle (J. PRADEL, G. CORSTENS et G. VERMEULEN, *Droit pénal européen*, éd. Dalloz, 2009, 3ème éd., n° 619), on peut noter qu'il en va différemment en droit français, le Conseil constitutionnel n'ayant ainsi jamais précisé sa valeur. Il s'y est ostensiblement refusé jusqu'ici. Toutefois, cela ne retire en rien le caractère fondamental de ce principe.

4. Mais revenons à notre sujet. Quelle est l'incidence du principe *non bis in idem* en droit pénal des affaires ?

5. Tout d'abord, en présence d'infractions susceptibles d'être poursuivies dans plusieurs États, ce principe a logiquement vocation à jouer sur le fondement de l'article 113-9 du Code pénal. Le fait que l'infraction en question concerne le droit pénal des affaires n'a alors aucune incidence.

6. En revanche, la réponse est moins claire lorsque l'on observe les sanctions parfois encourues par les personnes reconnues coupables d'une infraction relevant de cette branche du droit pénal. En effet, dans certaines circonstances, la loi prévoit la possibilité d'infliger aux intéressés des sanctions disciplinaire, administrative, fiscale, pour des faits analogues, ou du moins très proches, à ceux qui permettent déjà la caractérisation d'une infraction pénale.

7. Or, le cumul de telles sanctions ne porte-t-il pas atteinte au principe *non bis in idem* ? La réponse à cette question a fait l'objet d'une évolution. Si ce colloque avait été organisé il y a trois ans, mon intervention aurait été nécessairement très brève car je vous aurai présenté toute une série de décisions de la chambre criminelle de la Cour de cassation se montrant favorable à un tel cumul. En effet, cette dernière a affirmé avec constance que la règle *non bis in idem*, telle qu'énoncée par l'article 4 au Protocole additionnel n° 7 à la Convention européenne des droits de l'homme, n'est applicable qu'en matière pénale et ne fait pas obstacle, notamment, au cumul des poursuites et des sanctions pénales et fiscales[2], pénales et douanières[3], pénales et

[2] Cass. crim. 20 juin 1996, n° 94-85.796, *Bull. crim.* 1996, n° 268 ; *D.* 1997, p. 249, note G. TIXIER et T. LAMULLE ; *RSC* 1997, p. 372, obs. B. BOULOC. - Cass. crim. 6 nov. 1997, n° 96-86.127, *Bull. crim.* 1997, n° 379 ; *RSC* 1998, p. 538, obs. B. BOULOC. - Cass. crim. 4 juin 1998, n° 97-80.620, *Bull. crim.* 1998, n° 186 ; *RTD com.* 1999, p. 522, obs. B. BOULOC. - Cass. crim. 16 janv. 2002, n° 01-83.742 - Cass. crim. 13 janv. 2010, n° 09-84.977, *Dr. pén.* 2010, chron. 8, n° 6, obs. S. DÉTRAZ.

[3] Cass. crim. 4 sept. 2002, n° 01-85.816, *Bull. crim.* 2002, n° 157.

administratives[4] ou encore pénales et disciplinaires[5]. Une solution analogue a été rendue en janvier 2014 sur le fondement de l'article 50 de la Charte des droits fondamentaux en matière financière[6].

8. Alors certes, déjà à l'époque, cette jurisprudence de la Cour de cassation était particulièrement fragile au regard de certaines décisions rendues par la Cour européenne des droits de l'homme[7]. Rappelons ainsi que par un arrêt *Fischer c/ Autriche* du 29 mai 2001[8], la Cour de Strasbourg avait jugé contraire au principe étudié le fait que le requérant avait été jugé et puni deux fois pour des infractions ayant les mêmes éléments constitutifs : tout d'abord par une autorité administrative pour conduite en état d'ivresse, puis, une fois cette décision devenue définitive, par une juridiction pénale pour homicide par imprudence, avec l'élément spécial de création des conditions de l'enivrement. Huit ans plus tard, la Cour européenne a clarifié sa jurisprudence en la matière, et plus précisément sur ce qu'il faut entendre par l'expression « même infraction » au sens de la Convention européenne des droits de l'homme. Elle a ainsi déclaré que l'article 4 du Protocole n° 7 à cette dernière devait être compris comme interdisant de poursuivre ou de juger une personne pour une seconde infraction, pour autant que celle-ci ait pour origine des faits identiques ou des faits qui soient « en substance » les mêmes que ceux

---

[4] Concernant la COB, Cass. crim. 1er mars 2000, n° 99-86.299, *Bull. crim.* n° 98 ; *D.* 2000, AJ p. 229, obs. A. LIENHARD ; *Bull. Joly Bourse* 2000, p. 443, § 92, obs. N. RONTCHEVSKY ; *Dr. pénal* 2000, comm. 75, obs. J.-H. ROBERT ; *RSC* 2000, p. 629, obs. J. RIFFAULT ; *RTD com.* 2000, p. 1028, obs. B. BOULOC. - Dans le même sens, concernant l'AMF, Cass. crim. 2 avr. 2008, n° 07-85.179, *Dr. sociétés* 2008, comm. 136, obs. R. SALOMON ; *Bull. Joly Bourse* 2008, p. 301, § 35, note J. LASSERRE CAPDEVILLE ; *JCP E* 2009, 1400, obs. J.-H. ROBERT ; *RSC* 2009, p. 117, obs. F. STASIAK. - Cass. crim. 28 janv. 2009, n° 07-81.674 : *Dr. sociétés* 2009, comm. 83, obs. R. SALOMON ; *Bull. Joly Bourse* 2009, p. 170, § 25, note J. LASSERRE CAPDEVILLE ; *RSC* 2010, p. 165, obs. F. STASIAK ; *RTD com.* 2009, p. 409, obs. N. RONTCHEVSKY, et p. 638, obs. B. BOULOC. - Cass. com. 8 févr. 2011, n° 10-10.965, *D.* 2011, p. 593, obs. A. LIENHARD ; *RSC* 2011, p. 116, obs. F. STASIAK ; *RTD com.* 2011, p. 385, obs. N. RONTCHEVSKY ; *Rev. sociétés* 2011, p. 432, note E. DEZEUZE ; *Bull. Joly Bourse* 2011.360, note N. RONTCHEVSKY.

[5] Cass. crim. 27 mars 1997, n° 96-82.669, *Bull. crim.* 1997, n° 128 ; *D.* 1998, p. 172, obs. J. PRADEL ; *RSC* 1997, p. 830, obs. B. BOULOC. - Cass. crim. 7 sept. 2004, n° 04-80.010, *Bull. crim.* 2004, n° 200 ; *RSC* 2005, p. 69, obs. E. FORTIS ; *Dr. pénal* 2005, comm. 24, obs. A. MARON. - Cass. crim. 23 juin 2010, n° 09-83.770.

[6] Cass. crim. 22 janv. 2014, n° 12-83.579, *D.* 2014, p. 1564, obs. C. MASCALA ; *AJ Pénal* 2014, p. 180, note J. LASSERRE CAPDEVILLE.

[7] T. BONNEAU et F. DRUMMOND, *Droit des marchés financiers,* Economica, 2010, 3e éd., n° 309.

[8] CEDH 29 mai 2001, n° 37950/97, *Fischer c/ Autriche*, série A, n° 312. - V. égal., CEDH 30 mai 2002, n° 38275/97, *WF c/ Autriche*, et 6 juin 2002, n° 38237/97, *Sailer c/ Autriche*, *RSC* 2003, p. 405, obs. F. MASSIAS.

ayant donné lieu à la première infraction[9]. Néanmoins, malgré cette jurisprudence de la Cour européenne, la Cour de cassation continuait de se montrer favorable aux cumuls précités, ce que critiquait la majorité de la doctrine, notamment en matière financière[10].

9. Mais ces deux dernières années, beaucoup de choses se sont passées. Tout d'abord, par une décision *Grande Stevens et autres c/ Italie* du 4 mars 2014, concernant des faits de manipulation de marché à la fois poursuivis devant le régulateur financier italien et les juridictions pénales, les juges de Strasbourg ont estimé, une nouvelle fois, que cette double poursuite portait atteinte au principe *non bis in idem*[11]. De plus, et surtout, par une décision du 18 mars 2015[12] le Conseil constitutionnel a jugé, pour résumer, le cumul de condamnation possible pour délit d'initié par le juge pénal et pour manquement d'initié par la commission des sanctions de l'AMF inconstitutionnel, et plus précisément contraire au principe de nécessité des délits et des peines

---

[9] CEDH 10 févr. 2009, n° 14939/03, *Sergeï Zolotoukhine c/ Russie*, *D.* 2009, p. 2014, note J. PRADEL ; *RSC* 2009, p. 675, obs. D. ROETS ; *AJDA* 2009, p. 872, chron. J.-F. FLAUSS.

[10] V. par ex., F. STASIAK, « *Non bis in idem* et droit pénal boursier », *in* B. DEFFAINS (dir.), *L'analyse économique du droit dans les pays de droit civil,* éd. Cujas, 2002, p. 333. - D. OHL, *Droit des sociétés cotées,* Litec, 2008, 3e éd., n° 599. - J. LELIEUR-FISCHER, *La règle non bis in idem : du principe de l'autorité de la chose jugée au principe d'unicité d'action répressive : étude à la lumière des droits français, allemand et européen,* thèse, Paris I, 2005, n° 2444. - M. NORD-WAGNER, « La double sanction des infractions boursières à l'épreuve du principe *non bis in idem* », *AJ pénal* 2011, p. 67. - J. LASSERRE CAPDEVILLE, C. MASCALA et S. NEUVILLE, « Propositions doctrinales pour lutter contre l'atteinte eu principe *non bis in idem* en matière financière », *D.* 2012, p. 693.

[11] CEDH 4 mars 2014, n° 18640/10, n° 18647/10, n° 18663/10, n° 18668/10 et n° 18698/10, *Grande Stevens et autres c/Italie, RTD fin.* 2014, n° 2, p. 149, obs. E. DEZEUZE et N. RONTCHEVSKY ; *LEDB* sept. 2014, p. 3, n° 106, obs. J. LASSERRE CAPDEVILLE.

[12] Cons. const. 18 mars 2015, n° 2014-453/454 QPC et n° 2015-462 QPC, *M. John L. et autres, dalloz.fr, actualité*, 20 mars 2015, obs. J. LASSERRE CAPDEVILLE ; *JCP G* 2015, 369, note J.-H. ROBERT ; *JCP G* 2015, 368, note F. SUDRE ; *Dr. sociétés* 2015, comm. 99, obs. R. SALOMON ; *Dr. pénal* 2015, comm. 79, obs. V. PELTIER ; *D.* 2015, p. 874, note O. DÉCIMA ; *Rev. sociétés* 2015, p. 380, note H. MATSOPOULOU ; *Bulletin d'actualité Lamy Droit pénal des affaires* juin 2015, p. 1, note F. STASIAK. - M.-A. FRISON-ROCHE, « Délits financiers : le virage juridique français », *Les Échos*, 20 mars 2015. - J. LASSERRE CAPDEVILLE, « La décision du Conseil constitutionnel du 18 mars 2015 : impacts et adaptations envisageables », *AJ Pénal* avr. 2015, n° 4, p. 183.

énoncé à l'article 8 de la Déclaration des droits de l'homme et du citoyen de 1789[13].

10. Cette décision est fondamentale. Sans l'étudier dans le détail, sous peine d'empiéter sur la communication écrite du professeur *Stasiak*[14], il faut noter que l'atteinte au principe de nécessité des peines ne peut être retenue, selon le Conseil constitutionnel, que si quatre conditions sont cumulativement réunies :

- les dispositions contestées tendent à réprimer des mêmes faits qualifiés de manières identiques ;

- les répressions protègent les mêmes intérêts sociaux ;

- les deux répressions aboutissent au prononcé de sanction de nature semblable ;

- les poursuites et sanctions prononcées relèvent du même ordre de juridiction.

Cette jurisprudence est à l'origine d'une réforme remarquée[15].

11. Dès lors, une question se pose inévitablement : cette solution ne devrait-elle pas avoir des incidences majeures en droit pénal des affaires, au-delà du droit pénal financier ?

12. Selon nous, il n'est pas possible de donner une réponse générale à cette question[16]. En effet, de par son contenu varié, le droit pénal des affaires peut donner lieu à des solutions différentes. Il est des cas dans lesquels aucune atteinte au principe garanti par l'article 8 de la DDHC ne peut être relevée, alors que, pour d'autres, la question mérite d'être traitée. Nous allons dès lors essayer de démontrer cette affirmation à travers trois exemples : les infractions pénales liées au droit bancaire

---

[13] Antérieurement, le Conseil constitutionnel avait, lui-même, admis un tel cumul par une décision remarquée du 28 juillet 1989 (Cons. const. 28 juill. 1989, n° 89-260 DC). Les Sages de la rue de Montpensier avaient néanmoins décidé qu'il appartient aux autorités administratives et judiciaires compétentes de veiller à ce que le montant global des sanctions ainsi prononcées ne dépasse pas le montant le plus élevé de l'une des sanctions encourues. Cette position a été confirmée à plusieurs reprises. - V. par ex., Cons. const. 27 sept. 2013, n° 2013-341 QPC, *dalloz.fr, actualité*, 1er oct. 2013, obs. R. GRAND ; *AJDA* 2013. 1890 ; *ibid.* 2437 , note N. ACH ; *D.* 2013, p. 2227 ; *Constitutions* 2013. 599, obs. O. LE BOT.

[14] F. STASIAK, « *Ne bis in idem* et abus de marché », cet ouvrage, *infra.*

[15] Loi n° 2016-819 du 21 juin 2016 réformant le système de répression des abus de marché, JO, 22 juin 2016 : texte n° 1.

[16] Contra, M.-A. FRISON-ROCHE, « Délits financiers : le virage juridique français », *Les Échos*, 20 mars 2015.

(I), les infractions liées au droit de la concurrence (II), et enfin les infractions liées au droit fiscal (III).

I. Le cas des infractions liées au droit bancaire

13. Un certain nombre d'infractions pénales intéressent le droit bancaire : l'exercice illégal de la profession de banquier, le délit d'usure, la violation du secret bancaire, l'information du client en cas de déclaration de soupçon à TRACFIN, le non-respect de certaines exigences légales en matière de crédit à la consommation ou de crédit immobilier[17], etc.

14. Or, l'Autorité de contrôle prudentiel et de résolution (ACPR), c'est-à-dire le « gendarme des banques et des assurances », dispose également d'un pouvoir de sanction important et susceptible de jouer dans certains de ces cas. En effet, selon l'article L 612-39 du Code monétaire et financier, la commission des sanctions de l'ACPR peut sanctionner disciplinairement l'établissement de crédit qui « enfreint une disposition européenne, législative ou réglementaire au respect de laquelle l'Autorité a pour mission de veiller », c'est-à-dire, d'après l'article L. 612-1, le Code monétaire et financier, le Code des assurances, ou encore le livre III du Code de la consommation consacré aux crédits aux consommateurs. Une double sanction, de nature à perturber le principe *non bis in idem*, est donc en théorie possible, même si nous n'en n'avons jamais constatée jusqu'ici[18].

15. Dès lors, la décision du Conseil constitutionnel du 18 mars 2015 n'est-elle pas de nature à perturber cette possibilité de cumul ? Selon la décision en question, de « mêmes faits » peuvent faire l'objet de « poursuites différentes » sans que cela ne porte atteinte au principe de nécessité des délits et des peines : il suffit que l'une des quatre conditions citées plus haut soit manquante.

16. Or, le tout dernier critère retenu, c'est-à-dire le fait que les poursuites et sanctions prononcées relèvent du même ordre de juridiction, est important ici. Il est de nature à justifier le cumul éventuellement

---

[17] L'état du droit vient d'ailleurs d'évoluer en la matière, J. LASSERRE CAPDEVILLE, « La double réforme du droit pénal des crédits aux consommateurs », *AJ pénal* 2016, n° 5, p. 251.

[18] Notons simplement qu'une décision du Conseil d'État en date du 15 décembre 2014 est venue déclarer que la règle *non bis in idem* ne fait pas obstacle à ce que l'Autorité ordonne la publication d'une décision par laquelle elle a prononcé, après annulation de la première décision, une nouvelle sanction contre cette personne : CE 15 déc. 2014, n° 366640, *LEDB* févr. 2015, p. 4, n° 023, obs. J LASSERRE CAPDEVILLE. Nous sommes loin de l'hypothèse qui nous intéresse.

dénoncé lorsque les sanctions, autres que celles émanant du juge pénal, sont susceptibles de recours devant les juridictions administratives.

17. Mais qu'en est-il des sanctions infligées par l'ACPR ? Selon l'article L. 612-16, IV, du Code monétaire et financier, il est prévu que les « décisions prononcées par la commission des sanctions peuvent faire l'objet d'un recours de pleine juridiction devant le Conseil d'État ». Les poursuites et les sanctions prononcées ne relèvent donc pas du même ordre de juridiction. On ne saurait donc voir ici d'atteinte au principe de la nécessité des peines visé par l'article 8 de la DDHC.

18. Dès lors, dans un tel cas, on peut penser que la jurisprudence traditionnelle du Conseil constitutionnel[19], admettant le cumul du moment que le montant global des sanctions ainsi prononcé ne dépasse pas le montant le plus élevé de l'une des sanctions encourues, continuera à s'appliquer. Les Sages n'ont donc pas ouvert, avec la décision du 18 mars 2015, la « boîte de Pandore ». Cette dernière ne devrait pas avoir d'impact à l'égard des infractions intéressant le droit bancaire. Mais qu'en est-il pour celles qui concernent le droit de la concurrence ?

II. Le cas des infractions liées au droit de la concurrence

19. Le droit pénal de la concurrence désigne l'ensemble des règles de droit pénal chargées de protéger la concurrence. Le droit positif faisant la promotion de la libre concurrence[20], le droit pénal a ici pour objectif de sanctionner des pratiques jugées de nature à mettre en péril le libre jeu de la concurrence.

20. On sait, cependant, que suite à l'ordonnance n° 86-1243 du 1er décembre 1986 relative à la liberté des prix et de la concurrence notre droit de la concurrence a connu une forte dépénalisation. Quelques incriminations existent encore néanmoins. En premier lieu, plusieurs pratiques restrictives de concurrence sont incriminées pénalement par le Code de commerce. Il en va ainsi avec la revente à perte[21], le prix minimum imposé[22], le paracommercialisme[23], les

---

[19] V. *supra*, note n° 13.
[20] C. com., art. L. 410-2, al. 1er.
[21] C. com., art. L. 442-2.
[22] C. com., art. L. 442-5.
[23] C. com., art. L. 442-7.

ventes sauvages[24], etc. En second lieu, et surtout, certaines pratiques anticoncurrentielles sont pénalement sanctionnées. Rappelons que les articles L. 420-1 et L. 420-2 du Code de commerce prohibent, respectivement, les ententes prohibées et les abus de position dominante ou de dépendance économique incriminés. Or, le droit pénal n'est pas oublié en la matière, puisque selon l'article L. 420-6 du code : « Est puni d'un emprisonnement de quatre ans et d'une amende de 75.000 euros le fait, pour toute personne physique de prendre frauduleusement une part personnelle et déterminante dans la conception, l'organisation ou la mise en œuvre de pratiques visées aux articles L. 420-1 et L. 420-2 ».

21. Dès lors, dans ces hypothèses, et notamment à l'égard des pratiques anticoncurrentielles, un cumul de poursuites et de sanctions, d'une part devant le juge, et d'autre part devant l'Autorité de la concurrence, devient envisageable. Rappelons en effet que cette dernière autorité a un rôle important à jouer en la matière. La loi n° 2008-776 du 4 août 2008 de modernisation de l'économie a d'ailleurs renforcé ce rôle pour réguler la concurrence et sanctionner les atteintes qui peuvent lui être portées.

22. La décision du Conseil constitutionnel du 18 mars 2015 n'aura-t-elle pas alors des incidences ici ? Gardons à l'esprit que les décisions de l'Autorité de la concurrences sont passibles d'un recours « en annulation ou en réformation » devant la Cour d'appel de Paris[25]. Il s'agit donc d'un recours de pleine juridiction qui présente l'originalité de s'appliquer à une décision administrative. Rappelons encore que les décisions de la cour d'appel peuvent, quant à elles, faire l'objet d'un recours en cassation devant la Cour de cassation intenté par les parties ou par le président de l'Autorité de la concurrence concernant les décisions d'annulation ou de réformation de l'Autorité. Le ministre chargé de l'économie dispose, pour sa part, d'un droit de recours contre tout type de décision[26]. Les poursuites et les sanctions prononcées relèvent dès lors du même ordre de juridiction. C'est la même solution que pour le manquement d'initié reproché à certains professionnels[27].

23. Dès lors, on pourrait imaginer ici, concernant les pratiques anticoncurrentielles, une atteinte au principe de la nécessité des peines, du

---

[24] C. com., art. L. 442-8.
[25] C. com., art. L. 464-7, al. 1er et L. 464-8, al. 1er.
[26] C. com., art. L. 464-8, al. 3.
[27] En l'occurrence pour les personnes ou les entités autres que celles visées par l'article L. 621-9, II, du Code monétaire et financier.

moment bien sûr que les trois autres conditions visées par le Conseil constitutionnel sont caractérisées, c'est-à-dire le fait que les dispositions contestées tendent à réprimer des mêmes faits qualifiés de manière identique, les répressions protègent les mêmes intérêts sociaux et enfin les deux répressions aboutissent au prononcé de sanctions de nature semblable. Le Conseil constitutionnel pourrait être saisi en la matière.

24. Néanmoins, encore faut-il qu'il en ait l'occasion : or, force est de constater que le droit pénal de la concurrence est bien rarement appliqué[28]. De plus, et surtout, les comportements ainsi sanctionnés paraissent selon nous trop distincts, en l'état des textes, pour que le cumul puisse être admis, même si les recours concernant les sanctions prononcées par l'Autorité de la concurrence relèvent bien de la compétence du juge judiciaire. Rappelons, par exemple, que le délit ne peut être retenu que contre des personnes physiques. On peut donc douter que les dispositions contestées tendent à réprimer de mêmes faits qualifiés de manière identique. En outre, les intérêts protégés peuvent paraître distincts. Les hypothèses de cumul attentatoire au principe de la nécessité des peines est donc bien improbable ci. Il en va différemment, en revanche, concernant les infractions intéressant le droit fiscal.

III. Le cas des infractions liées au droit fiscal

25. La fiscalité repose dans notre pays, de façon importante, sur les déclarations faites par les contribuables eux-mêmes. Le risque de fraude est alors grand. Cette situation a conduit le législateur à multiplier les moyens de contrôle et d'investigation à la disposition, plus particulièrement, de l'administration fiscale, mais aussi à instituer un régime de sanctions relativement étendu.

26. Le Code général des impôts prévoit ainsi plusieurs types de sanctions. Tout d'abord, afin de sanctionner les infractions fiscales, l'administration utilise le plus souvent les seules pénalités de nature administrative : intérêts de retard, majorations de droit et amendes. De

[28] V. néanmoins ces dernières années, Cass. crim., 20 févr. 2008, n° 02-82.676, 07-82.110, *Bull. crim.* 2008, n° 44 ; *D.* 2008, AJ p. 779, obs. E. CHEVRIER ; *RTD com.* 2008, p. 880, obs. B. BOULOC ; CCC 2008, comm. 110, obs. G. DECOCQ. - Cass. crim., 19 mars 2008, n° 07-80.473, *Bull. crim.* 2008, n° 73 ; *D.* 2008, AJ p. 1138, obs. E. CHEVRIER ; *AJ pénal* 2008, p. 277, obs. G. ROYER ; *RTD com.* 2008, p. 881, obs. B. BOULOC ; *Dr. pénal* 2008, comm. 88, obs. J.-H. ROBERT. - Cass. crim., 17 juin 2009, n° 08-84.482 : *Bull. crim.* 2009, n° 125 ; *D.* 2009, AJ p. 2034, obs. E. CHEVRIER ; CCC 2009, comm. 228, obs. G. DECOCQ ; *RJDA* 2010, n° 77.

plus, à ces pénalités peuvent s'ajouter d'autres mesures de nature sanctionnatrice, telles que, en matière de fraude à la TVA, la déchéance du droit à l'exonération ou à déduction ou encore la solidarité avec le redevable. En outre, un certain nombre de sanctions dites « fiscales » sont envisagées par le Code général des impôts. Des sanctions communes à tous les impôts sont mentionnées par exemple aux articles 1728 à 1740 B de ce code. Enfin, et c'est ce qui nous intéresse plus particulièrement ici, pour punir les infractions les plus graves et, dans un souci d'exemplarité, le juge pénal se voit également reconnaître le droit de poursuivre et de sanctionner différents manquements. Cet encadrement pénal est loin d'être négligeable. Outre le délit de fraude fiscale « générale » envisagé par l'article 1741 du Code général des impôts, on peut constater l'existence de délits assimilés à celui-ci, comme l'omission d'écritures ou la passation d'écritures inexactes ou fictives ou bien l'entremise pour le dépôt de valeurs ou l'encaissement de coupons à l'étranger. Il est également possible de relever divers délits spéciaux de fraude fiscale propres à chaque groupe d'impôts ou taxes.

27. Mais n'y a-t-il pas une atteinte au principe *non bis in idem* ici ? On se rappelle que la chambre criminelle a répondu à plusieurs reprises à cette question par la négative[29]. Ainsi, pour la Haute juridiction : « la règle *non bis in idem* [...] ne trouve à s'appliquer [...] que pour les infractions relevant en droit français de la compétence des tribunaux statuant en matière pénale et n'interdit pas le prononcé de sanctions fiscales parallèlement aux sanctions infligées par le juge répressif ».

28. Mais cette solution n'est plus automatique, nous le savons, depuis la décision du Conseil constitutionnel du 18 mars 2015. Aujourd'hui, il convient donc de rechercher la présence cumulative des quatre critères évoqués plus haut. Ce n'est que s'ils sont réunis qu'il y aura une atteinte au principe de nécessité garantit par l'article 8 de la DDHC.

29. Or, observons la juridiction compétente en cas de recours contre l'administration : il s'agit normalement du Conseil d'État. Il ne devrait donc pas y avoir, ici non plus, d'atteinte au principe précité, à l'image du droit pénal bancaire évoqué plus haut, faute d'un même ordre de juridiction. La presse n'avait d'ailleurs pas manqué de relever, après la décision du 18 mars 2015, que les sages de la rue Montpensier ont

---

[29] V. *supra*, n° 7.

cherché à éviter « tout risque de “contamination” de cette décision vers d’autres contentieux, notamment fiscal »[30].

30. Mais attention : des hypothèses dérogatoires existent. Tout d’abord, il ressort de l’article 199 du Livre des procédures fiscales que si le contentieux relatif aux impôts directs et aux taxes sur le chiffre d’affaires relève de la compétence du tribunal administratif, celui afférent aux droits d’enregistrement relève de celle du tribunal de grande instance. De même, les sanctions fiscales, prononcées en application de l’article 1729 du CGI en matière d’impôt de solidarité sur la fortune et de contribution exceptionnelle sur la fortune relèvent, comme en matière de droits d’enregistrement, du juge judiciaire. Or, c’est aussi le juge judiciaire qui est compétent pour les poursuites pénales du chef de fraude fiscale[31]. Ainsi, dans ces hypothèses, les deux contentieux sont portés devant le même ordre de juridiction.

31. Cela remet-il en cause pour autant la possibilité de cumul dénoncée ? Le Conseil constitutionnel a répondu très récemment par la négative à l’occasion des affaires *Wildenstein*[32] et *Cahuzac*[33]. Il y est ainsi affirmé que l’application combinée des deux dispositions concernées est, chaque fois, conforme à la Constitution. En effet, après avoir rappelé l’objet de ces articles, le Conseil constitutionnel déclare qu’ils permettent d’assurer ensemble la protection des intérêts financiers de l’État ainsi que l’égalité devant l’impôt, en poursuivant des finalités communes, à la fois dissuasive et répressive. Le recouvrement de l’impôt et l’objectif de lutte contre la fraude fiscale peuvent

[30] L. BOISSEAU, « Délits d’initiés : les sages signent la fin de la double sanction », *Les Échos*, 19 mars 2015.

[31] CPP, art. 381, al. 1.

[32] Cons. const. décision n° 2016-545 QPC du 24 juin 2016, *Wildenstein*, JO, 30 juin 2016 ; *dalloz.fr, actualité*, 27 juin 2016, obs. J. GALOIS ; *Rev. dr. fiscal*, 30 juin 2016, act. 409, obs. N. JACQUOT et P. MISPELON. - Cass. crim. 30 mars 2016, n° 16-90.001, *dalloz.fr, actualité*, 31 mars 2016, obs. M. BABONNEAU ; *Rev. dr. fiscal* 2016, comm. 268, obs. R. SALOMON.

[33] Cons. const., décision n° 2016-546 QPC du 24 juin 2016, *Cahuzac,* JO, 30 juin 2016 ; *Rev. dr. fiscal*, 30 juin 2016, act. 409, obs. N. JACQUOT et P. MISPELON. - *Rev. dr. fiscal*, 30 juin 2016, act. 409, obs. N. JACQUOT et P. MISPELON. - Cass. crim., 30 mars 2016, n° 16-90.005, *dalloz.fr, actualité*, 31 mars 2016, obs. M. BABONNEAU. - *dalloz.fr*, 11 févr. 2016, obs. M. BABONNEAU ; *Rev. dr. fiscal* 2016, comm. 268, obs. R. SALOMON.

alors justifier, pour les Sages, l'engagement de procédures complémentaires dans les cas de fraude les plus graves[34].

Conclusion

32. Pour conclure cette présentation, on peut dire que la décision de Conseil constitutionnel du 18 mars 2015 ne devrait pas avoir beaucoup d'incidences en droit pénal des affaires, et ce même en droit fiscal. Les impacts devraient donc en être mesurés, et nous devrions finir notre présentation sur cette affirmation rassurante. Mais tel ne sera pas le cas.

33. En effet, la présentation que nous venons de faire est gravement incomplète. Le sujet portait sur le principe du *non bis in idem* et nous y avons répondu en nous focalisant sur les critères dégagés par le Conseil constitutionnel sur le fondement du principe de nécessité des délits et des peines énoncé à l'article 8 de la Déclaration des droits de l'homme et du citoyen de 1789. Or, ce n'est pas la même chose. Alors, certes, beaucoup voient « derrière les quatre critères adoptés, les traits grossièrement brossés de la règle *non bis in idem* »[35]. Selon nous, c'est loin d'être certain. Ce n'est pas parce qu'une situation est conforme à l'article 8 de la DDHC, ou du moins à la lecture qu'en fait le Conseil constitutionnel, qu'elle respecte dans le même temps le principe *non bis in idem*.

34. Dit autrement, la position française n'est pas totalement alignée sur la position de la Cour européenne[36]. C'est ainsi, notamment[37], que l'identité de l'ordre de juridiction n'est pas prise en considération par

---

[34] Notons que le Conseil constitutionnel a formulé sur ce point une réserve en jugeant que le principe de nécessité des délits et des peines impose que les sanctions pénales ne s'appliquent qu'aux cas les plus graves de dissimulation frauduleuse de sommes soumises à l'impôt. Une lecture de ce passage *a contrario* pourrait alors avoir des incidences en pratique.

[35] O. DÉCIMA, « Le fantôme de *ne bis in idem* », *D.* 2015, p. 874.

[36] B. CHAROT, « *Non bis in idem* : l'utilisation de ce principe dans la stratégie contentieuse en droit des affaires », *JCP E* 2015, 1400, n° 13.

[37] L'exigence d'identité entre les intérêts sociaux protégés peut également permettre à des situations de ne pas porter atteinte au principe de la nécessité des délits et des peines, sans qu'il en soit forcément de même concernant le principe *non bis in idem*. Ainsi, l'exigence d'identité entre les intérêts sociaux protégés laisse subsister la question du cumul en présence d'une sanction pénale et d'une sanction disciplinaire dans la mesure où la sanction pénale a essentiellement une fonction collective tandis que la sanction disciplinaire concerne l'intégrité d'un ordre disciplinaire spécifique. Cette hypothèse s'est d'ailleurs retrouvée récemment dans une décision ayant admis le cumul de telles sanctions à l'encontre d'un notaire, Cass. crim., 9 avr. 2015, n° 14-50.012, *D.* 2015, p. 1187, note J.-P. SUDRE.

la jurisprudence de la Cour européenne des droits de l'homme lorsqu'elle caractérise une atteinte au principe *non bis in idem*[38]. Cette dernière paraît ainsi pouvoir être retenue en présence de juridictions bien différentes.

35. Ce qui importe, pour qu'il y ait violation du principe, selon les juges de Strasbourg, c'est qu'après un jugement définitif, de nouvelles poursuites soient engagées ou une nouvelle condamnation soit prononcée à propos des mêmes faits. Ainsi dans l'affaire *Lucky Dev c/ Suède* du 27 novembre 2014, la cour a bien pris soin de rappeler que le principe *ne bis in idem* n'interdit pas la conduite de plusieurs instances concurrentes avant la prise d'une décision définitive[39]. La violation du principe se réalise uniquement si une procédure se poursuit après la date à laquelle l'autre procédure s'est conclue par une décision définitive. Rien n'est dit, en revanche, à propos de l'ordre de juridiction. Nous ne trouvons pas plus d'éléments sur ce point dans l'arrêt *Grande Stevens et autres c/ Italie* du 4 mars 2014[40].

36. Dès lors, les situations décrites plus haut avec le droit pénal intéressant le droit bancaire, le droit de la concurrence et le droit fiscal respectent-elles scrupuleusement le principe *non bis in idem* étudié aujourd'hui ? Cela n'est pas certain. Il reviendra à la Cour européenne des droits de l'Homme de le dire au cas par cas à la vue des critères propres au principe précité. En résumé, nous voilà face à une grande incertitude juridique...

Avril 2016

---

[38] Peu d'arrêts ont néanmoins été rendus par la CEDH à propos du principe étudié. Il n'y en aurait ainsi eu que 15 entre 1988 et 2014. - R. PARIZOT, « Le principe *Ne bis in idem* dans la jurisprudence de la Cour européenne des droits de l'homme », *AJ Pénal* avr. 2015, p. 173.

[39] CEDH 27 nov. 2004, n° 7356/10, *Lucky Dev c/ Suède*. - R. PARIZOT, *op. cit.*, p. 173. Ici, la Cour de Strasbourg retient une atteinte au principe *non bis in idem* dans une hypothèse de cumul de poursuites pénales et de sanctions fiscales.

[40] V. *supra*, n° 9.

Ne bis in idem et abus de marché

Frédéric STASIAK

Professeur à l'Université de Lorraine,
Institut François Gény (EA 7301)

Ainsi que nous avons déjà eu l'occasion de le dire[1] – et au risque d'intervenir deux fois sur le même sujet – la règle *ne bis in idem* se présente d'abord comme une règle de bon sens : ne pas poursuivre, et risquer de punir, deux fois une même personne pour une même faute. Elle constitue ensuite une règle de forme car elle exprime l'autorité négative de chose jugée au pénal sur le pénal et interdit, en conséquence, de nouvelles poursuites à l'encontre de faits délictueux qui ont déjà fait l'objet d'une décision pénale définitive et irrévocable[2]. C'est d'ailleurs en tant que règle de forme qu'elle est reconnue, en droit interne, par l'article 368 du Code de procédure pénale, « Aucune personne acquittée légalement ne peut plus être reprise ou accusée à raison des mêmes faits, même sous une qualification différente ». C'est aussi, semble-t-il, la façon dont la règle est conçue en droit international. Ainsi, l'article 4 du Protocole additionnel n° 7 à la Convention européenne des droits de l'homme prévoit que « Nul ne peut être poursuivi ou puni pénalement par les juridictions du même État en raison d'une infraction pour laquelle il a déjà été acquitté ou condamné par un jugement définitif conformément à la loi et à la procédure pénale de cet État ». L'article 50 de la Charte des droits fondamentaux de l'Union européenne énonce que « Nul ne peut être poursuivi ou puni pénalement en raison d'une infraction pour laquelle il a déjà été acquitté ou condamné dans l'Union par un jugement pénal définitif conformément à la loi ». De même, l'article 14§7 du Pacte international relatif aux droits civils et politiques de New York du 19 décembre 1966 « Nul ne peut être poursuivi ou puni en raison d'une infraction pour laquelle il a déjà été acquitté ou condamné par un jugement définitif conformément à la loi et à la procédure pénale de chaque pays ». La référence systématique à la notion de « jugement

---

[1] Sur ce point, voir F. STASIAK, « *Non bis in idem* et droit pénal boursier », *in L'analyse économique du droit dans les pays de droit civil*, B. DEFFAINS (dir.), édition Cujas 2002, pp. 333 et suivantes.

[2] La décision acquiert alors une présomption irréfragable de vérité en vertu de l'article 1350 du Code civil.

définitif » évoque bien l'autorité de chose jugée[3], même s'il eût été préférable d'ajouter « et irrévocable ».

La règle *ne bis in idem* ne se confond pas avec le principe de non-cumul des sanctions qui est un principe de droit substantiel interdisant qu'une même infraction puisse être sanctionnée par plusieurs peines ou, lorsqu'il existe plusieurs infractions, que le cumul de sanctions afférentes à chacune d'elles excède le maximum légal de la peine la plus élevée. Ce principe de non-cumul des sanctions n'est pas la conséquence mécanique du principe *ne bis in idem*, car un cumul de poursuites ne débouche pas nécessairement sur un cumul de sanctions. Lorsque deux poursuites sont engagées contre la même personne à raison des mêmes faits, l'une d'elles peut se solder par une décision favorable telle qu'un rejet des griefs, une relaxe ou un acquittement. À l'inverse, une poursuite unique peut aboutir à un cumul de sanctions, la Chambre criminelle admettant que « lorsqu'à l'occasion d'une même procédure, la personne poursuivie est reconnue coupable de plusieurs infractions en concours [...] les peines de même nature se cumulent, dès lors que leur total n'excède pas le maximum légal de la peine la plus élevée qui est encourue »[4].

S'agissant plus spécifiquement des abus de marchés, les difficultés relatives à l'application du principe *ne bis in idem* remontent à plus d'un quart de siècle. La loi n° 89-531 du 2 août 1989, relative à la sécurité et à la transparence du marché financier permit à la COB d'ordonner qu'il soit mis fin aux pratiques contraires à ses règlements et, le cas échéant, d'en sanctionner les auteurs. Jusqu'alors, la COB ne disposait que de prérogatives d'investigations et elle devait renvoyer au juge pénal les auteurs de comportements susceptibles de constituer un délit boursier tel qu'une opération illicite d'initié, une manipulation de cours ou une diffusion d'informations fausses ou trompeuses[5].

Le Conseil constitutionnel avait alors considéré, dans sa décision n° 89-260 DC, du 28 juillet 1989[6], que « la possibilité n'en est pas moins reconnue à la Commission des opérations de bourse de prononcer une sanction pécuniaire pouvant aller jusqu'au décuple du montant des profits réalisés par l'auteur de l'infraction et qui est susceptible de se cumuler avec des sanctions pénales prononcées à raison des mêmes

---

[3] Voire l'autorité de chose décidée dans une approche autonome de la notion de « jugement ».

[4] Cass. crim., 2 mars 2010, n° 09-82-607, *Dr. pén.* 2010, comm. 66, obs. M. VÉRON.

[5] Cf. actuellement, les articles L. 465-1 et L. 465-2 du Code monétaire et financier.

[6] Cons. const. 28 juillet 1989, n° 89-260 DC, *loi relative à la sécurité et la transparence du marché financier*, *Rec. Cons. const.*, p. 71.

faits et pouvant elles-mêmes atteindre un montant identique ; que, si l'éventualité d'une double procédure peut ainsi conduire à un cumul de sanctions, le principe de proportionnalité implique, qu'en tout état de cause, le montant global des sanctions éventuellement prononcées ne dépasse pas le montant le plus élevé de l'une des sanctions encourues ; qu'il appartiendra donc aux autorités administratives et judiciaires compétentes de veiller au respect de cette exigence dans l'application des dispositions de l'ordonnance du 28 septembre 1967 modifiée »[7]. Mais la décision de la Cour européenne des droits de l'homme dans l'affaire *Grande Stevens* du 4 mars 2014[8] a entraîné un bouleversement potentiel des règles jusqu'alors applicables à la répression des opérations illicites d'initié, et plus généralement des abus de marché. À l'heure actuelle, un double constat peut être fait : celui d'une reconnaissance de la règle *ne bis in idem* en droit international (I), notamment en droit européen, et celui d'une méconnaissance de cette règle en droit interne (II).

I. La reconnaissance internationale de la règle *ne bis in idem* en matière d'abus de marché

Parmi les différents instruments internationaux qui consacrent la règle *ne bis in idem,* deux retiendront particulièrement l'attention en raison de leur implication directe en matière d'abus de marché : le droit du Conseil de l'Europe et l'article 4 du Protocole n° 7 additionnel à la Convention européenne des droits de l'homme ; le droit de l'Union européenne et, notamment, l'article 50 de la Charte des droits fondamentaux de l'Union européenne.

A. La consécration par le droit du Conseil de l'Europe

La Cour européenne des droits de l'homme s'est récemment prononcée sur la question spécifique de l'application de la règle *ne bis in idem* à l'égard des abus de marché dans son arrêt *Grande Stevens* du 4 mars 2014. Elle considère que la procédure devant la CONSOB, l'autorité de régulation italienne, relevait bien d'une accusation en matière pénale et retient une violation de l'article 4 du Protocole n° 7. Dans la droite ligne de l'arrêt *Zolotoukhine* du 10 février 2009[9], la Cour considère que la procédure devant la CONSOB portait sur une « accusation en matière pénale » et constate que les sanctions infligées

---

[7] Consid. 22.

[8] CEDH 2e Sect., 4 mars 2014, n° 18640/10, 18647/10, 18663/10, 18668/10 et 18698/10, *Grande Stevens c/ Italie*.

[9] CEDH, 10 février 2009, n° 14939/03, *Zolotoukhine c/ Russie* ; cf. égal. CEDH, 23 octobre 1995, n° 15963/90, *Gradinger c/ Autriche*.

ont acquis l'autorité de la chose jugée : « les requérants devaient donc être considérés comme ayant été "déjà condamnés en raison d'une infraction par un jugement définitif" au sens de l'article 4 du Protocole n° 7 »[10]. Cependant, les poursuites pénales qui avaient entre-temps été déclenchées à leur encontre n'ont pas été arrêtées et ont même conduit au prononcé de nouvelles décisions. Le « *bis* » étant caractérisé, encore fallait-il établir le « *in idem* », autrement dit, la circonstance que les nouvelles poursuites avaient pour origine « des faits qui étaient en substance les mêmes que ceux ayant fait l'objet de la condamnation définitive »[11]. La Cour précise que la question à trancher n'est pas celle de savoir si les éléments constitutifs des infractions sont ou non identiques, mais celle de déterminer si les faits poursuivis devant la CONSOB et devant les juridictions pénales italiennes se référaient à la même conduite. En l'espèce, la Cour considère qu'il s'agissait bien d'une seule et même conduite de la part des mêmes personnes à la même date, les nouvelles poursuites concernant la seconde « infraction » ayant pour origine des faits identiques à ceux qui avaient fait l'objet de la première condamnation définitive : il y a donc bien eu une violation de l'article 4 du Protocole n° 7[12].

Pour autant, le Gouvernement italien soulevait deux arguments qui méritent attention. En premier lieu, il alléguait avoir émis une réserve à l'application des articles 2 à 4 du Protocole n° 7, en vertu de laquelle ces articles ne s'appliquaient qu'aux infractions, aux procédures et aux décisions qualifiées de pénales par la loi italienne. Or cette dernière ne qualifie pas de pénales les infractions sanctionnées par la CONSOB. De surcroît, la déclaration de l'Italie serait similaire à celles faites par d'autres États, notamment, l'Allemagne, la France et le Portugal. De fait, la France a bien émis une réserve similaire à celle de l'Italie, réserve qui n'est accompagnée d'aucun exposé des lois concernées et dont la généralité de son contenu va bien au-delà des seules poursuites pénales : « Le Gouvernement de la République française déclare que seules les infractions relevant en droit français de la compétence des tribunaux statuant en matière pénale doivent être regardées comme des infractions au sens des articles 2 à 4 du présent Protocole ».

La Cour rappelle que, pour être valable, une réserve doit répondre à plusieurs conditions : elle doit être faite au moment où la Convention ou ses Protocoles sont signés ou ratifiés ; elle doit porter sur des lois

---

[10] § 222.
[11] § 224.
[12] § 227 et 228.

déterminées en vigueur à l'époque de la ratification ; elle ne doit pas revêtir un caractère général ; elle doit comporter un bref exposé de la loi visée. En l'espèce, l'absence d'un « bref exposé » de la loi ou des lois prétendument incompatibles avec l'article 4 du Protocole n° 7 tendait à démontrer que « l'Italie a entendu exclure du champ d'application de cette disposition toutes les infractions et les procédures qui ne sont pas qualifiées de "pénales" par la loi italienne. Il n'empêche qu'une réserve qui n'invoque ni ne mentionne les dispositions spécifiques de l'ordre juridique italien excluant des infractions ou des procédures du champ d'application de l'article 4 du Protocole n° 7, n'offre pas à un degré suffisant la garantie qu'elle ne va pas au-delà des dispositions explicitement écartées par l'État contractant »[13]. Selon la Cour, même des difficultés pratiques importantes dans l'indication et la description de toutes les dispositions concernées par la réserve ne sauraient justifier le non-respect des conditions prévues par l'article 57 de la Convention. Il en résulte que la réserve invoquée par l'Italie ne satisfait pas aux exigences de la Convention, « Cette conclusion suffit à fonder l'invalidité de la réserve, sans qu'il s'impose de se pencher de surcroît sur le respect des autres conditions formulées dans l'article 57 »[14]. Il apparaît ainsi que la réserve française ne satisfait pas davantage aux exigences européennes.

En second lieu, le Gouvernement italien estimait que le droit de l'Union européenne avait, à l'époque des faits, clairement autorisé le recours à une double sanction, administrative et pénale, dans le cadre de la lutte contre les abus de marché. Il se référait à l'article 14 de la directive 2003/6/CE du 28 janvier 2003, demandant aux États membres de l'Union européenne d'appliquer des sanctions administratives en ce domaine « sans préjudice de leur droit d'imposer des sanctions pénales ».

Pour rejeter l'argument, la Cour de Strasbourg relève que « dans son arrêt du 23 décembre 2009, rendu dans l'affaire Spector Photo Group, précité, la CJUE a indiqué que l'article 14 de la directive 2003/6 n'impose pas aux États membres de prévoir des sanctions pénales à l'encontre des auteurs d'opérations d'initiés, mais se limite à énoncer que ces États sont tenus de veiller à ce que des sanctions administratives soient appliquées à l'encontre des personnes responsables d'une violation des dispositions arrêtées en application de cette directive. Elle a également alerté les États sur le fait que de telles sanctions

---

[13] § 210.
[14] § 211.

administratives étaient susceptibles, aux fins de l'application de la Convention, de se voir qualifiées de sanctions pénales. De plus, dans son arrêt *Åklagaren c/ Hans Åkerberg Fransson*, [...] relatif au domaine de la taxe sur la valeur ajoutée, la CJUE a précisé qu'en vertu du principe *ne bis in idem*, un État ne peut imposer une double sanction (fiscale et pénale) pour les mêmes faits qu'à la condition que la première sanction ne revête pas un caractère pénal »[15]. C'est précisément la façon dont le droit de l'Union européenne appréhende la règle *ne bis in idem* qu'il convient d'examiner à présent.

B. L'admission par le droit de l'Union européenne

Il convient de rappeler que, selon la Cour de justice de l'Union européenne, la règle *ne bis in idem* constitue un principe général du droit communautaire[16]. La CJUE décide également que « le principe *ne bis in idem*, consacré par l'article 54 de la convention d'application de l'accord de Schengen, doit être interprété en ce sens que [...] le critère pertinent aux fins de l'application dudit article est constitué par celui de l'identité des faits matériels, compris comme l'existence d'un ensemble de faits indissociablement liés entre eux, indépendamment de la qualification juridique de ces faits ou de l'intérêt juridique protégé »[17]. La Cour européenne des droits de l'homme et la Cour de justice de l'Union européenne retiennent ainsi une acception similaire du « *in idem* »[18].

En droit des abus de marché, la directive 2003/6/CE du 28 janvier 2003 affirmait qu'elle respectait « les droits fondamentaux et [...] les principes reconnus en particulier par la Charte des droits fondamentaux de l'Union européenne, notamment par l'article 11 de celle-ci, et par l'article 10 de la Convention européenne des droits de l'homme »[19]. Plus précisément, la directive de 2003 permettait de refuser de donner suite à une demande d'information des autorités administratives compétentes[20] ou de refuser de procéder à une enquête « lorsqu'une procédure judiciaire est déjà engagée pour les mêmes faits et à l'encontre des mêmes personnes devant les autorités de cet État, ou lorsque ces personnes ont déjà été définitivement jugées pour les mêmes faits dans cet État »[21].

---

[15] § 229.
[16] CJUE 15 octobre 2002, *Limburgse Vinyl et a.*, § 59, *Rec.*, I-8375.
[17] CJUE 9 mars 2006, *van Esbroeck*, n° C-436/04, *AJ pénal* 2006. 265, obs. C. SAAS.
[18] Cf. *supra*.
[19] Consid. 44 de la directive 2003/6.
[20] Art. 16,2° de la directive 2003/6.
[21] Art. 16, 4° de la directive 2003/6.

De la même façon, la directive 2014/57 du 16 avril 2014 précise qu'elle « respecte les droits fondamentaux et observe les principes reconnus par la charte des droits fondamentaux de l'Union européenne [...] tels qu'ils sont reconnus dans le traité sur l'Union européenne. Plus particulièrement, elle devrait être appliquée dans le respect du droit à [...] ne pas être jugé ou puni pénalement deux fois pour une même infraction (article 50) »[22]. Cette directive ajoute d'ailleurs que « Lors de l'application du droit national transposant la présente directive, les États membres devraient veiller à ce que l'application de sanctions pénales en cas d'infractions conformément à la présente directive et de sanctions administratives conformément au règlement (UE) n° 596/2014 n'entraîne pas une violation du principe *non bis in idem* »[23].

Mais le règlement n° 596/2014 du 16 avril 2014 énonce pour sa part que « Même si rien n'empêche les États membres d'établir des règles prévoyant à la fois des sanctions administratives et des sanctions pénales pour les mêmes infractions, il ne devrait pas être exigé d'eux d'établir des règles concernant les sanctions administratives applicables à des infractions au présent règlement qui sont déjà passibles de sanctions en vertu du droit pénal national au 3 juillet 2016 au plus tard. Conformément au droit national, les États membres ne sont pas tenus d'infliger à la fois des sanctions administratives et pénales pour la même infraction, mais ils en ont le loisir si leur droit national l'autorise »[24]. Comment permettre aux États membres « d'infliger » – et pas seulement de prévoir – cumulativement des sanctions administratives et pénales sans violation de la règle *ne bis in idem* prévue par l'article 50 de la Charte des droits fondamentaux et par la jurisprudence de la CJUE ?

La règle *ne bis in idem,* telle qu'elle résulte de l'article 50 de la Charte des droits fondamentaux, interdit une poursuite consécutive à un jugement pénal définitif concernant la même personne et les mêmes faits. La notion de jugement pénal définitif doit être comprise à l'aune des critères de la matière pénale, la CJUE[25] ayant rappelé que le sens qui devait être donné à la notion de « sanction pénale » était identique à celui retenu par la Cour européenne des droits de l'homme, dans ses arrêts *Engel* du 8 juin 1976 et *Öztürk c/ Allemagne*, du 21 février

---

[22] Consid. 27 de la directive 2014/57.
[23] Consid. 23 de la directive 2014/57.
[24] Consid. 72 du règlement 596/2014.
[25] CJUE 26 févr. 2013, aff. C-617/10, *Aklagaren c/ Hans Akerberg Fransson*, § 37. comp. cependant, CEDH 24 février 1994, n°12547/86, *Bendenoun c/ France*.

1984[26]. Les États membres peuvent donc prévoir des sanctions pénales et administratives afin de réprimer les abus de marché, à condition que les poursuites pénales et administratives ne se cumulent plus dès lors qu'une décision définitive est intervenue à l'égard de la même personne pour les mêmes faits matériels[27].

Cependant, la règle en la matière serait alors « first come, first serve » ce qui conduirait, en pratique, à faire prévaloir les sanctions administratives sur les sanctions pénales. Pourtant, le droit de l'Union européenne semble privilégier ces dernières d'une double façon : d'une part, en demandant aux États membres de réprimer pénalement les abus de marché graves et intentionnels et, d'autre part, en permettant à ces mêmes États membres de renoncer aux sanctions administratives en ne prévoyant que des sanctions pénales[28]. Les États membres devront donc se demander, le cas échéant, comment infliger à la fois des sanctions administratives et pénales pour la même infraction, sans contrevenir à la règle *ne bis in idem*.

Au-delà de cette difficulté particulière, force est de constater que les droits du Conseil de l'Europe et de l'Union européenne convergent quant à la consécration et à l'interprétation de la règle *ne bis in idem*. Pourtant, malgré cette convergence européenne, le droit français est longtemps resté en retrait, semblant méconnaître la règle en question.

II. La méconnaissance nationale de la règle *ne bis in idem* en matière d'abus de marché

L'application de la règle *ne bis in idem* en droit des abus de marché fait l'objet d'une certaine réticence de la Cour de cassation (A) et d'une évidente répugnance de la part du Conseil constitutionnel (B).

A. Réticence de la Cour de cassation

Jusqu'à une période récente, la chambre criminelle faisait montre d'une certaine hostilité à l'égard du principe *ne bis in idem*, particuliè-

[26] CEDH 8 juin 1976, *Engel c/ Pays-Bas*, n° 5370/72 et *Öztürk c/ Allemagne*, du 21 février 1984, série A.
[27] CJCE 9 mars 2006, n° C-436/04, v*an Esbroeck*.
[28] Cf. art. 30 du règlement 596/2014.

rement en matière boursière[29]. Elle rejetait tout argument fondé sur la violation de l'article 4 du Protocole n° 7 en se retranchant derrière un attendu type : « la règle "*non bis in idem*" consacrée par l'article 4 du Protocole n° 7, additionnel à la Convention européenne des droits de l'homme, ne trouve à s'appliquer, selon les réserves faites par la France en marge de ce Protocole, que pour les infractions relevant en droit français de la compétence des tribunaux statuant en matière pénale, la cour d'appel a justifié sa décision sans méconnaître aucune des dispositions invoquées »[30]. La même solution se retrouve encore dans un arrêt de la Chambre criminelle du 22 janvier 2014[31] qui approuvait les juges du fond d'avoir rejeté « l'exception de nullité des poursuites prise de la violation du principe *non bis in idem* », fondée pourtant sur l'article 4 du Protocole n° 7, additionnel à la Convention européenne des droits de l'homme, sur l'article 50 de la Charte des droits fondamentaux de l'Union européenne et sur l'article 14-7 du Pacte international de New York relatif aux droits civils et politiques.

Nonobstant l'existence de la réserve française à l'article 4 du Protocole n° 7 additionnel à la Convention européenne des droits de l'homme, la position de la Cour de cassation pouvait se comprendre : admettre le jeu de la règle *ne bis in idem* en matière d'abus de marché revenait, en pratique, à marginaliser le rôle du juge répressif, puisque le temps de la réponse pénale en cette matière est sans commune mesure avec celui de la réponse administrative de l'AMF. Mais cette jurisprudence se conciliait difficilement avec les exigences respectives de la Cour européenne des droits de l'homme, résultant de l'arrêt *Grande Stevens* du 4 mars 2014[32], et de la Cour de justice de l'Union européenne issues notamment des arrêts *Van Esbroeck* du 9 mars 2006[33] et *Âklagaren c/ Hans Âkerberg Fransson* du 26 février 2013[34].

---

[29] Cass. crim., 1er mars 2000, n° 99-86.299, *Bull. crim.*, n° 98, *D.* 2000 AJ, p. 229, obs. A. LIENHARD, *Dr. pén.* 2000, comm. 75, obs. J.-H. ROBERT, *Bull. Joly bourse* 2000, p. 443, note N. RONTCHEVSKY, *Banque et Droit* 2000, n° 74, obs. H. DE VAUPLANE et J.-J. DAIGRE ; Cass. crim., 28 janvier 2009, *X et société Fideuram Wargny*, n° 07-81674, *RTD com.* 2009, p. 409, obs. N. RONTCHEVSKY ; *Bull. Joly bourse*, mai-juin 2009, p. 170, note J. LASSERRE CAPDEVILLE ; *Dr. pénal* 2009, comm. n° 48, obs. J.-H. ROBERT ; *Dr. sociétés* 2009, comm. n° 83, obs. R. SALOMON ; *RSC* 2010, p. 165, obs. F. STASIAK.

[30] *Ibid.*

[31] Cass. crim., 22 janvier 2014, n° 12-83.579 : *JCP G.* 2014, n° 5, 131 ; *D. act.*, 6 février 2014, obs. S. FUCINI

[32] CEDH 2è Sect., 4 mars 2014, n° 18640/10, 18647/10, 18663/10, 18668/10 et 18698/10, *Grande Stevens c/ Italie.*

[33] CJCE 9 mars 2006, aff. C-436/04, *Van Esbroeck*, *AJ pénal* 2006, p. 265, obs. SAAS.

[34] CJUE 26 févr. 2013, aff. C-617/10, *Âklagaren c/ Hans Âkerberg Fransson*

Cette réticence se retrouvait également dans un arrêt de l'Assemblée plénière du 8 juillet 2010[35] refusant de transmettre une QPC fondée sur la contrariété de l'article L. 621-15 du Code monétaire et financier à la règle « *non bis in idem* ». Selon la Haute juridiction, « les questions, ne portant pas sur l'interprétation d'une disposition constitutionnelle dont le Conseil constitutionnel n'aurait pas encore eu l'occasion de faire application, ne sont pas nouvelles ; Et attendu que les questions posées ne présentent pas un caractère sérieux en ce que, sous réserve du respect de l'exigence constitutionnelle de proportionnalité, laquelle implique qu'en tout état de cause, le montant global des sanctions éventuellement prononcées ne dépasse pas le montant le plus élevé de l'une des sanctions encourues, le principe selon lequel une même personne ne peut pas être punie deux fois pour le même fait ne reçoit pas application au cas de cumul entre sanctions pénales et sanctions administratives ; D'où il suit qu'il n'y a pas lieu de les renvoyer au Conseil constitutionnel »[36].

Mais, plus récemment, la chambre criminelle acceptait de transmettre au Conseil constitutionnel trois questions prioritaires de constitutionnalité relatives, entre autres, au cumul répressif des abus de marché[37]. Afin de ne pas se mettre en porte-à-faux avec l'arrêt de l'Assemblée plénière du 8 juillet 2010, la chambre criminelle précise « qu'à supposer que ces dispositions ont été déclarées intégralement conformes à la Constitution par la décision du Conseil constitutionnel n° 89-260 DC du 28 juillet 1989, la décision de la Cour européenne des droits de l'homme du 4 mars 2014 (*Grande Stevens et autres c/ Italie*) est de nature à constituer un changement de circonstances ». Ce dernier argument pouvait surprendre car l'arrêt *Grande Stevens* ne faisait que transposer, en matière de répression des abus de marché, la solution admise par la Cour de Strasbourg dans l'arrêt *Zolotoukhine* du 10 février 2009[38] qui constituait déjà un changement de circonstances. De surcroît, le Conseil constitutionnel se montre peu réceptif aux exi-

---

[35] Cass. Ass. plén., 8 juill. 2010, n°s 09-71.252 et 10-10.965, *RSC* 2011, p. 118, obs. F. STASIAK, *D.* 2010, p. 1782.

[36] Dans le même sens, voir égal. CE 16 juillet 2010, n° 321056, *Beslay c/ autorité des marchés financiers, Bull. Joly bourse* 2010, p. 421, note J. LASSERRE-CAPDEVILLE ; *RSC* 2011, p. 116, obs. F. STASIAK.

[37] Cass. crim., 17 décembre 2014, n° 14-90.042 et n° 14-90.043 ; Cass. crim., 28 janvier 2015, n° 14-90.049.

[38] CEDH 10 février 2009, n° 14939/03, *Zolotoukhine c/ Russie.*

gences européennes en général et à celles relatives au principe *ne bis in idem* en particulier[39].

B. Répugnance du Conseil constitutionnel

Dire que le Conseil constitutionnel répugne à reconnaître valeur constitutionnelle au principe *ne bis in idem* relève de l'euphémisme. Rappelons que, saisi par des parlementaires faisant valoir que le cumul répressif des abus de marché méconnaissait « le principe selon lequel une même personne ne peut pas être punie deux fois pour le même fait », le Conseil constitutionnel considérait, dans une décision du 28 juillet 1989[40], que « sans qu'il soit besoin de rechercher si le principe dont la violation est invoquée a valeur constitutionnelle, il convient de relever qu'il ne reçoit pas application au cas de cumul entre sanctions pénales et sanctions administratives »[41]. Il prônait alors un principe de cumul limité des sanctions pénales et administratives : « si l'éventualité d'une double procédure peut ainsi conduire à un cumul de sanctions, le principe de proportionnalité implique, qu'en tout état de cause, le montant global des sanctions éventuellement prononcées ne dépasse pas le montant le plus élevé de l'une des sanctions encourues ; qu'il appartiendra donc aux autorités administratives et judiciaires compétentes de veiller au respect de cette exigence »[42].

Bien que la position du Conseil constitutionnel n'ait pas toujours été des plus claires en matière de cumul répressif[43], il semblait peu probable, après la décision du 28 juillet 1989, qu'une question prioritaire de constitutionnalité relative au cumul de sanctions en matière d'abus

---

[39] F. Stasiak, « La bulle constitutionnelle est-elle en passe d'éclater », *RLDA* 2015/105 n° 5611 et *Bull. d'actualité Lamy Droit pénal des affaires* 2015, I, n° 151.

[40] Cons. const. 28 juillet 1989, n° 89-260 DC, *loi relative à la sécurité et la transparence du marché financier*, *Rec. Cons. const.*, p. 71.

[41] Consid. 16.

[42] Consid. 22.

[43] S'agissant du cumul de sanctions pénales et administratives, le Conseil constitutionnel a successivement interdit (Décision n° 88-248 DC du 17 janvier 1989, *Rec. Cons. const.*, p. 18, « il résulte du libellé de l'article 42-1 (3°) qu'une sanction pécuniaire ne peut se cumuler avec une sanction pénale »), limité (Décision n° 89-260 DC du 28 juillet 1989, précitée), interdit à nouveau (Décision n° 96-378 DC du 23 juillet 1996, loi de réglementation des télécommunications, *Rec. Cons. const.*, p. 99 : « une sanction administrative de nature pécuniaire ne peut se cumuler avec une sanction pénale ») pour enfin limiter (Décision n° 97-395 DC du 30 décembre 1997, *Rec. Cons. const.*, p. 333, « lorsqu'une sanction administrative est susceptible de se cumuler avec une sanction pénale, le principe de proportionnalité implique qu'en tout état de cause, le montant global des sanctions éventuellement prononcées ne dépasse pas le montant le plus élevé de l'une des sanctions encourues »).

de marché obtînt une réponse positive[44]. Du moins, jusqu'à ce que la chambre criminelle voit dans l'arrêt *Grande Stevens* de la Cour européenne des droits de l'homme, un « changement de circonstances »[45]. Mais la réponse du Conseil constitutionnel aux questions prioritaires de constitutionnalité posées par la chambre criminelle surprend davantage encore.

Dans sa décision QPC du 18 mars 2015[46], le Conseil constitutionnel décide que le cumul répressif relatif aux opérations illicites d'initiés est contraire à la Constitution, mais sans jamais faire référence à la jurisprudence de la Cour européenne des droits de l'homme ou à la règle *ne bis in idem.* Il considère d'abord que « le principe de nécessité des délits et des peines ne fait pas obstacle à ce que les mêmes faits commis par une même personne puissent faire l'objet de poursuites différentes aux fins de sanctions de nature administrative ou pénale en application de corps de règles distincts devant leur propre ordre de juridiction ; que, si l'éventualité que soient engagées deux procédures peut conduire à un cumul de sanctions, le principe de proportionnalité implique qu'en tout état de cause le montant global des sanctions éventuellement prononcées ne dépasse pas le montant le plus élevé de l'une des sanctions encourues »[47].

Il développe ensuite une argumentation en quatre points, qui peuvent tous être aisément réfutés. En premier lieu, il relève que « les dispositions contestées tendent à réprimer les mêmes faits [et] définissent et qualifient de la même manière le manquement et le délit d'initié »[48].

---

[44] Cf. notamment les décisions précitées de l'Assemblée plénière du 8 juillet 2010 et du Conseil d'État du 16 juillet 2010.

[45] Cf. *supra.*

[46] Cons. const. 18 mars, n° 2014-453/454 QPC et 2015-462 QPC, *RSC* 2015, p. 374, obs. F. STASIAK et p. 705, obs. B. DE LAMY ; *Dr. sociétés* 2015, p. 42, note R. SALOMON ; *Gaz. Pal.* 2015, p. 7, note J.-M. MOULIN ; *Gaz. Pal.* 2015, p. 16, note E. RASCHEL, *Gaz. Pal.* 2015, p. 38, note S. DETRAZ ; *RJDA* 2015, n° 5, p. 339, note R. VANDERMEEREN ; *Bull. Joly bourse* 2015, n° 5, p. 204, note Th. BONNEAU ; *D.* 2015, p. 894, note A.-V. LE FUR et D. SCHMIDT ; *D.* 2015, p. 874, note O. DÉCIMA ; *AJ pén.* 2015, p. 172, note Ch. MAURO ; *AJ pén.* 2015, p. 182, note J. LASSERRE CAPDEVILLE ; *Dr. pén.* 2015, comm. 56, obs. Fl. CREUX-THOMAS ; *JCP G* 2015, 368, note F. SUDRE et p. 369, note J.-H. ROBERT ; *Rev. Dr. banc et fin.* 2015, n° 2, p. 47, note P. PAILLIER ; *Banque et droit* 2015, n° 160, p. 35, note A.-C. ROUAUD ; *Rev. sociétés* 2015, p. 380, note H. MATSOPOULOU ; *RLDA* 2015/105, n° 5611 et *Bull. actu. Lamy Droit pén. Aff.* 2015, I, n° 151, note F. STASIAK. Voir égal. Cons. const., décision n° 2015-513/514/526 QPC du 14 janvier 2016, V. PELTIER, *Dr. pén.* n° 3, mars 2016, comm. 52 ; O. DÉCIMA, *D.* 2016, p. 931 ; E. DEZEUZE et G. PELLEGRIN, *Rev. sociétés* 2016, p. 246 ; F. STASIAK, *RSC* 2016, p. 293.

[47] Consid. 19.

[48] Consid. 24.

Mais les dispositions relatives au délit d'initié répriment un comportement intentionnel, alors que celles relatives au manquement visent un comportement pouvant indifféremment être intentionnel ou non intentionnel[49]. En deuxième lieu, le Conseil constitutionnel considère que « ces deux répressions protègent […] les mêmes intérêts sociaux »[50]. Pourtant, la sanction pénale revêt une dimension morale en protégeant les investisseurs victimes de délit d'initié alors que la sanction administrative permet, plus techniquement, d'assurer le bon fonctionnement du marché ; qui plus est, l'intérêt de l'épargne investie ne se confond pas nécessairement avec la somme des intérêts individuels des investisseurs. En troisième lieu, le Conseil estime que « les faits prévus par les articles précités doivent être regardés comme susceptibles de faire l'objet de sanctions qui ne sont pas de nature différente »[51]. Toutefois, l'affirmation ne vaut pleinement que pour les sanctions pécuniaires puisque le Conseil relève lui-même que seul « le juge pénal peut recourir à l'emprisonnement pour les personnes physiques ou, sous certaines conditions, à la dissolution pour les personnes morales ». En quatrième et dernier lieu, le Conseil constitutionnel constate que « la sanction encourue par l'auteur d'un manquement d'initié autre qu'une personne ou entité mentionnée au paragraphe II de l'article L. 621-9 et la sanction encourue par l'auteur d'un délit d'initié relèvent toutes deux des juridictions de l'ordre judiciaire »[52]. Mais l'on perçoit mal en quoi l'unité ou la dualité juridictionnelle peut impacter la constitutionnalité d'un cumul de sanctions. À suivre l'argument, il suffirait de confier le contentieux de la légalité des sanctions prononcées par l'AMF au juge administratif pour que le cumul répressif des abus de marché soit conforme à la Constitution. Une telle restriction de l'interdiction du cumul des ré-

---

[49] En droit interne, CA Paris, ch. 1, 23 janv. 1996, *JCP E* 1996, pan., p. 204, *Bull. Joly Bourse* 1996, p. 409, note H. PISANI ; *Gaz. Pal.* 1996, 1, p. 207, obs. Y. JOBARD ; Déc. Comm. sanctions AMF, 11 déc. 2008, *société Garage Massis et a.* En droit européen, la CJUE considère que le mécanisme de prévention et de sanction administrative des opérations d'initiés consacré par la directive du 28 janvier 2003 verrait son efficacité atténuée s'il était conditionné à la recherche systématique d'un élément moral : CJUE 23 déc. 2009, aff. C-45/08, *Spector Photo NV Chris Van Raemdonck c/ Commissie voor het Bank-, Financie- en Assurantiewezen (CBFA)*, *RD bancaire et fin.* 2010, n° 2, p. 91, note Th. BONNEAU ; *Banque et droit* 2010, n° 129, p. 27, obs. H. DE VAUPLANE, J.-J. DAIGRE, B. DE SAINT-MARS et J.-P. BORNET ; *Bull. Joly Bourse* 2010, p. 92, note S. TORCK ; *JCP G* 2010, 485, note B. ZABALA ; *Rev. Banque* 2010, n° 723, p. 78, obs. J.-L. GUILLOT et P.-Y. BÉRARD ; *Bull. Joly Sociétés* 2010, p. 346, note D. SCHMIDT ; *R.S.C.* 2010, p. 156, obs. F. STASIAK.

[50] Consid. 25.

[51] Consid. 26.

[52] Consid. 27.

pressions pénale et administrative n'apparaît guère compatible avec les exigences de l'arrêt rendu par la Cour européenne des droits de l'homme dans l'affaire *Grande Stevens*.

Enfin, pour préserver le bon fonctionnement des marchés financiers, la protection de l'épargne investie et, peut-être, la confiance des investisseurs, le Conseil constitutionnel estime que l'abrogation immédiate des dispositions contestées entraînerait « des conséquences manifestement excessives »[53] et reporte au 1er septembre 2016 la date de cette abrogation.

Mais il décide également que pour faire cesser, « l'inconstitutionnalité constatée à compter de la publication de la présente décision, des poursuites ne pourront être engagées ou continuées sur le fondement de l'article L. 621-15 du Code monétaire et financier à l'encontre d'une personne autre que celles mentionnées au paragraphe II de l'article L. 621-9 du même code dès lors que des premières poursuites auront déjà été engagées pour les mêmes faits et à l'encontre de la même personne devant le juge judiciaire statuant en matière pénale sur le fondement de l'article L. 465-1 du même code ou que celui-ci aura déjà statué de manière définitive sur des poursuites pour les mêmes faits et à l'encontre de la même personne ; que, de la même manière, des poursuites ne pourront être engagées ou continuées sur le fondement de l'article L. 465-1 du Code monétaire et financier dès lors que des premières poursuites auront déjà été engagées pour les mêmes faits et à l'encontre de la même personne devant la commission des sanctions de l'Autorité des marchés financiers sur le fondement des dispositions contestées de l'article L. 621-15 du même code ou que celle-ci aura déjà statué de manière définitive sur des poursuites pour les mêmes faits à l'encontre de la même personne »[54]. N'y aurait-il pas ici quelque paradoxe à vouloir faire cesser une méconnaissance du principe de nécessité des peines en interdisant un cumul de poursuites, sans reconnaître valeur constitutionnelle à la règle *ne bis in idem* ? Ne pas poursuivre deux fois la même personne pour les mêmes faits semble pourtant de nature à éviter une disproportion des moyens mis en œuvre pour sanctionner un justiciable. La règle *ne bis in idem* pourrait se rattacher au principe de nécessité des peines supposant non seulement une proportionnalité substantielle, relative aux sanctions encourues, mais aussi une proportionnalité formelle, relative aux poursuites mises en œuvre. Par ailleurs, la ques-

---

[53] Consid. 35.
[54] Consid. 36.

tion du rattachement du principe *ne bis in idem* à l'objectif de valeur constitutionnelle de bonne administration de la justice[55] mériterait également d'être posée. D'une part, l'intervention d'une décision définitive et irrévocable ne rend plus nécessaire le maintien ou le déclenchement d'une nouvelle poursuite à l'encontre d'une même personne pour un même fait. D'autre part, toute procédure ayant un coût, individuel et social, ne pas admettre de poursuites après une première décision passée en force de chose jugée permettrait de réaliser des économies de temps, de moyens humains et matériels.

En tout état de cause, par sa décision QPC du 18 mars 2015, le Conseil constitutionnel retire, de fait, au juge pénal sa compétence à l'égard des abus de marché puisque l'AMF intervient bien avant ce dernier dans la plupart des cas. Cette situation apparaît doublement incohérente : au regard du droit français d'abord, puisque la loi n° 2013-1117 du 6 décembre 2013[56] a attribué une compétence exclusive au procureur de la République financier en matière d'abus de marché ; au regard du droit de l'Union européenne ensuite, puisque la directive 2014/57 du 16 avril 2014 exige des États membres qu'ils répriment pénalement les abus de marché au moins dans les cas graves et lorsque ces comportements sont intentionnels[57].

Aujourd'hui, le législateur se trouve contraint d'intervenir avant le 1er septembre 2016 en conciliant les exigences constitutionnelles et européennes. Les propositions doctrinales n'ont pas manqué[58] et le droit de l'Union européenne avait même suggéré une solution intéressante, quoique peu respectueuse des prérogatives des autorités de régulation nationales : « Les États membres peuvent décider de ne pas établir de règles concernant des sanctions administratives visées au premier alinéa lorsque les violations visées au point a) ou b) dudit alinéa sont déjà passibles de sanctions pénales dans leur droit national au plus tard le 3 juillet 2016. Dans ce cas, les États membres notifient

---

[55] Voir, récemment, Cons. const, 2015-715 DC, 5 août 2015.

[56] Loi n° 2013-1117 6 déc. 2013 relative à la lutte contre la fraude fiscale la grande délinquance économique et financière, *J.O.R.F.* n° 0284, 7 déc. 2013, p. 19941.

[57] Directive. PE et Cons. UE n° 2014/57, 16 avr. 2014, relative aux sanctions pénales applicables aux abus de marché, JOUE 12 juin, n° L 173, art. 3,1 ; voir aussi, Règlement PE et Cons. UE n° 596/2014, 16 avr. 2014, sur les abus de marché et abrogeant la directive 2003/6/CE du Parlement européen et du Conseil et les directives 2003/124/CE, 2003/125/CE et 2004/72/CE de la Commission, JOUE 12 juin, n° L 173.

[58] Par exemple, J. LASSERRE-CAPDEVILLE, C. MASCALA, C. NEUVILLE, « Propositions doctrinales pour lutter contre l'atteinte au principe *non bis in idem* en matière financière », *D.* 2012, p. 693 ; D. SCHMIDT, « Pour un tribunal des marchés financiers », *Bull. Joly Bourse* 31 janv. 2015, n° 1, p. 24.

d'une manière détaillée à la Commission et à l'AEMF les parties de leur droit pénal concernées »[59].

Mais le législateur n'en a nullement tenu compte et, dans une récente proposition de loi du 24 mars 2016[60], il envisage la mise en place d'un mécanisme de concertation entre l'Autorité des marchés financiers et le parquet national financier avec, en l'absence d'accord, une saisine du procureur général de Paris[61]. Ce système n'est pas exempt de critiques car le projet ne précise nullement les critères permettant d'orienter le dossier vers le juge ou vers l'autorité administrative. Faut-il considérer, au regard du droit de l'Union européenne, que les abus de marché graves et intentionnels devraient revenir au juge pénal ? Mais quel est alors le degré de sévérité requis ? Et s'il devait être fixé avec une certaine précision pourquoi, finalement, recourir à l'arbitrage du procureur général de Paris ? L'aléa issu de la proposition précitée est source d'insécurité, voire d'inégalité pour le justiciable dès lors que l'emprisonnement n'est encouru que devant le juge pénal. Finalement, il n'est pas certain que nous en ayons terminé avec la règle *ne bis in idem* et les abus de marché en droit français.

Avril 2016

[59] Art. 30 du règlement UE 2014/596 du 16 avril 2014.
[60] Proposition de loi AN n° 3601 du 24 mars 2016.
[61] Art. 1er, proposition de loi AN n° 3601.

Le *non bis in idem* en droit de la concurrence : un monde de différence avec le pénal ?

Pieter VAN CLEYNENBREUGEL

Chargé de cours à l'Université de Liège

Introduction

Les articles 101 et 102 du Traité sur le fonctionnement de l'Union européenne (TFUE) interdisent les ententes et les abus de position dominante empêchant, restreignant ou faussant la libre concurrence entre entreprises au sein du marché intérieur européen. La Commission européenne dispose d'un pouvoir d'infliction d'amendes et d'astreintes afin de faire respecter ces interdictions[1]. Des dispositions équivalentes nationales interdisent le même comportement au sein des territoires des différents États membres de l'Union et proposent également l'infliction de sanctions pécuniaires ou d'autres peines[2]. Ces dispositions européennes et nationales dites « antitrust » constituent le cœur du droit européen de la concurrence[3], auquel s'ajoutent un contrôle supranational ou national préalable des concentrations – comme des fusions ou d'autres acquisitions du contrôle d'une entreprise – entravant une concurrence effective dans le marché intérieur[4] ainsi que des subventions ou d'autres avantages accordés par les autorités publiques à une ou plusieurs entreprises sélectionnées[5].

À la suite de l'entrée en vigueur du règlement 1/2003 le 1er mai 2004, la mise en œuvre du droit antitrust a obligatoirement lieu à deux ni-

---

[1] Voy. les articles 101-105 TFUE.

[2] Par exemple, les articles L420-1 – L420-7 du Code de commerce français ainsi que les articles IV.1-IV.5 du Code belge de droit économique.

[3] Le lecteur retrouve des introductions synthétiques à cette matière dans R. WHISH et D. BAILEY, *Competition Law*, Oxford, Oxford University Press, 8e édition, 1176 p. ; J. F. BELLIS, *Droit européen de la concurrence*, Bruxelles, Bruylant, 2014, 376 p. ; N. PETIT, *Droit européen de la concurrence*, Paris, L.G.D.J., 2013, 688 p.

[4] Au niveau européen, un règlement spécifique est en vigueur dans ce contexte : règlement 139/2004 du conseil du 20 janvier 2004 relatif au contrôle des concentrations entre entreprises, *J.O.* 2004, L24/1.

[5] Voy. les articles 107-109 TFUE.

veaux[6]. D'une part, la Commission européenne a conservé le pouvoir d'infliger des amendes pour ententes ou abus d'une position économique dominante[7]. D'autre part, les autorités nationales de concurrence ont été obligées d'appliquer les mêmes règles et principes du droit européen de la concurrence en sus de leur droit national de la concurrence, dans la mesure où le commerce entre États membres est concerné[8]. Il va de soi qu'un tel régime juridique de mise en œuvre à deux niveaux engendre de potentiels problèmes du point de vue du principe général de droit *non bis in idem*. Bien que personne ne doute plus de l'applicabilité de ce principe dans le contexte du droit antitrust[9], les critères de son application se distinguent clairement de ceux relatifs au *non bis in idem* dans la jurisprudence de la Cour européenne des droits de l'homme et dans la jurisprudence de la Cour de justice de l'Union européenne dans des domaines juridiques connexes.

Cette contribution proposera un aperçu des conditions particulières accompagnant le *non bis in idem* en droit antitrust européen. Notre analyse se divisera en deux parties. La première partie situe le *non bis in idem* dans le contexte de la mise en œuvre à deux niveaux du droit antitrust européen et éclaircit les conditions particulières retenues par la jurisprudence européenne à cet égard. Dans la deuxième partie, les différences entre les critères *non bis in idem* en matière de droit antitrust et de droit pénal seront mises en évidence. La question sera également posée de savoir dans quelle mesure la spécificité du droit de la concurrence permet le maintien de conditions différentes dans l'application du principe de *non bis in idem* dans un domaine spécifique de réglementation. Il sera confirmé que, du point de vue de la cohérence et de l'applicabilité générale des principes généraux de droit de l'Union européenne, des critères différents accompagnant l'application d'un même principe juridique sont de plus en plus difficiles à justifier et donc à maintenir.

I. Le principe du *non bis in idem* en droit antitrust

L'intérêt apporté au *non bis in idem* en droit antitrust s'inscrit dans une réalité juridique dans laquelle la Commission européenne et les autorités nationales de concurrence sont compétentes pour appliquer,

---

[6] Règlement (CE) n° 1/2003 du Conseil du 16 décembre 2002 relatif à la mise en œuvre des règles de concurrence prévues aux articles 81 et 82 du traité, *J.O.* 2003, L1/1.
[7] Art. 23-24 du règlement 1/2003.
[8] Art. 3 du règlement 1/2003.
[9] Pour un aperçu général du *non bis in idem* en droit de l'Union européenne, voy. W.B. VAN BOCKEL, *The ne bis in idem principle in EU law*, La Haye, Kluwer law international, 2010, 288 p.

en parallèle, les dispositions interdisant les ententes ou les abus anticoncurrentiels (art. 101 et 102 TFUE). Un tel système a pour presqu'inévitable conséquence que plusieurs autorités se chargent du même comportement potentiellement anticoncurrentiel ; il ne pourrait donc étonner que plusieurs situations de « *bis in idem* » soient envisageables dans un tel contexte (A.). La question s'est donc vite posée de savoir dans quelle mesure le principe juridique de *non bis in idem* permet de poser des limites dans ce contexte. La jurisprudence de la Cour de justice de l'Union européenne a permis d'identifier les critères particuliers applicables dans ce contexte. En interprétant les notions « *idem* » (B.) et « *bis* » (C.) dans ce contexte particulier, la Cour a effectivement réussi à définir les contours d'un *non bis in idem* taillé sur les particularités du droit antitrust.

A. La mise en œuvre du droit antitrust à plusieurs niveaux et les risques de « *bis in idem* »

Le règlement 1/2003 du Conseil du 16 décembre 2002 relatif à la mise en œuvre des règles de concurrence prévues aux articles [101 et 102] du traité a attribué un pouvoir de sanction à la Commission européenne et/ou aux autorités nationales de concurrence dans le cadre des procédures administratives qu'elles mènent[10]. En même temps, les juridictions nationales peuvent également être appelées à statuer dans des litiges particuliers sur la nature anticoncurrentielle des comportements des entreprises[11]. De telles actions en justice auront normalement un objectif différent de celui des procédures administratives supranationales et nationales. En effet, contrairement aux procédures administratives, ces actions en justice visent à indemniser des victimes d'une entente ou d'un abus contrairement aux objectifs publics posés par les autorités administratives. Les situations typiques du *non bis in idem* se présentent principalement dans le contexte des procédures administratives (1.). Deux types de problèmes de *bis in idem* peuvent intervenir dans un tel contexte administratif : des situations « *bis in idem* » verticales (procédures des autorités supranationale et nationales fondées sur un même comportement, 2.) ou horizontales (procédures de plusieurs autorités ou juridictions nationales fondées sur un même comportement, 3.). Ces situations *bis in idem* ont donné naissance à une reconnaissance explicite du principe « *non bis in idem* » par la Cour de justice de l'Union européenne (4.).

---

[10] Art. 5 et 11 du règlement 1/2003.

[11] Art. 6 et 15-16 du règlement 1/2003.

1. Le règlement 1/2003 comme point de départ

Le règlement 1/2003 confirme l'effet direct des articles 101 et 102 TFUE, interdisant les ententes et les abus de position dominante[12]. Il attribue également le pouvoir d'initier et de clôturer des procédures d'infraction à la Commission européenne, en lui reconnaissant le pouvoir corrélatif d'infliger des amendes ou des astreintes[13]. En même temps, le règlement prévoit également que lorsque les autorités de concurrence ou les juridictions des États membres appliquent le droit national de la concurrence à des comportements susceptibles d'affecter le commerce entre États membres au sens des articles 101, paragraphe 1, ou 102, paragraphe 1, du traité, elles appliquent également l'article 101 ou 102 du traité à ces comportements[14]. Un tel régime implique que les autorités nationales de concurrence sont obligées d'appliquer, en parallèle, le droit européen antitrust lorsqu'elles s'appuient sur leur droit national antitrust. Afin d'éviter des incohérences dans ce contexte, le règlement énonce que « l'application du droit national de la concurrence ne peut pas entraîner l'interdiction d'accords, de décisions d'associations d'entreprises ou de pratiques concertées qui sont susceptibles d'affecter le commerce entre États membres, mais qui n'ont pas pour effet de restreindre la concurrence au sens de l'article 101, paragraphe 1, du traité, ou qui satisfont aux conditions énoncées à l'article 101, paragraphe 3, du traité ou qui sont couverts par un règlement ayant pour objet l'application de l'article 101, paragraphe 3, du traité » [15]. Cependant, dans le contexte de l'article 102, le règlement n'empêche pas les États membres d'adopter et de mettre en œuvre sur leur territoire des lois nationales plus strictes qui interdisent ou sanctionnent un comportement unilatéral d'une entreprise[16].

En ce qui concerne les juridictions nationales, l'article 16 du règlement prévoit que lorsque les juridictions nationales statuent sur des accords, des décisions ou des pratiques relevant de l'article 101 ou

---

[12] Art. 1 du règlement 1/2003 ; sur ce règlement, voy. J. VENIT, « Brave new world : The modernization and decentralization of enforcement under Articles 81 and 82 of the EC Treaty », 40 *Common Market Law Review* 2003, pp. 545-580.

[13] Ces amendes ne peuvent excéder, en général, 10 % du chiffre d'affaires total réalisé par l'entreprise concernée au cours de l'exercice social précédent, art. 23, paragraphe 2, deuxième phrase du règlement 1/2003 ; les astreintes ne peuvent excéder 5 % du chiffre d'affaires journalier moyen réalisé au cours de l'exercice social précédent par jour, art. 24, paragraphe 1, première phrase du même règlement.

[14] Art. 3, paragraphe 1 du règlement 1/2003.

[15] Art. 3, paragraphe 2 du règlement 1/2003.

[16] Art. 3, paragraphe 2, dernière phrase du règlement 1/2003.

102 du traité, qui font déjà l'objet d'une décision de la Commission, elles ne peuvent prendre de décisions qui iraient à l'encontre de la décision adoptée par la Commission. Elles doivent également éviter de prendre des décisions qui iraient à l'encontre de la décision envisagée dans une procédure intentée par la Commission[17]. À cette fin, le règlement précise que la juridiction nationale peut évaluer s'il est nécessaire de suspendre sa procédure[18].

Le régime juridique de mise en œuvre à deux niveaux attribue donc des responsabilités complémentaires et parallèles à la Commission européenne d'une part et aux autorités et juridictions nationales de concurrence d'autre part. Dans ce contexte, les autorités nationales sont tenues d'appliquer leur droit national, mais également d'y ajouter – le cas échéant – le droit européen de la concurrence. La Commission européenne, quant à elle, a toujours à sa disposition des pouvoirs de sanction extensifs pour attaquer de tels comportements.

Dans la pratique, cela veut dire qu'un seul comportement des entreprises – par exemple, un accord fixant les prix de vente d'un produit en France, en Belgique, au Royaume-Uni et aux Pays-Bas peut provoquer des actions administratives et judiciaires de la part d'autorités très diverses. Tout d'abord, la Commission européenne peut décider d'ouvrir une procédure supranationale, qui pourra résulter en une décision de non-responsabilité ou en l'infliction d'une amende allant jusqu'à 10 % du chiffre d'affaires de l'entreprise concernée. Le règlement 1/2003 permet également aux autorités des États membres sur les territoires desquels cette entente produit des effets anticoncurrentiels, d'ouvrir des procédures administratives – voire même pénales au Royaume-Uni[19] – fondées tant sur le droit national de la concurrence que sur le droit européen de la concurrence (dans ce cas, l'article 101 TFUE) afin de faire cesser un tel comportement. Le résultat est donc le suivant : plusieurs autorités compétentes à deux niveaux ainsi que plusieurs régimes juridiques nationaux et supranationaux visant à faire cesser le même comportement sont invités à intervenir dans un même dossier. Au-delà des procédures administratives, des actions en justice

---

[17] Art. 16 du règlement 1/2003.

[18] Art. 16, paragraphe 1, deuxième phrase du règlement 1/2003.

[19] Sur la procédure pénale antitrust britannique, une introduction claire a été offerte par P. GILBERT, « Changes to the UK Cartel Offense – Be careful what you wish for », 6 *Journal of European Competition Law & Practice* 2014, pp. 192-196.

devant des juridictions nationales peuvent également concerner les mêmes ententes ou abus[20].

Bien que le règlement envisage d'éviter des décisions incompatibles, il n'aborde pas explicitement la question de savoir dans quelle mesure des mesures aux niveaux supranational et nationaux constituent des infractions au principe *non bis in idem*. La question se pose donc de savoir si et dans quelle mesure un principe général garantissant le *non bis in idem* peut limiter les pouvoirs administratifs et réglementaires de ces autorités et les actions en justice. Avant de répondre à cette question, il convient néanmoins de distinguer plus clairement les situations « *bis in idem* » relevant du régime établi par le règlement 1/2003.

Il nous semble pertinent de faire une distinction entre les situations verticales et les situations horizontales « *bis in idem* ». Les situations verticales concernent les dossiers antitrust dans lesquels interviennent à la fois la Commission européenne et les autorités nationales, en invoquant le droit européen et/ou national de la concurrence. Les situations horizontales, au contraire, visent les dossiers antitrust dans lesquels interviennent de multiples autorités nationales, en s'appuyant sur le droit européen et/ou national de la concurrence. Les prochains alinéas résument ces situations.

2. Les situations verticales « *bis in idem* »

Sur le plan vertical tel que défini ci-dessus peuvent se présenter des situations dans lesquelles la Commission européenne ainsi que les autorités nationales souhaitent sanctionner la même entente ou le même comportement abusif. En vertu du règlement 1/2003, la Commission européenne ne peut invoquer que le droit européen antitrust. En même temps, les autorités nationales de concurrence sont tenues, lorsqu'elles appliquent leur droit national, d'appliquer le droit européen de la concurrence également dans ce cadre. Deux situations se dessinent alors.

Premièrement, l'application du droit européen de la concurrence par la Commission européenne ainsi que par les autorités nationales peut engendrer des problèmes de « *bis in idem* ». Dans la mesure où une entreprise a été poursuivie par la Commission européenne, une autorité nationale peut-elle encore appliquer le droit européen de la

[20] Pour des exemples des interventions des juridictions nationales en droit antitrust, voy. C. CAUFFMAN, « Competition litigation in Belgium and Luxembourg between 2000 and 2012 », *Global Competition Litigation Review* 2014, pp. 39-63.

concurrence au même comportement sans que le principe de *non bis in idem* soit violé ? La situation inverse peut également se manifester ; si une autorité nationale a déjà décidé sur la base du droit européen de la concurrence, dans quelle mesure la Commission européenne peut-elle intervenir en s'appuyant sur les mêmes règles de droit ?

La réponse à ces questions est simple, car abordée par le règlement 1/2003 lui-même. Le règlement a effectivement prévu des mécanismes de coordination afin d'éviter que les autorités différentes appliquent le droit européen à une même situation. Selon l'article 11, paragraphe 6 du règlement, l'ouverture par la Commission d'une procédure administrative pour infraction aux articles 101 et 102 TFUE dessaisit les autorités de concurrence des États membres de leur compétence pour appliquer les mêmes dispositions. Si une autorité de concurrence d'un État membre traite déjà d'une affaire, la Commission n'intente la procédure qu'après avoir consulté cette autorité nationale de concurrence. Ainsi, le règlement cherche à éviter des problèmes de *bis in idem* dans un contexte vertical où les deux niveaux s'appuient sur le droit européen de la concurrence, il sera donc nécessaire de déterminer qui s'occupe du dossier[21]. La Commission européenne a en effet proposé des lignes directrices qui facilitent l'octroi du dossier à l'autorité et au niveau le plus apte dans chaque situation[22].

Deuxièmement, la question se pose également de savoir dans quelle mesure une décision prise par la Commission européenne sur la base du droit européen de la concurrence empêche les autorités nationales d'appliquer leur droit national au même comportement. Le règlement ne visant que les situations où les différentes autorités et la Commission appliquent le droit européen de la concurrence, le principe de *non bis in idem* pourra en fait limiter de telles situations. Dans l'affaire *Toshiba*, la Cour a eu l'occasion de se prononcer explicitement sur cette question et a considéré qu'il ne s'agissait pas d'une situation « *bis in idem* » (voy. ci-dessous, B., 2.).

[21] K. DEKEYSER et M. JASPERS, « A New Era of ECN Cooperation. Achievements and Challenges with Special Focus on Work in the Leniency Field », 30 *World Competition*, 2007, pp. 3-23.

[22] Communication de la Commission relative à la coopération au sein du réseau des autorités de concurrence, *J.O.* 2004, C 101/43.

3. Les situations horizontales potentiellement « *bis in idem* »

Dans le contexte horizontal, l'identification des situations « *bis in idem* » s'avère plus compliquée. La question se pose de savoir dans quelle mesure deux autorités nationales peuvent appliquer le droit européen ou leurs propres droits nationaux de la concurrence au même comportement. Quatre situations spécifiques peuvent être distinguées à cet égard.

Premièrement, il est possible que plusieurs autorités nationales s'appuient sur le droit européen antitrust afin de sanctionner un comportement anticoncurrentiel ayant lieu sur leur territoire. Cela impliquerait que le droit européen de la concurrence puisse être invoqué par ces autorités pour des situations à caractère transfrontalier, mais se limitant aux territoires des États membres concernés. Ainsi, l'autorité allemande appliquera le droit européen sur le territoire allemand, l'autorité française sur le territoire français, etc. Le règlement ne semblant pas interdire une telle situation, le principe du *non bis in idem* pourrait y imposer des limites particulières.

Deuxièmement, le régime de mise en œuvre à deux niveaux permet, en principe, l'application par un État membre de son droit national de la concurrence et du droit européen de la concurrence par un autre. La question se pose donc de savoir dans quelle mesure une telle application de deux dispositions similaires mais différentes sera permise du point de vue du *non bis in idem.*

Troisièmement, la même question peut concerner les situations dans lesquelles deux autorités nationales de concurrence appliquent leur droit national de la concurrence. Vu que le règlement 1/2003 exige des ordres juridiques nationaux d'adopter un droit national de la concurrence compatible avec les principes et grandes lignes du droit européen de la concurrence, on peut supposer que les différentes interdictions de droit national sont similaires et l'application du droit français en France ainsi que du droit allemand en Allemagne peut provoquer des problèmes liés au *non bis in idem.*

Quatrièmement, un même comportement anticoncurrentiel pourra s'exprimer sous la forme d'une entente mondiale. Dans la mesure où ce comportement implique l'application du droit européen ou national de la concurrence ainsi que du droit de la concurrence d'un pays tiers, la question se pose de savoir si un principe européen du *non bis in idem* tolère que le droit d'un État membre de l'Union européenne ainsi que le droit d'un pays tiers s'appliquent aux mêmes comportements.

4. Quel rôle pour le principe de *non bis in idem* ?

Les situations distinguées ci-dessus indiquent clairement que le principe du *non bis in idem* peut en effet jouer un rôle important dans la mise en œuvre du droit antitrust européen. Il n'est donc pas étonnant que la Cour de justice ait accepté l'applicabilité des conditions *non bis in idem* en matière antitrust depuis la fin des années soixante[23]. Elle a considéré ces conditions plus explicitement comme principe général de droit de l'Union européenne en 2002, dans l'arrêt *Limburgse Vinylmaatschappij*. À cette occasion, la Cour a décrété que le *non bis in idem*, en tant que principe général du droit de l'Union européenne, doit être respecté dans les procédures d'infliction d'amendes en matière antitrust[24]. Dans une jurisprudence assez constante, la Cour a fondé cette reconnaissance du principe de *non bis in idem* sur la jurisprudence de la Cour européenne des droits de l'homme et l'article 4 du Protocole n° 7 à la Convention de sauvegarde des droits de l'homme et des libertés fondamentales (Conv. EDH) [25]. Il est pourtant remarquable que la jurisprudence ne se fonde pas sur l'article 50 de la Charte des droits fondamentaux de l'Union européenne, contenant le même principe[26].

Inspirée de ces instruments juridiques, la Cour de justice a statué que le *non bis in idem* prohibe le fait qu'une entreprise soit condamnée ou poursuivie une nouvelle fois du fait d'un comportement anticoncurrentiel du chef duquel elle a été *sanctionnée* ou dont elle a été *déclarée non responsable* par une décision antérieure qui n'est plus

---

[23] C.J. 13 février 1969, 14/68, *Walt Wilhelm et autres c/ Bundeskartellamt, Rec.* 1969, 1, point 3 ; C.J. 14 décembre 1972, 7/72, *Boehringer Mannheim GmbH c/ Commission, Rec.* 1972, 1281, point 4 : « attendu que si les faits à la base des deux condamnations en cause trouvent leur origine dans un même ensemble d'accords, ils se distinguent cependant pour l'essentiel en ce qui concerne tant leur objet que leur localisation territoriale ».

[24] C.J. 15 octobre 2002, affaires jointes C-238/99 P, C-244/99 P, C-245/99 P, C-247/99 P, C-250/99 P à C-252/99 P et C-254/99 P, *Limburgse Vinylmaatschappij (LVM) et autres c/ Commission*, ECLI:EU:C:2002:582, point 59.

[25] *Idem*, point 59 ainsi que C.J. 7 janvier 2004, C-204/00 P, C-205/00 P, C-211/00 P, C-213/00 P, C-217/00 P et C-219/00 P, *Aalborg Portland e.a. c/ Commission, Rec.* 2004, I-123, points 338 à 340 ; C.J. 29 juin 2006, C-289/04 P, *Showa Denko c/ Commission, Rec.* p. I-5859, point 50.

[26] L'avocat général Kokott y fait référence dans ses conclusions de 8 septembre 2011 dans l'affaire C/17/10, *Toshiba*, EU:C:2011:552, point 106 ; voy. également W. DEVROE, « How General Should General Principles Be ? *Ne Bis in Idem* in EU Competition Law », U. BERNITZ, X. GROUSSOT et F. SCHULYOK (éd.), *General principles of EU law and European Private Law*, La Haye, Kluwer, 2013, p. 406.

susceptible de recours[27]. Plus particulièrement, le principe de *non bis in idem* interdit *une nouvelle appréciation au fond de la matérialité de l'infraction*, qui aurait pour conséquence l'imposition soit d'une seconde *sanction*, s'ajoutant à la première, dans l'hypothèse où la responsabilité serait une nouvelle fois retenue, soit d'une première sanction, dans l'hypothèse où la responsabilité, écartée par la première décision, serait retenue par la seconde[28]. Ainsi, le principe de *non bis in idem* se présente comme un principe de non-cumul des sanctions ou une interdiction de la double peine[29].

Il convient donc de déterminer dans quelle mesure une décision apprécie, de nouveau, la matérialité d'une infraction déjà établie ou rejetée par une autre décision. La Cour de justice a proposé quelques lignes directrices qui se situent autour des notions d'*idem* et de *bis*, telles que décrites dans les prochains alinéas.

B. « *Idem* » en droit antitrust

La définition explicite et générale du principe de *non bis in idem* en droit européen de la concurrence, qui nous vient de l'arrêt *Limburgse Vinylmaatschappij*, a été complétée par des critères déterminant l'existence ou non d'un *idem*. Dans l'affaire *Aalborg Portland*, la Cour a expliqué que l'application du principe de *non bis in idem* est soumise à une triple condition d'identité des faits (1.), d'unité de contrevenants (3.) et d'unité de l'intérêt juridique protégé (2.)[30]. La Cour y a ajouté que ce principe interdit donc de sanctionner une même personne plus d'une fois pour un même comportement illicite afin de protéger le même bien juridique[31], ces trois critères doivent être remplis de façon cumulative. En l'absence de l'une de ces trois conditions, les différentes procédures ne sont pas identiques et ne relèvent donc pas du champ d'application de la notion d'*idem*. S'il n'y a pas d'*idem*, il ne sera bien sûr pas nécessaire de continuer à se poser la question de savoir dans quelle mesure les deux décisions sont à

---

[27] C.J. 15 octobre 2002, affaires jointes C-238/99 P, C-244/99 P, C-245/99 P, C-247/99 P, C-250/99 P à C-252/99 P et C-254/99 P, *Limburgse Vinylmaatschappij (LVM) et autres c/ Commission*, point 59.

[28] C.J. 15 octobre 2002, affaires jointes C-238/99 P, C-244/99 P, C-245/99 P, C-247/99 P, C-250/99 P à C-252/99 P et C-254/99 P, *Limburgse Vinylmaatschappij (LVM) et autres c/ Commission*, point 61.

[29] Conclusions de l'avocat général Kokott de 8 septembre 2011 dans l'affaire C/17/10, *Toshiba*, point 131.

[30] C.J. 7 janvier 2004, C-204/00 P, C-205/00 P, C-211/00 P, C-213/00 P, C-217/00 P et C-219/00 P, *Aalborg Portland e.a. c/ Commission*, point 338, première phrase.

[31] *Ibid.*, dernière phrase.

considérer comme des mêmes décisions violant le principe de *non bis in idem*.

Dans la jurisprudence de la Cour de justice et du Tribunal, ces conditions ont été interprétées de façon assez restrictive et taillée sur le régime juridique spécifique accompagnant la mise en œuvre des articles 101 et 102 TFUE dans le règlement 1/2003. Il est encore plus remarquable de constater que le critère de l'unité de l'intérêt juridique protégé a été maintenu, alors qu'il a été aboli lors de la dernière décennie dans d'autres domaines de droit de l'Union européenne.

1. *Idem* I : identité des faits

En ce qui concerne l'identité des faits, on ne peut s'appuyer sur le *non bis in idem* que dans des cas où les faits matériels pouvant entraîner une procédure d'infliction d'amendes sont en substance identiques[32]. Cela implique qu'une même entente de fixation des prix de vente sera considérée comme relevant de faits matériels identiques et peut donc être considérée comme identique. En principe, le même comportement ne peut être sanctionné plus d'une fois au sein de l'espace économique européen.

Dans la jurisprudence de la Cour, l'identité des faits a néanmoins été subordonnée à des critères territoriaux et temporels particuliers[33]. Comme l'a identifié la Cour dans l'affaire *Showa Denko*, en ce qui concerne *le même territoire* et *la même période*, des sanctions différentes punissant les effets anticoncurrentiels d'une seule et même entente ne peuvent persister[34]. Selon l'avocat général, cela implique que le principe *non bis in idem* « n'interdit nullement que plusieurs autorités de concurrence ou juridictions au sein de l'EEE sanctionnent les restrictions de concurrence produites par une seule et même entente sur des territoires différents ou au cours de périodes différentes »[35]. Il est important de souligner qu'une seule et même entente – ou un seul abus – peut donc toujours constituer plusieurs infractions aux droits européen ou nationaux de la concurrence, dans la mesure où ces infractions ont lieu sur des territoires différents ou au cours de périodes différentes.

---

[32] Conclusions de l'avocat général Kokott de 8 septembre 2011 dans l'affaire C/17/10, *Toshiba*, point 124.

[33] Voy. déjà C.J. 14 décembre 1972, 7/72, *Boehringer Mannheim GmbH c/ Commission*, point 4.

[34] C.J. 29 juin 2006, C-289/04 P, *Showa Denko c/ Commission*, point 54.

[35] Conclusions de l'avocat général Kokott préc., point 131.

Les références au même territoire et à la même période préconisent une interprétation stricte de ce critère. Dans son arrêt *Toshiba*, la Cour de justice a effectivement confirmé que le point de savoir si des entreprises ont adopté un comportement anticoncurrentiel ne saurait être apprécié de manière abstraite, mais doit être examiné au regard du territoire, soit au sein de l'Union soit à l'extérieur de celle-ci, sur lequel le comportement visé a eu un tel objet ou un tel effet et de la période pendant laquelle le comportement visé a eu un tel objet ou un tel effet[36]. Cela implique que les autorités compétentes doivent clarifier le plus possible le champ territorial et temporel de leur décision. Dans l'affaire *Toshiba*, la Commission européenne ainsi que l'autorité tchèque avaient entamé des procédures d'infraction concernant la même entente ; la question était posée de savoir dans quelle mesure ces deux dossiers couvrant la même entente concernaient le même territoire et la même période. Cette question était particulièrement pertinente puisque la République tchèque ne rejoignait l'Union européenne que le 1er mai 2004, ce qui signifie qu'avant cette date, le territoire européen ne comportait pas la République tchèque. Dans son arrêt, la Cour a établi que la décision de la Commission se réfère spécifiquement, dans plusieurs de ses passages, aux conséquences de l'entente en cause au principal à l'intérieur de la Communauté européenne et de l'espace économique européen (EEE), en visant expressément les « États membres de l'époque » et les États « qui étaient parties contractantes » à l'accord EEE. « Ensuite [...] cette décision ne sanctionne pas les éventuels effets anticoncurrentiels produits par cette entente sur le territoire de la République tchèque au cours de la période antérieure à l'adhésion de cet État à l'Union. Enfin, il ressort des modalités de calcul des amendes que, dans sa décision, la Commission n'a pas tenu compte des États ayant adhéré à l'Union au 1er mai 2004 »[37]. Ainsi, les décisions de la Commission et de l'autorité tchèque concernaient des territoires et des périodes différents, confirmant l'absence d'identité de faits.

Bien que cet arrêt concerne le territoire d'un État membre avant son adhésion à l'Union européenne, il s'ensuit plus généralement d'une telle analyse que le principe *non bis in idem* ne fait pas obstacle à ce que les entreprises ayant participé à une entente soient condamnées à des amendes par l'autorité nationale de concurrence de l'État membre concerné, aux fins de sanctionner les effets produits par cette entente sur le territoire de ce dernier, dès lors que les amendes infligées aux

---

[36] C.J. 14 février 2012, C-17/10, *Toshiba*, ECLI:EU:C:2012:72, point 99.
[37] Point 101.

membres de cette entente par une décision de la Commission n'avaient pas pour objet de réprimer lesdits effets. De cette jurisprudence de la Cour, il découle donc que les faits matériels liés à une même entente ou un même abus, peuvent néanmoins être divisés en dossiers séparés selon le territoire ou la période concernés[38]. La conséquence juridique immédiate d'une telle interprétation est que le *non bis in idem* ne sera invocable que dans des procédures d'infraction suivant les procédures clôturées concernant les mêmes faits dans le même territoire et la même période. Inversement, les faits ne seront pas considérés comme identiques si le même comportement est analysé du point de vue des différents territoires ou dans une différente période[39]. Il s'ensuit que la présence d'un manque d'identité territorial ou temporel évite la catégorisation de la procédure comme une procédure « *bis in idem* ». Ce n'est que dans le cas où le même territoire ou la même période sont concernés que le *non bis in idem* pourrait être invoqué pour éviter la continuation de la deuxième procédure ou pour contester l'amende infligée à l'issue de cette deuxième procédure.

Une telle interprétation implique que la Commission pourrait décider de se limiter aux territoires belge, néerlandais et britannique, ce qui, en même temps, permettrait à l'autorité française d'ouvrir une même procédure concernant le territoire français et fondée sur le même droit européen de la concurrence. En effet, puisque les territoires sont différents, les faits ne seront pas considérés comme identiques. Il en va de même dans la situation où les différentes autorités nationales décident, chacune pour son territoire, d'infliger des amendes fondées sur une violation du droit européen de la concurrence. Dans cette situation également, le même comportement ne concerne pas des faits identiques, puisqu'il sera analysé dans des contextes territoriaux differenciés. Imposer des limites territoriales à une procédure d'infliction d'amende suffira donc pour éviter la catégorisation des faits comme identiques du point de vue du droit européen de la concurrence.

Vu la vocation européenne du principe « *non bis in idem* », la Cour de justice considère également que le droit antitrust d'un pays tiers protège des intérêts juridiques également différents de ceux protégés par

---

[38] W. DEVROE, n. 26, p. 426.

[39] Conclusions de l'avocat général Kokott préc., point 129, note 142 : l'avocat général Kokott a confirmé que par « territoire », on n'entend pas ici le marché en cause sur le plan géographique, au sens de l'analyse de la concurrence, mais la zone dans laquelle le comportement visé a pour objet ou pour effet d'empêcher, de restreindre ou de fausser le jeu de la concurrence.

le droit antitrust européen et les droits antitrust des États membres. Le droit européen de la concurrence s'appliquant au territoire de l'espace économique européen, l'étendue de la protection « *non bis in idem* » ne s'étend également qu'à ce territoire[40]. Dans l'arrêt *Archer Daniels Midland,* la Cour a effectivement reconnu que le principe *non bis in idem* du droit de l'Union ne fait pas obstacle à ce qu'une entente de portée mondiale fasse l'objet de poursuites engagées, d'une part, par des autorités au sein de l'EEE et, d'autre part, par des autorités de pays tiers sur leurs territoires respectifs[41]. En effet, il n'y aura aucun problème juridique de *non bis in idem* dans les cas où le même comportement résultera en des amendes infligées par la Commission européenne ainsi que par des autorités américaine ou chinoise.

Bien sûr, l'interprétation spécifique proposée de ce critère peut être critiquée, puisqu'il n'est pas toujours facile de distinguer les effets anticoncurrentiels territoriaux ou temporels dans les décisions prises par la Commission européenne ou par les autorités nationales de concurrence[42]. Jusqu'à présent, la Cour semble néanmoins être convaincue que cette distinction temporelle ou territoriale permet de définir et de distinguer l'identité des faits matériels sans que le *non bis in idem* soit remis en cause. Il en résulte que la Commission ainsi que les autorités nationales peuvent bien cumuler les procédures d'infraction, à moins que les territoires et les périodes ne soient pas clairement distingués.

2. *Idem* II : unité de l'intérêt juridique protégé

Le critère d'identité de faits ne permet pas de remettre en cause des situations potentiellement « *bis in idem* » dans lesquelles une autorité nationale applique le droit européen ainsi que le droit national de la concurrence. À cet égard, la Cour a opéré un critère de l'unité de l'intérêt juridique protégé. Ce critère permet de répondre à la question de savoir dans quelle mesure les autorités des États membres peuvent également invoquer leur droit national de la concurrence ou leur droit pénal spécifique – le Royaume-Uni pénalisant les ententes au-delà de

---

[40] Conclusions de l'avocat général Kokott préc., point 132.

[41] C.J. 18 mai 2006, C-397/03 P, *Archer Daniels Midland et Archer Daniels Midland Ingredients c/ Commission, Rec.* I-4429, points 68 et 69 : il convient de constater que, lorsque la sanction infligée dans l'État tiers ne vise que les applications ou les effets de l'entente sur le marché de cet État et la sanction communautaire que les applications ou les effets de celle-ci sur le marché communautaire, l'identité des faits fait défaut.

[42] S. BRAMMER, « Judgment of the Court of 14 February 2012 in Case C-17/10 Toshiba Corporation and *Others v. Urˇad* pro ochranu hospodar ˇ ske soureˇ že (Czech Competition Authority) », *Revue de la concurrence belge* 2013, p. 11.

la procédure administrative – en parallèle avec le droit européen de la concurrence. Le critère de l'intérêt juridique permet effectivement de continuer la mise en œuvre du droit de la concurrence à deux niveaux et par deux critères parallèles de principes de droit de la concurrence.

Depuis l'arrêt *Walt Wilhem* de 1969, la Cour de justice a accepté que « le droit communautaire et le droit national en matière d'ententes considèrent des comportements sur le marché sous des aspects différents » et ne protègent donc pas les mêmes intérêts juridiques[43]. Cette interprétation n'étant pas abrogée par la jurisprudence postérieure, il s'ensuit qu'une invocation en parallèle des deux dispositions n'enfreint pas le principe du *non bis in idem*[44]. Vu que le droit national de la concurrence et son homologue européen protègent des intérêts différents, l'application des deux régimes juridiques à un même comportement ne peut se présenter comme un *bis in idem*.

En même temps, le fait que l'arrêt *Walt Wilhelm* ait rendu possible des procédures en parallèle, a également engendré une conscience juridique de ne pas sanctionner les entreprises sans tenir compte des sanctions imposées dans un cas similaire à un autre niveau[45]. Il incombera à l'autorité nationale ou, dans le cadre d'un recours, aux juridictions compétentes, de veiller à une telle cohérence dans l'infliction des amendes ou d'autres sanctions dans des cas concrets[46]. L'arrêt *Toshiba* de 2012 a confirmé cette position. Dans la mesure où l'autorité nationale de concurrence n'est pas autorisée, en vertu de l'article 11, paragraphe 6, première phrase, du règlement 1/2003, à faire application de l'article 101 TFUE, si la Commission a ouvert une procédure en vue de l'adoption d'une décision, ladite autorité nationale perd également, de façon temporaire, la possibilité d'appliquer les dispositions du droit national interdisant les ententes. Il ne ressort néanmoins pas du règlement que l'ouverture d'une procédure par la Commission dessaisirait, de façon permanente et définitive, les autorités nationales de concurrence de leur compétence pour appliquer la législation nationale en matière de concurrence[47]. Les procédures

[43] C.J. 13 février 1969, 14/68, *Walt Wilhelm et autres c/ Bundeskartellamt,* point 4.

[44] On pourrait déduire cette position implicitement de l'arrêt *Toshiba*, dans lequel la Cour reprend ce critère sans le nuancer, voy. C.J. 14 février 2012, C-17/10, *Toshiba*, point 97.

[45] C.J. 13 février 1969, 14/68, *Walt Wilhelm et autres c/ Bundeskartellamt,* point 7.

[46] Sur les difficultés à cet égard, voy. K. MARKERT, « Some Legal and Administrative Problems of the Co-Existence of Community and National Competition Law in the EEC », 11 *Common Market Law Review* 1974, pp. 92-104.

[47] C.J. 14 février 2012, C-17/10, *Toshiba*, point 78.

nationales fondées sur le droit national peuvent donc continuer une fois que la Commission a clôturé son dossier définitivement[48].

Il résulte de cette jurisprudence que le droit européen et le droit national de la concurrence peuvent être appliqués en parallèle sans violer le *non bis in idem*. Selon la jurisprudence de la Cour, les « mécanismes mis en place pour assurer l'interprétation cohérente entre l'Union européenne et un État membre dans le contexte du règlement 1/2003 » semblent suffisants pour éviter des conséquences néfastes qu'une application en parallèle pourrait engendrer ; la Cour semble donc prendre appui sur l'existence de ces mécanismes pour décréter que les difficultés généralement associées au « *bis in idem* » peuvent être évitées ou, du moins, contournées par les garanties juridiques spécifiques du droit dérivé.

3. *Idem* III : unité de contrevenants

L'interprétation prétorienne du critère de l'unité des contrevenants a été moins controversée que celle des deux critères précédents. Ce critère postule que les contrevenants doivent être identiques. Deux spécificités de la jurisprudence « antitrust » méritent pourtant d'être mises en évidence à cet égard.

Premièrement, les interdictions en droit européen antitrust ne visent que des entreprises ; à la suite d'une jurisprudence européenne constante, la notion d'entreprise est définie comme comprenant toute entité exerçant une activité économique, indépendamment du statut juridique de cette entité et de son mode de financement en droit européen de la concurrence[49]. En général, les régimes juridiques nationaux de la concurrence ont repris cette définition[50]. Une entreprise ainsi définie peut comprendre plusieurs personnes morales – par exemple une société mère et ses filiales[51] – qui sont considérées comme une seule entité économique. Dans la mesure où une entité a déjà fait l'objet d'une procédure concernant le droit européen ou national antitrust concernant le même territoire ou la même période, les autorités natio-

[48] Point 80.
[49] *C.J. 23 avril 1991, Höfner c/ Elsner, C-41/90,* EU:C:1991:161, point 21.
[50] Par exemple, l'art. 420-1 du Code de commerce français fait référence à la notion d'entreprise ; il en va de même pour l'article IV-1 du Code de droit économique belge. La notion d'entreprise a toujours été interprétée en conformité avec son homologue européen, voy. L. ARCELIN-LÉCUYER, *L'entreprise en droit de la concurrence français et communautaire*, Paris, LexisNexis, 2003, 588 p.
[51] Sur la nature intégrée, en droit antitrust, des sociétés mères et filiales, voy. O. ODUDU et D. BAILEY, « The *single* economic *entity* doctrine in EU competition law », 51 *Common Market Law Review* 2014, pp. 1721–1757.

nales ne peuvent plus la poursuivre. La personne morale englobée dans cette entité plus large sera également considérée comme identique à l'entité déjà poursuivie.

Dans la pratique, cette notion d'entreprise n'est pourtant pas automatiquement conforme aux réalités juridiques des décisions administratives infligeant une amende à une personne (morale) spécifique. Il ressort de la pratique administrative ainsi que de la jurisprudence européennes que les personnes juridiques faisant l'objet d'une décision imposant des sanctions pécuniaires doivent être nommées individuellement dans une telle décision[52] ; ensuite, ces différentes personnes seront tenues solidairement de payer le montant de l'amende infligée[53]. Il s'ensuit que, même si l'entreprise/entité économique sera considérée comme l'auteur de l'infraction, ses parties composantes doivent être identifiées et nommées explicitement dans les décisions infligeant des amendes. La question peut se poser de savoir dans quelle mesure l'absence de mention explicite d'une personne morale, filiale d'une autre société, dans la décision infligeant des sanctions au niveau supranational ou national, permettrait à une autre autorité de poursuivre cette personne en lui infligeant une amende spécifique par une décision postérieure à celle dans laquelle cette personne n'a pas été mentionnée. De même, la question se pose de savoir si une autorité nationale peut poursuivre cette personne morale si la décision de la Commission européenne ne l'a pas mentionnée explicitement. La jurisprudence européenne n'a pas encore répondu explicitement à ces questions.

Toutefois, il nous semble qu'une telle situation relèvera du *non bis in idem* applicable en droit de la concurrence. En effet, vu que la notion d'entreprise joue un rôle-clé dans la détermination du montant de l'amende[54] ainsi que dans la question de savoir si le dossier concerne une seule entreprise abusant de sa position dominante ou plusieurs entreprises ayant conclu une entente restrictive[55], le droit européen antitrust ne se considère pas lié aux conceptions particulières de personnalité juridique telles que présentes au sein des États membres. Dans la mesure où une personne morale fait partie d'une même entreprise selon le droit antitrust, l'unité de contrevenants pourrait être

---

[52] C.J. 10 avril 2014, C-231/11 P, C-232/11P et C-233/11P, *Siemens c/ Commission*, ECLI:EU:C:2014:256, point 53.
[53] Sur le principe de solidarité dans ce contexte, voy. point 49.
[54] C.J. 11 juillet 2013, C-440/11 P, *Commission c/ Stichting Administratiekantoor Portielje*, ECLI:EU:C:2013:514, point 37.
[55] C.J. 24 octobre 1996, C-73/95 P, *Viho Europe BV c/ Commission*, Rec. I-5457, point 63.

présumée, même si une partie composante de cette entreprise est visée par une décision explicite postérieure. Il est quand même important de mettre à nouveau en exergue que la Cour de justice de l'Union européenne ne s'est pas encore explicitement prononcée sur cette question.

Deuxièmement, une nuance assez importante dans ce contexte concerne la possibilité existant en droit national d'infliger des amendes ou des sanctions pénales aux individus responsables de la gestion ou de la direction de l'entreprise ayant enfreint le droit de la concurrence[56]. Bien que le comportement sanctionné soit le même, le contrevenant concerné est différent. Dans le cas d'une amende infligée à l'entreprise, le comportement de cette entreprise en tant que telle est en cause. Dans le cas où un gestionnaire est sanctionné, son propre comportement plutôt que celui de l'entreprise est en cause. Vu que ces sanctions se dirigent explicitement vers les gestionnaires/directeurs en tant que tels, elles ne peuvent donc être considérées comme infligeant une amende une deuxième fois à l'entreprise. La Cour de justice n'a pourtant pas encore eu l'occasion de se prononcer sur cette question.

À la lumière des autres conditions *non bis in idem*, rien ne semble s'opposer à une application d'amendes individuelles différentes imposées aux mêmes gestionnaires par différentes autorités nationales concernant le même comportement sur différents territoires et/ou lors des différentes périodes. En même temps, l'application du principe *Walt Wilhelm*, selon lequel les sanctions imposées aux gestionnaires doivent tenir compte de celles imposées dans un cas similaire par une autre autorité, peut être transposée dans ce contexte. Ainsi, les craintes d'être sur-sanctionné peuvent être quelque peu apaisées. De plus, le *non bis in idem* ne semble pas limiter un tel cumul de sanctions individuelles fondées sur différents régimes de droit national de la concurrence.

C. « *Bis* » en droit antitrust

Concernant le critère *bis*, le droit de la concurrence suit vraiment le droit pénal. *Bis* implique une décision antérieure qui a définitivement clôturé la procédure et a imposé une sanction ou a déterminé la non-responsabilité de l'entreprise ou de son gestionnaire concerné (1.). En outre, il est important de distinguer le volet *bis* des situations qui s'appuient sur une décision précédente dans le cadre des procédures ou dossiers connexes, mais visant, en réalité, des faits ou des contrevenants distincts (2.).

---

[56] Par exemple, en droit belge, l'art. IV-70, paragraphe 2 *juncto* IV-4, paragraphe 4 du Code de droit économique belge.

1. *Bis* I : des décisions clôturant le même dossier

Un dossier « *idem* » ne relève que du *non bis in idem* si ce dossier a trait à une deuxième décision visant à infliger une amende aux mêmes entreprises et sanctionnant le même comportement. Cela implique qu'une autre ou la même autorité souhaite rouvrir le même dossier après sa clôture par une décision définitive antérieure. Cette décision antérieure peut être qualifiée de positive ou négative. Une décision positive est une décision qui a effectivement établi la responsabilité des contrevenants concernés et/ou leur a infligé une amende. Comme le Tribunal l'a décrété, il doit s'agir de décisions d'autorités nationales de concurrence par lesquelles les requérants ont été sanctionnés ou ont été, de manière définitive, déclarés non responsables des infractions commises [sur un territoire donné] et constatées[57]. Une décision négative met fin à la procédure sans établir la responsabilité des entreprises concernées. Une telle décision clôture également le dossier et doit donc être considérée comme une décision définitive antérieure. Cela implique qu'une autorité nationale ne peut pas, en se fondant sur le droit européen de la concurrence, infliger une amende à une entreprise qui a déjà été acquittée de sa responsabilité anticoncurrentielle dans une décision antérieure de la Commission européenne. L'infliction d'une sanction par l'autorité nationale constituerait une décision « *bis* » dans le même dossier. Vu que le droit national de la concurrence protège, à la suite des arrêts *Walt Wilhelm* et *Toshiba*, des intérêts juridiques différents, une infliction d'une amende fondée sur le droit national de la concurrence reste théoriquement possible.

Il convient néanmoins de rappeler à cet égard que l'article 3(2) du règlement 1/2003 indique clairement que, dans le contexte des ententes, l'application du droit national de la concurrence ne peut pas entraîner l'interdiction d'accords, de décisions d'associations d'entreprises ou de pratiques concertées qui sont susceptibles d'affecter le commerce entre États membres, mais qui n'ont pas pour effet de restreindre la concurrence au sens de l'article 101, paragraphe 1, du traité, ou qui satisfont aux conditions justificatrices énoncées à l'article 101, paragraphe 3, du traité ou qui sont couverts par un règlement d'exemption par catégorie à l'interdiction. Une autorité nationale ne peut donc infliger une amende fondée sur le droit national dans un cas où le droit européen de la concurrence ne considère pas le comportement concerné comme anticoncurrentiel. Même si les procédures nationales et supranationale ne sont pas considérées comme

---

[57] Trib. UE, 13 juillet 2011, affaires T-144/07, T-147/07, T-148/07, T-149/07, T-150/07 et T-154/07, *ThyssenKrupp c/ Commission*, ECLI:EU:T:2011:364, point 163.

« *idem* », le droit européen de la concurrence ne permet pas aux autorités nationales d'infliger une amende nationale. Dans ce contexte, cette interdiction découle directement du règlement plutôt que du principe *non bis in idem*.

En ce qui concerne l'article 102 TFUE, le règlement permet aux États membres d'adopter et de mettre en œuvre sur leur territoire des lois nationales plus strictes qui interdisent ou sanctionnent un comportement unilatéral d'une entreprise. Dans un tel cas, l'interprétation donnée à la condition « *bis* » permet aux autorités nationales d'infliger une amende à une entreprise sur la base du droit national, même si cette entreprise n'avait pas agi de façon illicite selon le droit européen de la concurrence. Comme indiqué ci-dessus, le principe de *non bis in idem* ne limite pas une telle infliction fondée sur le droit national, puisque ce droit protège des intérêts juridiques différents des intérêts protégés par le droit européen de la concurrence. Dans ce cas, le principe *non bis in idem* n'offre donc aucune garantie juridique propre à éviter que soit prise une décision fondée sur le droit national, condamnant un comportement justifié du point de vue du droit européen. Bien sûr, l'autorité nationale ne pourrait plus infliger une amende fondée sur le droit européen après que la Commission européenne a décidé, sur la base du même droit, de ne pas considérer le comportement comme constitutif d'un abus de position dominante. L'infliction d'une amende dans un tel cas relèverait d'une situation « *bis in idem* ».

Au niveau européen ou national, il est toujours nécessaire de vérifier dans quelle mesure une autorité nationale ou la Commission a adopté une décision définitive. La mise en œuvre du droit antitrust permet effectivement d'adopter des décisions spécifiques, par exemple rendant obligatoires des engagements proposés par des entreprises[58]. Selon l'article 9, paragraphe 1 du règlement, lorsque la Commission envisage d'adopter une décision exigeant la cessation d'une infraction et que les entreprises concernées prennent des engagements de nature à répondre aux préoccupations exposées par la Commission dans son évaluation préliminaire, la Commission peut, par voie de décision, rendre ces engagements obligatoires pour les entreprises. La décision peut être adoptée pour une durée déterminée et conclure qu'il n'y a plus lieu que la Commission agisse. Une telle décision conclura éga-

---

[58] Art. 9 du règlement 1/2003 ; sur les engagements, voy. F. WAGNER-VON PAPP, « Best and even better practices in *commitment* procedures after Alrosa : The dangers of abandoning the "struggle for competition law" », 49 *Common Market Law Review* 2012, pp. 929-970.

lement la procédure et doit être considérée comme une décision définitive du point de vue de *non bis in idem*.

Dans les cas où une autorité nationale promet d'offrir une immunité d'amende à un demandeur de clémence, la question du caractère définitif d'une décision d'immunité se pose également[59]. Dans l'affaire *ThyssenKrupp*, le Tribunal a maintenu qu'une promesse tentative d'immunité en cas de demande de clémence par une entreprise ne constituait pas une décision définitive. Selon le Tribunal, une décision de clémence provisoire prise par une autorité de concurrence nationale ne saurait, en tout état de cause, être considérée comme relevant de cette disposition. En effet, l'octroi d'une immunité provisoire ne satisfait pas au caractère définitif de l'extinction de l'action publique[60]. De plus, une telle décision ne statue pas sur la matérialité de l'infraction[61]. Il s'ensuit qu'une telle décision ne peut pas créer une confiance légitime dans le chef des entreprises que la décision définitive n'établira pas leur responsabilité[62]. En l'absence d'une décision définitive sur l'immunité, le *non bis in idem* ne peut être invoqué et une autre autorité peut adopter une décision définitive concernant le même comportement.

De plus, la Cour a confirmé qu'une reprise des poursuites ayant pour objet le même comportement anticoncurrentiel lorsqu'une première décision a été annulée pour des motifs de forme sans qu'il ait été statué au fond sur les faits reprochés, ne constitue pas une seconde procédure dans le même dossier. Dans un tel cas, les sanctions imposées par la nouvelle décision ne s'ajoutent pas à celles prononcées par la décision annulée, mais se substituent à elles[63]. Il ne s'agit donc pas de situations « bis ».

---

[59] La Commission maintient une procédure de clémence sur la base de la Communication de la Commission sur l'immunité d'amendes et la réduction de leur montant dans les affaires portant sur des ententes, *J.O.* 2006, C298/1 ; au sein des États membres, le droit national de la concurrence envisage généralement des procédures similaires.

[60] Trib. UE 13 juillet 2011, affaires T-144/07, T-147/07, T-148/07, T-149/07, T-150/07 et T-154/07, *ThyssenKrupp c/ Commission*, point 162.

[61] Point 164.

[62] Point 181.

[63] C.J. 15 octobre 2002, affaires jointes C-238/99 P, C-244/99 P, C-245/99 P, C-247/99 P, C-250/99 P à C-252/99 P et C-254/99 P, *Limburgse Vinylmaatschappij (LVM) et autres c/ Commission*, point 62.

2. *Bis* II : la récidive et les actions en dommages et intérêts

Il est important de distinguer la présence d'une situation « *bis* » des situations dans lesquelles les autorités de concurrence s'appuient sur des décisions précédentes sans statuer sur le même dossier. Deux types de situations peuvent être distingués à cet égard.

Premièrement, le seul fait qu'on prend une décision antérieure en considération afin de déterminer si l'entreprise est récidiviste n'implique pas une deuxième sanction pour cette première infraction au droit de la concurrence. Une référence à une telle décision n'implique qu'une constatation du récidivisme de cette entreprise, comme le Tribunal l'a confirmé dans les affaires *Arkema*[64]. La Commission européenne ne viole pas non plus le *non bis in idem* dans les cas où elle avait déjà pris en considération la même circonstance aggravante dans les décisions antérieures[65]. La récidive diffère donc du *non bis in idem* dans ce contexte, surtout dans le cas où la Commission a sanctionné l'entreprise concernée en raison de sa participation à une entente, pour laquelle elle n'avait préalablement ni engagé de poursuites ni adopté de sanctions[66].

Deuxièmement, la question peut être posée de savoir dans quelle mesure des actions en dommages et intérêts pour infraction au droit européen ou national de la concurrence font l'objet de potentielles infractions au *non bis in idem*. Dans son arrêt *Courage c/ Crehan*, la Cour de justice a reconnu aux victimes des pratiques anticoncurrentielles la possibilité d'introduire une action en dommages et intérêts[67]. Une telle action peut être entamée indépendamment de ou postérieurement à une décision administrative établissant la responsabilité de l'entreprise concernée dans une telle action. Dans ce contexte, la question se pose de savoir si une telle action engendre *une nouvelle appréciation au fond de la matérialité de l'infraction*, ce qui aurait pour conséquence l'imposition d'une seconde *sanction*.

Dans son arrêt *Pfleiderer*, la Cour confirme qu'un tel droit renforce l'efficacité des règles de concurrence de l'Union et est de nature à décourager les accords ou les pratiques, souvent dissimulés, susceptibles de restreindre ou de fausser le jeu de la concurrence. Dans cette perspective, les actions en dommages et intérêts intentées devant les

---

[64] Trib. UE 14 juillet 2011, T-189/06, *Arkema France SA c/ Commission*, ECLI:EU:T:2011:377.

[65] Point 130.

[66] Point 129.

[67] C.J. 20 septembre 2001, C-453/99, *Courage c/ Crehan*, EU:C:2001:465, points 26-27.

juridictions nationales sont susceptibles de contribuer substantiellement au maintien d'une concurrence effective dans l'Union européenne[68]. En même temps, de telles actions ont un objectif compensatoire qui diffère de l'objectif d'action publique sous-tendant les procédures administratives. De ce point de vue, la réponse à la question posée ci-dessus devrait être négative. Une action en dommages et intérêts diffère d'une procédure infligeant des amendes et ne peut donc relever du *non bis in idem* dans le cas où elle suit une action publique. S'appuyer sur ces décisions administratives ne constituera donc pas de « *bis in idem* ». La directive 2014/104/UE confirme cette tendance. Son article 9, paragraphe 1, dispose que les États membres veillent à ce qu'une infraction au droit de la concurrence constatée par une décision définitive d'une autorité nationale de concurrence ou par une instance de recours soit considérée comme établie de manière irréfragable aux fins d'une action en dommages et intérêts introduite devant leurs juridictions nationales au titre de l'article 101 ou 102 du Traité sur le fonctionnement de l'Union européenne ou du droit national de la concurrence[69]. Cette disposition confirme donc la nature différente de ces deux procédures, ce qui implique la non-applicabilité du *non bis in idem* dans cette situation.

II. Un monde de différence avec le pénal ?

L'aperçu offert ici des critères caractéristiques du *non bis in idem* en droit antitrust démontre que ce principe a été interprété de façon complémentaire aux mécanismes de coopération inclus dans le règlement 1/2003. À cet égard, les interprétations des critères d'identité de faits et de l'unité de l'intérêt juridique protégé ont facilité la poursuite de la mise en œuvre du droit antitrust en parallèle aux niveaux supranational et nationaux.

Toutefois, de telles interprétations ne sont plus conformes aux interprétations et applications du *non bis in idem* dans d'autres domaines du droit pénal, où une interprétation moins formelle a été proposée dans les jurisprudences de la Cour européenne des droits de l'homme et de la Cour de justice de l'Union européenne (A.). La question se pose donc de savoir dans quelle mesure l'interprétation différente maintenue en droit antitrust est défendable du point de vue de la cohé-

---

[68] C.J. 14 juin 2011, C-360/09, *Pfleiderer*, EU:C:2011:389, point 29.

[69] Art. 9, paragraphe 1 de la directive 2014/104/UE du Parlement européen et du Conseil du 26 novembre 2014 relative à certaines règles régissant les actions en dommages et intérêts en droit national pour les infractions aux dispositions du droit de la concurrence des États membres et de l'Union européenne, *J.O.* 2014, L 349/1.

rence juridique dans l'interprétation des principes généraux de droit, tels que le principe *non bis in idem* (B.).

A. La même définition, un critère et des interprétations différents ?

La jurisprudence « *non bis in idem* » en droit antitrust confirme le maintien des critères de l'identité de faits et de l'unité de l'intérêt juridique protégé (1.). Il s'ensuit que le champ d'application du *non bis in idem* s'avère limité en droit antitrust, contrairement aux interprétations données au même principe dans le contexte de la Conv. EDH et de la Charte des droits fondamentaux de l'Union européenne (2.). Une telle différence aboutit à la conclusion que le *non bis in idem* en droit antitrust reflète en effet un monde de différence avec le pénal.

1. Résumé de la jurisprudence européenne : le *non bis in idem* en droit de la concurrence

En résumant la jurisprudence européenne sur le *non bis in idem* en droit antitrust, on peut conclure qu'une situation « *non bis in idem* » n'apparaît que si une autorité se charge d'un même dossier concernant le même territoire et/ou la même période fondée sur les mêmes règles de droit. L'interprétation du critère de l'unité de l'intérêt juridique protégé indique que les droits européen et nationaux de la concurrence protègent en effet des intérêts différents ; il s'ensuit que l'application du *non bis in idem* se limite aux situations dans lesquelles la même règle de droit (interdiction nationale ou interdiction européenne) est invoquée ; une invocation en parallèle de dispositions très similaires en droit européen et en droit national ne relève pas du principe de *non bis in idem* en droit antitrust.

Ce résumé nous permet également d'analyser dans quelle mesure nos situations typiques verticales et horizontales potentiellement « *bis in idem* » enfreignent le principe de « *non bis in idem* » tel qu'interprété par la Cour de justice en matière antitrust.

En ce qui concerne la situation verticale identifiée et non envisagée explicitement par le règlement 1/2003, à savoir l'application du droit national de la concurrence postérieurement à une décision de la Commission européenne, il est clair que des décisions infligeant des amendes à une entreprise fondées sur le droit européen de la concurrence, prises par la Commission ainsi que par les autorités nationales qui appliquent également le droit européen pour le même territoire et la même période se heurtent au principe *non bis in idem*. Au-delà de cette situation, comme l'a confirmé la Cour dans l'affaire *Toshiba*, les autorités nationales peuvent continuer à appliquer leur droit national de la concurrence à la même infraction en ce qui concerne les effets produits par cette infraction sur leur territoire. Le principe *Walt Wilhelm* les empêche néanmoins de ne pas tenir compte de l'amende déjà infligée par la Commission européenne lorsque ces autorités infligent des amendes ou vice versa. Le résultat est que le *non bis in idem* ne concerne que des situations spécifiques fondées sur la même catégorisation juridique (droit européen suivi du droit européen sur un même territoire ou dans une même période ou droit national suivi du même droit national sur un même territoire et dans une même période), même si des dispositions juridiques très similaires s'appliquent au même comportement et ont toutes pour objectif de pénaliser ou de faire cesser les infractions d'une même entente, de ce même comportement.

En ce qui concerne les situations horizontales, l'application du *non bis in idem* est également limitée. Dans la première situation, à savoir l'application du droit européen par la Commission et par une autorité nationale concernant la même infraction mais des territoires différents, des procédures fondées sur le droit européen de la concurrence dans des zones géographiques différentes ne sont pas considérées comme identiques. La deuxième situation mène au même résultat : dans ce cas, une autorité nationale peut s'appuyer sur le droit européen, tandis qu'une autre fait appel à son droit national si celui-ci est applicable, même si le comportement concerne partiellement le même territoire. Dans un tel cas, aucun « *bis in idem* » n'aura lieu. Dans la troisième situation, on peut conclure que plusieurs autorités nationales peuvent invoquer, selon l'état des lieux après l'affaire *Toshiba*, leur propre droit national pour un même comportement, surtout quant aux effets produits par le comportement sur des territoires différents. L'autorité allemande peut donc invoquer le droit allemand de la concurrence, en même temps que l'autorité française traitera le dossier sur la base du droit français de la concurrence. La quatrième situation, dans laquelle un pays tiers se charge également de l'analyse de la nature anticoncurrentielle d'un comportement faisant partie d'un dossier déjà ouvert auprès d'une autorité nationale ou de la Commission européenne, ne relève pas non plus du *non bis in idem*. Ce principe ne s'applique, selon la définition proposée à l'article 50 de la Charte, que sur le territoire européen. Cela implique que les autorités antitrust américaine et européenne peuvent mener une investigation et infliger des sanctions dans un même dossier sans que le *non bis in idem* soit violé.

2. Des critères « *bis in idem* » sans actualité ?

Le maintien du critère de l'unité de l'intérêt juridique protégé ainsi que l'interprétation stricte du critère d'identité de faits et sa limitation au même dossier sur le même territoire et au cours d'une même période font que le *non bis in idem* est appliqué d'une façon assez formaliste. L'on peut éviter des situations « *bis in idem* » en s'appuyant sur le droit national au lieu du droit européen antitrust ou en se limitant aux territoires ou périodes non couverts dans une décision antérieure. De telles interprétations ne sont plus conformes à la jurisprudence relative au principe de *non bis in idem* dans le cadre de la Conv. EDH, dont l'article 50 de la Charte des droits fondamentaux s'est également inspiré[70]. De plus, l'interprétation du même principe de *non bis in idem* s'avère très différente dans d'autres contextes du droit de l'Union européenne, notamment concernant l'interprétation des accords « Schengen ».

L'article 4(1) du Protocole n° 7 à la Conv. EDH dispose que nul ne peut être poursuivi ou puni pénalement par les juridictions du même État en raison d'une infraction pour laquelle il a déjà été acquitté ou condamné par un jugement définitif conformément à la loi et à la procédure pénale de cet État. Dans sa jurisprudence, la Cour européenne des droits de l'homme a abandonné toute espèce de formalisme en interprétant cette disposition. Dans son arrêt *Zolotoukhine*, elle avait confirmé que le champ d'application de ce principe dépendait de la nature pénale de la procédure en cause[71]. Selon la jurisprudence, l'existence ou non d'une « accusation en matière pénale » doit s'apprécier sur la base de trois critères, que l'on désigne couramment sous le nom de « critères Engel »[72]. Le premier est la qualification juridique de l'infraction en droit interne, le second est la nature même de l'infraction et le troisième est le degré de sévérité de la sanction que risque de subir l'intéressé[73]. Dans la mesure où une telle mesure est qualifiée de « pénale », le *non bis in idem*

[70] Sur ce principe dans le contexte de la Conv. EDH, voy. N. NEAGU, « The *Ne Bis in Idem* Principle in the Interprétation of European Courts : Towards Uniform Interpretation », 25, *Leiden Journal of International Law* 2012), pp. 959-960.

[71] CEDH 10 février 2009, n° 14939/03, *Sergueï Zolotoukhine c/ Russie* (grande chambre), §52.

[72] CEDH 8 juin 1976, 5101/71, 5354/72, 5102/71, 5370/72, *Engel et autres c/ Pays-Bas*, §85.

[73] CEDH 10 février 2009, n° 14939/03, *Sergueï Zolotoukhine c/ Russie*, §§53-54. Les deuxième et troisième critères sont alternatifs et pas nécessairement cumulatifs. Cela n'empêche pas l'adoption d'une approche cumulative si l'analyse séparée de chaque critère ne permet pas d'aboutir à une conclusion claire quant à l'existence d'une accusation en matière pénale.

s'applique[74]. Sur le volet *idem*, la Cour a maintenu que même si les deux infractions se distinguaient par leur appellation, leur nature et leur but, il y avait eu violation de l'article 4 du Protocole n° 7 dans la mesure où les deux décisions litigieuses se fondaient sur le même comportement du requérant[75]. La Cour a défini l'étendue du critère du « même comportement » : selon la jurisprudence, ce comportement concerne une seconde infraction pour autant que celle-ci a pour origine « des faits identiques ou des faits qui sont en substance les mêmes »[76]. Dans sa jurisprudence plus récente, la Cour de Strasbourg confirme que son interprétation du même comportement vise la même conduite de la part des mêmes personnes à la même date[77]. Dans sa jurisprudence, la Cour analyse dans quelle mesure le comportement en cause faisant l'objet d'une deuxième procédure concerne la même conduite factuelle ; si tel est le cas, le *non bis in idem* interdit une deuxième ouverture d'un dossier ou sanction[78]. Ainsi, une procédure administrative à caractère pénal au sens de la Conv. EDH suivie d'une procédure pénale nationale ou la situation inverse violent le *non bis in idem*[79]. La Cour européenne des droits de l'homme ira donc au-delà des classifications juridiques nationales afin d'analyser si la même conduite est de nouveau en cause.

Dans cette jurisprudence de Strasbourg, le critère de l'unité de l'intérêt juridique protégé n'est pas maintenu. Ainsi, des procédures administratives et pénales ne peuvent plus être considérées comme protégeant des intérêts juridiques différents, dans la mesure où les critères « Engel » permettent de qualifier ces deux procédures relevant de la « matière pénale » au sens de la Conv. EDH. Une telle situation relève d'un « *bis in idem* » interdit par l'article 4, paragraphe 1. Quant au critère d'identité de faits, les juges de Strasbourg proposent une analyse permettant de catégoriser deux dispositions sanctionnant le

---

[74] Il convient de rappeler que le Protocole n° 7 n'a pas été ratifié par tous les États membres du Conseil de l'Europe ; les Pays-Bas, l'Allemagne et le Royaume-Uni n'ont pas ratifié le protocole, voy. http://www.coe.int/fr/web/conventions/search-on-treaties/-/conventions/treaty/117/signatures?p_auth=lqoVabjx ; ces États membres sont néanmoins liés par la Charte des droits fondamentaux de l'Union européenne en vertu de l'article 6 du Traité sur l'Union européenne (TUE).

[75] CEDH 10 février 2009, n° 14939/03, *Sergueï Zolotoukhine c/ Russie*, §79.

[76] Arrêt préc., §82.

[77] Entre autres, CEDH 25 juin 2009, n° 55759/07, *Maresti c/ Croatie*, §63 ; CEDH 14 janvier 2014, n° 32042/11, *Muslija c/ Bosnie-Herzégovine*, §34 ; CEDH 23 juin 2015, n°8516/07, *Butnaru et Bejan-Piser c/ Roumanie*, §36

[78] CEDH 20 mai 2014, n° 3532/11, *Pirttimäki c/ Finlande*, §51 ; CEDH 23 juin 2015, *Butnaru et Bejan-Piser c/ Roumanie*, §41.

[79] Par exemple, CEDH 18 octobre 2011, n° 53785/09, *Tomasović c/ Croatia*, §31.

même comportement comme étant identiques, à condition qu'il s'agisse d'un comportement ayant lieu sur le même territoire et au cours de la même période. Vu que l'article 4(1) du Protocole n° 7 ne s'applique qu'aux situations survenant sur le territoire d'un même État, la jurisprudence de Strasbourg n'a pas été confrontée aux situations transfrontalières telles qu'envisagées en droit antitrust.

La jurisprudence Schengen de la Cour de justice de l'Union européenne confirme néanmoins cette approche Conv. EDH dans un contexte transfrontalier. L'article 54 de la Convention d'application de l'accord de « Schengen » (CAAS)[80] dispose qu'une personne qui a été définitivement jugée par une partie contractante ne peut, pour les mêmes faits, être poursuivie par une autre partie contractante, à condition que, en cas de condamnation, la sanction ait été subie ou soit actuellement en cours d'exécution ou ne puisse plus être exécutée selon les lois de la partie contractante de condamnation. Dans sa jurisprudence CAAS, la Cour de justice de l'Union européenne a interprété la notion des mêmes faits comme comprenant l'ensemble des circonstances concrètes indissociablement liées[81]. Cela implique que l'ouverture d'un dossier dans un autre État membre pour les mêmes faits matériels sera considérée comme un « *bis in idem* », même si les autorités de ce deuxième État membre se basent sur leur propre droit national[82]. Le critère de l'unité de l'intérêt juridique protégé est donc complètement écarté dans ce contexte ; la Cour ne semble plus tolérer une classification des mêmes faits selon une autre disposition du droit européen ou national[83]. Par ailleurs, contrairement au droit antitrust, ces mêmes faits ne semblent plus si aisément divisibles entre territoires et périodes différents[84].

Cette brève analyse de la jurisprudence dans des domaines connexes nous permet de conclure que le critère de l'unité de l'intérêt juridique

[80] Article 54 de la Convention d'application de l'Accord de Schengen du 14 juin 1985 entre les gouvernements des États de l'Union économique Benelux, de la République fédérale d'Allemagne et de la République française relatif à la suppression graduelle des contrôles aux frontières communes, *J.O.* 2000, L239/19.

[81] Les arrêts fondateurs dans ce contexte sont C.J. 9 mars 2006, C-436/04, *Van Esbroeck,* Rec. I-2333, point 21 ; C.J. 28 septembre 2006, C-467/04, *Gasparini*, Rec. I-9199, point 54 ; C.J. 28 septembre 2006, C-150/05, *Van Straaten*, Rec. I-9327, point 41 ; C.J. 18 juillet 2007, C-367/05, *Kraaijenbrink,* Rec. I-6619, point 26 ; C.J. 16 novembre 2010, C-261/09, *Mantello*, Rec. I-11477, point 39.

[82] C.J. 9 mars 2006, C-436/04, *Van Esbroeck,* points 36-38.

[83] W.B. VAN BOCKEL, n. 9, 43 et T. RAFARACI, « The principle of *non bis in idem* in the jurisprudence of the European Court of Justice », *in Le contrôle juridictionnel dans l'espace pénal européen*, Éditions Université libre de Bruxelles, 2009, pp. 93-110.

[84] C.J. 18 juillet 2007, C-367/05, *Kraaijenbrink*, point 27.

protégé applicable en droit de la concurrence constitue l'exception, ce critère ayant été écarté dans d'autres domaines. À la lumière de ces tendances jurisprudentielles dans ces autres domaines du droit, l'avocat général Kokott avait proposé de modifier les critères applicables au *non bis in idem* en droit européen de la concurrence en écartant le critère de l'unité de l'intérêt juridique protégé[85]. La Cour n'a pas suivi cette suggestion, en rappelant ce critère dans son arrêt *Toshiba*[86]. En même temps, le critère d'identité de faits semble être interprété de façon plus stricte en droit de la concurrence. Dans le contexte « Schengen », la division territoriale ou temporelle d'un même comportement n'est pas considérée comme aussi évidente qu'en droit de la concurrence. Dans cette dernière matière, la Cour ainsi que l'avocat général ont confirmé qu'une telle division restera possible dans le contexte des pratiques anticoncurrentielles à dimension transfrontalière et ayant une incidence sur plusieurs territoires ou lors d'une période allant au-delà de celle du dossier ouvert dans la même affaire. Une telle division s'avère de plus en plus difficile à opérer dans le contexte de la jurisprudence « Schengen ».

Il est frappant que l'application différenciée du *non bis in idem* dans ces deux domaines du droit de l'Union européenne découle en fait du même principe général de droit, qui peut également être trouvé dans l'article 50 de la Charte : Nul ne peut être poursuivi ou puni pénalement en raison d'une infraction pour laquelle il a déjà été acquitté ou condamné dans l'Union par un jugement pénal définitif conformément à la loi. Une telle différence d'interprétation et d'application du même principe dans deux domaines connexes soulève en tout état de cause la question de la nature générale de ce principe, ainsi que du besoin d'une interprétation plus cohérente[87].

B. Un manque de cohérence à remédier ?

Le résumé ci-précédent confirme l'existence de différences remarquables dans l'interprétation du critère d'identité de faits et dans le maintien du critère de l'unité de l'intérêt juridique protégé dans l'application du *non bis in idem* en droit antitrust par rapport aux autres domaines de droit de l'Union européenne. La question se pose donc évidemment de savoir dans quelle mesure une telle différence peut être justifiée sur la base du droit de l'Union européenne en vigueur.

[85] Conclusions de l'avocat général Kokott préc., point 124.
[86] C.J. 14 février 2012, C-17/10, *Toshiba*, point 97.
[87] Voy. également, W. DEVROE, n. 26, pp. 440-441.

Les principes généraux de droit de l'Union européenne ont été reconnus en tant que tels dans la jurisprudence constante de la Cour de justice[88]. Bien que le droit dérivé ainsi que les autorités supranationale et nationales responsables de sa mise en œuvre soient tenus de se conformer à ces principes, leur souplesse et leur nature complémentaire justifient une application plutôt taillée sur les spécificités du cas auquel ils s'appliquent[89]. De ce point de vue, l'intensité de l'application des principes généraux peut effectivement varier, surtout en présence de normes de droit dérivé tel que le règlement 1/2003[90]. Vu l'applicabilité des principes généraux en tant que source de droit primaire de l'Union européenne, la question se pose néanmoins de savoir si un principe général peut obéir à des conditions différentes dans des domaines juridiques différents. L'interprétation de la Cour de justice du principe *non bis in idem* en droit de la concurrence semble en effet confirmer cette caractéristique auparavant inconnue ; dans d'autres contextes, même si l'intensité avec laquelle un principe général est appliqué diffère, les conditions sous-tendant ce principe restent toujours les mêmes[91]. Une application différenciée du même principe, sur la base de critères différents, nous semble indésirable du point de vue de la cohérence des sources primaires du droit de l'Union européenne[92]. Il convient alors d'analyser pourquoi une telle différence a pu persister.

Deux hypothèses capables de justifier, *prima facie*, un traitement différent du « *bis in idem* » en matière antitrust peuvent être apportées à cet égard. D'une part, il pourrait être maintenu que le droit de la concurrence ne constitue pas un droit pénal au sens de l'article 50 de la Charte, ce qui justifie une approche différente du *non bis in idem* (1.). D'autre part, l'existence d'un règlement particulier visant à éviter des conflits de juridiction pourrait justifier la mise en place de critères

---

[88] On retrouve des aperçus dans T. TRIDIMAS, *The General Principles of EU Law*, Oxford, Oxford University Press, 2e éd., 2006, 720 p. ; X. GROUSSOT, *General Principles of Community Law*, Groningen, Europa Law Publishing, 2006, 480 p.

[89] Le statut des principes généraux de droit a été de nouveau clarifié récemment par M. WIMMER, « The Dinghy's Rudder : General Principles of European Union Law through the Lens of Proportionality », 20 *European Public Law* 2014, pp. 331–354.

[90] Pour une telle hypothèse, voy. C. SEMMELMANN, « General Principles of EU Law : The Ghost in the Platonic Heaven in Need of Conceptual Clarification », 2 *Pittsburgh Papers on the European Union* 2013, disponible sur : http://pgheupapers.pitt.edu/ojs/index.php/pgheupapers/article/view/7.

[91] Pour l'exemple du principe de proportionnalité, G. DE BÚRCA, « Proportionality and Subsidiarity as General Principles of Law » *in* U. BERNITZ and J. NERGELIUS (éd.), *General Principles of European Community Law,* La Haye, Kluwer 2000, pp. 93-112.

[92] Voy. W. DEVROE, n. 26, 441 et G. DI FEDERICO, « EU Competition Law and the Principle of *Ne Bis in Idem* », *European Public Law* 2011, p. 241.

« *bis in idem* » plus taillés sur les spécificités politique et juridique de la mise en œuvre du droit européen de la concurrence (2.). Nous analyserons brièvement ces deux hypothèses potentiellement justificatrices. Dans la mesure où ces hypothèses ne tiennent pas ou plus, il incombera aux responsables politiques et judiciaires de réfléchir plus profondément à une cohérence entre les différents « *non bis in idem* » au sein du droit de l'Union européenne.

1. Le droit de la concurrence en tant que droit administratif non pénal ?

L'article 50 de la Charte, qui reprend le principe général « *non bis in idem* » fait référence à des poursuites ou punitions de nature « pénale », ce qui implique que le principe ne s'applique qu'aux situations couvertes par le droit pénal. Au niveau de l'Union européenne, l'étendue de la notion « pénale » n'est pas claire du tout. Bien que les traités aient attribué aux institutions européennes quelques pouvoirs d'harmonisation dans ce domaine[93], aucune définition du « pénal » n'a été proposée dans les traités fondateurs.

Dans sa jurisprudence relative à la mise en œuvre du droit antitrust, la Cour de justice a toujours confirmé que les procédures d'infliction d'amendes et des astreintes sont effectivement des procédures administratives et non pénales[94]. Il s'ensuit que, comme le droit antitrust ne constitue pas un droit pénal, les conditions attachées au principe *non bis in idem* tel que reconnu dans un contexte pénal par l'article 50 de la Charte, ne seront pas applicables dans le contexte « administratif » de la mise en œuvre du droit antitrust. En même temps, l'article 52, paragraphe 3 de ladite Charte dispose que, dans la mesure où la Charte contient des droits correspondant à des droits garantis par la Convention européenne de sauvegarde des droits de l'homme et des libertés fondamentales, leur sens et leur portée sont les mêmes que ceux que leur confère ladite convention. On pourrait en déduire que la notion « pénale » doit également être interprétée en conformité avec le sens accordé au pénal par cette convention. Comme nous l'avons vu ci-dessus, cela impliquera une application des critères « Engel » au droit

---

[93] Art. 67, art. 82-83 TFUE.

[94] Par exemple, C.J. 17 juin 1983, affaires100-103/80, *Musique de Diffusion Française c/ Commission,* Rec. 1825, points 7-8 ; voy. également J. FLATTERY, « Balancing Efficiency and Justice in EU Competition Law : Elements of Procedural Fairness and their Impact on the Right to a Fair Hearing », 7 *Competition Law Review* 2010, pp. 54-56.

de la concurrence[95]. De ce point de vue, et comme l'a confirmé l'avocat général Sharpston, le droit européen de la concurrence constituerait un droit pénal au sens de la Conv. EDH, même si ce droit pénal ne fait pas partie du « noyau dur » du droit normalement considéré comme pénal[96]. Il s'ensuivra que l'article 50, et les critères y relatifs, doivent s'appliquer également dans le contexte antitrust. La nature administrative des procédures d'amendes et d'astreintes ne peut donc pas être invoquée avec succès afin de justifier le maintien de critères « *bis in idem* » antitrust différents.

2. Le règlement 1/2003 justifie-t-il une approche *non bis in idem* spécifique ?

Même si l'article 50 de la Charte requiert une application cohérente du principe *non bis in idem* et si le droit antitrust relève du pénal au sens de la Conv. EDH, la question reste ouverte de savoir si un règlement tel que le règlement 1/2003 peut justifier une approche alternative à celle envisagée par l'article 50 de la Charte.

Dans son arrêt *Toshiba*, la Cour de justice a confirmé que le règlement 1/2003 établit des liens étroits spécifiques entre la Commission européenne et les autorités nationales de concurrence[97]. Ces liens s'inscrivent de plus dans le fonctionnement du réseau européen de la concurrence dans lequel les autorités nationales et européennes échangent des informations et décident de l'allocation des dossiers[98]. On peut déduire du raisonnement de la Cour que le maintien de ces mécanismes de coopération est primordial afin de garantir une mise en œuvre efficace du droit antitrust. Afin de ne pas bouleverser le bon fonctionnement des mécanismes de coopération entre les autorités et la Commission, comme la Cour semble vouloir nous le dire, il faut interpréter le *non bis in idem* d'une manière qui permette et facilite de telles procédures en parallèle[99]. Un tel raisonnement permettrait de conclure que le pragmatisme politique se superpose à la cohérence juridique dans le contexte antitrust et que les conditions « *non bis in*

---

[95] Voy. P. VAN CLEYNENBREUGEL, « Effectiveness through fairness ? "Due Process" as an Institutional Precondition to *Effective* Decentralised EU Competition Law Enforcement », *in* P. NIHOUL et T. SKOZCNY (éd.), *Procedural fairness in competition proceedings*, Cheltenham, Edward Elgar, 2014, pp. 44-83.

[96] Conclusions de l'avocat général Sharpston dans l'affaire C-272/09 P, *KME Germany c/ Commission*, ECLI:EU:C:2011:63, point 56.

[97] C.J. 14 février 2012, C-17/10, *Toshiba*, point 78.

[98] Sur le fonctionnement de ce réseau, voy. S. BRAMMER, « Concurrent jurisdiction under Regulation 1/2003 and the Issue of Case Allocation », 42 *Common Market Law Review* 2005, p. 1387.

[99] C.J. 14 février 2012, C-17/10, *Toshiba*, point 80.

idem » y relatives reflètent un tel pragmatisme. De façon implicite, la Cour a reconnu dans son arrêt *Toshiba* une telle position pragmatique, en ce qu'elle n'a pas retenu la solution intermédiaire proposée par l'avocat général Kokott, consistant à abolir le critère de l'unité de l'intérêt juridique protégé.

Le maintien du critère de l'unité de l'intérêt juridique protégé permet toujours qu'un même comportement soit sanctionné à la fois par le droit européen et par le droit national antitrust, alors que les faits matériels soulevant l'application de ces dispositions sont essentiellement identiques ; ainsi, le *non bis in idem* s'inscrit dans le mécanisme de coopération envisagé par l'article 3 du règlement. A la lumière de la jurisprudence « Schengen » et Conv. EDH énonçant des critères généralement applicables, le maintien d'un tel mécanisme ainsi que du critère spécifique *non bis in idem* semble de plus en plus difficile à justifier. La question à poser est donc de savoir si l'article 3 du règlement est conforme au principe *non bis in idem* tel qu'applicable en droit de l'Union européenne. Il nous semble que la réponse à cette question doit être négative. Dans le cadre des appels à une révision du règlement, une telle constatation ne pourrait plus être négligée et mérite d'être abordée plus profondément[100].

Conclusion

Le principe de *non bis in idem* s'applique d'une façon particulière dans le contexte du droit antitrust. Bien que ce principe interdise toujours *une nouvelle appréciation au fond de la matérialité de l'infraction*, qui aurait pour conséquence l'imposition soit d'une seconde *sanction*, s'ajoutant à la première, dans l'hypothèse où la responsabilité serait une nouvelle fois retenue, soit d'une première sanction, dans l'hypothèse où la responsabilité, écartée par la première décision, serait retenue par la seconde, les critères déterminant la présence d'une situation « *idem* » sont assez particulières. D'une part, la Cour de justice permet que le même comportement puisse donner naissance à des procédures différentes divisées territorialement et temporellement. De tels dossiers concernant la même entente ou le même abus se limitant à des territoires ou périodes spécifiques ne constituent donc pas des situations « *idem* ». D'autre part, la jurisprudence européenne maintient le critère – aboli dans d'autres domaines – de l'unité de l'intérêt juridique protégé, en soutenant que le droit

[100] Dans le document évaluant la première décennie depuis son entrée en vigueur, la Commission n'a pas abordé la question du *non bis in idem*, voy. http://ec.europa.eu/competition/antitrust/legislation/swd_2014_230_en.pdf.

européen et le droit national de la concurrence ne protègent pas les mêmes intérêts juridiques. Des procédures en parallèle au niveau supranational et national restent donc possibles. S'appuyant sur le règlement 1/2003, la Cour a néanmoins obligé les autorités nationales à suspendre toute procédure fondée sur le droit national jusqu'à ce que la Commission ait clôturé son dossier ; ainsi, le montant de l'amende infligée au niveau européen doit être pris en compte au niveau national.

Ces conditions particulières de *non bis in idem* diffèrent des conditions appliquées par la Cour européenne des droits de l'homme et par la Cour de justice elle-même dans sa jurisprudence « Schengen ». La question s'était donc posée de savoir si une telle différence pouvait être justifiée. Cette contribution, en déterminant la nature « pénale » des amendes en droit antitrust, a mis en lumière qu'une telle justification s'avérait de plus en plus difficile du point de vue du principe général *non bis in idem* reconnu par l'article 50 de la Charte des droits fondamentaux de l'Union européenne. Il est donc plus que jamais nécessaire que les pouvoirs politiques et judiciaires européens clarifient dans quelle mesure ce statut spécial du *non bis in idem* en droit antitrust peut être maintenu à la lumière des droits fondamentaux généralement applicables.

Juillet 2016

Le *ne bis in idem* en matière pénale dans l'UE : de quelques développements récents et de quelques perspectives

Anne WEYEMBERGH

Professeur à l'Université libre de Bruxelles

Introduction

Le principe *ne bis in idem* est sans doute une des manifestations de l'espace européen de justice pénale parmi les plus intéressantes. Il est très représentatif de ses avancées mais aussi des difficultés rencontrées pour le mettre en œuvre.

La présente contribution vise essentiellement à se pencher sur quelques développements récents et quelques perspectives concernant le principe *ne bis in idem* dans l'Union européenne (UE). Elle ne prétend aucunement à l'exhaustivité mais se concentre sur deux questions essentielles. La première concerne l'équilibre dans la jurisprudence de la CJUE entre droits des suspects, d'une part, et lutte contre l'impunité, d'autre part (I). La seconde est relative à l'interaction et à la compatibilité entre les deux principaux instruments de l'UE qui consacrent le principe *ne bis in idem*, à savoir la Convention d'application de l'Accord de Schengen (CAAS), d'une part, et la Charte des droits fondamentaux de l'UE (la Charte) de l'autre (II).

I. Quel équilibre entre droits des suspects et lutte contre l'impunité dans la jurisprudence de la CJUE ?

Comme l'expose Daniel Flore dans sa contribution à cet ouvrage, la CJUE est indiscutablement venue apporter d'importantes et enrichissantes précisions entre autres sur les contours de l'*idem* et du *bis*. Elle a de la sorte largement contribué à l'établissement d'un espace européen de justice pénale[1].

---

[1] A. WEYEMBERGH, « Le principe *non bis in idem* : une contribution essentielle de la CJUE », *in The Court of Justice and the Construction of Europe : Analyses and Perspectives on Sixty Years of Case-law*, The Hague, TMC Asser Press, 2013, pp. 539-561.

Qu'il s'agisse du *bis* ou de l'*idem*, l'interprétation autonome qu'elle en a donnée est le plus souvent extensive, favorable aux justiciables et au principe de la reconnaissance mutuelle en matière pénale. Pour ce faire, la Cour s'est entre autres fondée sur le principe de la confiance mutuelle. On sait combien le principe de la confiance mutuelle a pris de l'importance dans sa jurisprudence[2]. Mais ici, à la différence de certains autres aspects de reconnaissance mutuelle, la confiance mutuelle profite en quelque sorte aux droits des suspects.

Cette interprétation large du *ne bis in idem* ne va toutefois pas toujours sans poser un certain nombre de questions.

En témoigne l'affaire *Gasparini*[3]. Dans cette affaire, des poursuites pénales avaient été lancées au Portugal en 1997 contre des individus liés à la société Minerva s'occupant de ventes d'huile d'olives, et ayant donné leur accord à l'importation d'huile d'olives de Tunisie et de Turquie par le port portugais de Setubal, huile non déclarée aux autorités douanières et transportée en Espagne avec de faux documents prétendant que l'huile venait de Suisse. Les individus avaient été acquittés au Portugal car les poursuites étaient prescrites sur la base du Code pénal portugais. Mais des poursuites avaient également été lancées en 1997 en Espagne. En Espagne, les défendeurs soutenaient entre autres que les faits avaient déjà été jugés au Portugal, qu'ils ne pouvaient donc plus l'être une nouvelle fois en Espagne. Dans ce contexte, la juridiction de Malaga avait posé différentes questions à la CJUE, dont celle de savoir si une décision définitive d'acquittement pour cause de prescription et ne reposant donc pas sur une appréciation au fond mais bien sur une question de procédure, était susceptible de fonder le *bis*. Rejetant sur ce point les conclusions de l'Avocat général Eleanor Sharpston[4], la Cour admit, dans son arrêt du 28 septembre 2006, qu'une telle décision n'impliquant pas un examen au fond, pouvait fonder le *bis*. À cette fin, elle s'était prévalue de trois arguments principaux. Le premier consistait dans la formulation de l'article 54 CAAS lui-même, dont il découle que le « *bis* » ne s'applique pas qu'à des décisions de condamnation[5] ; le deuxième

---

[2] À cet égard, voy. entre autres CJUE, avis 2/13, du 18 décembre 2014, ECLI:EU:C:2014:2454. De manière générale, à ce propos voy. entre autres E. BRIBOSIA et A. WEYEMBERGH, « Confiance mutuelle et droits fondamentaux : "Back to the future" », *Cahiers de droit européen* 2016, pp. 469-521.

[3] CJUE, arrêt du 28 septembre 2006, Affaire C-467/04, *Gasparini* ECLI:EU:C:2006:610

[4] Conclusions de l'Avocat général Eleanor Sharpston du 15 juin 2006, ECLI:EU:C:2006:406

[5] Points 23 et 24.

consistait à dire qu'une interprétation différente porterait atteinte à l'objectif de l'article 54, c'est-à-dire à la libre circulation des personnes[6]. Quant au 3ème argument avancé par la Cour, il revenait à déclarer que certes les délais de prescription n'ont pas été harmonisés mais que l'application de l'article 54 n'est pas subordonnée à l'harmonisation des législations pénales des États membres dans le domaine des procédures d'extinction de l'action publique[7], qu'il implique une confiance mutuelle des États membres dans leurs systèmes respectifs ainsi que l'acceptation de l'application du droit pénal en vigueur dans les autres États membres, quand bien même la mise en œuvre de son propre droit national conduirait à une solution différente[8].

Cette décision de la Cour de justice relève d'une approche « garantiste », favorable aux justiciables. Il n'en demeure pas moins que cette approche, que l'on peut aussi qualifier de « formelle ou procédurale », posait question. Elle posait tout d'abord une question de cohérence par rapport à deux précédents arrêts où la Cour paraissait au contraire exiger un examen du fond de l'affaire pour pouvoir retenir l'existence du *bis*. Il s'agissait, d'une part, de l'arrêt *Miraglia*[9] et, d'autre part, de

---

[6] Points 27 et 28.

[7] Point 29.

[8] Point 30.

[9] CJUE 10 mars 2005, affaire C-469/03, *Miraglia*, ECLI:EU:C:2005:156. Voy. en particulier ses points 30 : « Or, une décision judiciaire, telle que celle en cause dans l'affaire au principal, qui a été prononcée après que le ministère public a décidé de ne pas poursuivre l'action publique au seul motif que des poursuites pénales ont été engagées dans un autre État membre à l'encontre du même prévenu et pour les mêmes faits sans qu'aucune appréciation n'ait été portée sur le fond, ne saurait constituer une décision jugeant définitivement cette personne au sens de l'article 54 de la CAAS » et 35 : « En conséquence, il y a lieu de répondre à la question posée que le principe *ne bis in idem*, consacré à l'article 54 de la CAAS, ne trouve pas à s'appliquer à une décision des autorités judiciaires d'un État membre déclarant qu'une affaire est clôturée, après que le ministère public a décidé de ne pas poursuivre l'action publique au seul motif que des poursuites pénales ont été engagées dans un autre État membre à l'encontre du même prévenu et pour les mêmes faits, et ce en l'absence de toute appréciation sur le fond ».

l'arrêt *Van Straaten*[10]. Elle posait ensuite la question plus fondamentale des limites de la reconnaissance mutuelle. Comme s'interrogeait Robert Roth : « [...] la progression de la reconnaissance mutuelle doit-elle tout emporter sur son passage [...] ? Le critère de l'examen au fond n'est-il pas la digue qui protège contre l'impunité sans fondement[11] et ne fournit-il pas entre autres aux victimes une garantie d'un traitement minimal du cas qu'elles portent à la connaissance de la justice pénale ? »[12]

Certaines décisions subséquentes ont semblé remettre en question cette approche formelle ou procédurale retenue dans l'affaire *Gasparini*. C'est le cas de l'arrêt de la CJUE du 5 juin 2014 dans l'affaire *M*[13]. En l'espèce, M. avait fait l'objet d'une décision belge de non-lieu par la Chambre du Conseil du Tribunal de première instance de Mons, laquelle avait ensuite été confirmée par la Chambre des mises en accusation et par la Cour de cassation. Conformément au droit belge, une telle décision éteint l'action publique sous réserve de la survenance de charges nouvelles[14]. En Italie, une procédure parallèle portant sur les mêmes faits avait par contre abouti à un renvoi devant les juridictions du fond. Dans ce contexte, le *Tribunale di Fermo* saisit la CJUE d'une question préjudicielle cherchant à savoir si un jugement définitif de non-lieu rendu par un État membre de l'UE, signataire de la CAAS, à l'issue d'une longue instruction menée lors de l'enquête diligentée dans le cadre d'une procédure qui pourrait faire l'objet d'une réouverture sur présentation de preuves nouvelles

---

[10] CJUE 28 septembre 2006, Affaire C-150/05, *Van Straaten*, ECLI:EU:C:2006:614. Voy. En particulier le point 60 « Il convient d'ajouter que, dans son arrêt du 10 mars 2005, *Miraglia* (C-469/03, Rec. p. I-2009, point 35), la Cour a jugé que le principe *ne bis in idem*, consacré à l'article 54 de la CAAS, ne trouve pas à s'appliquer à une décision des autorités judiciaires d'un État membre déclarant qu'une affaire est clôturée, après que le ministère public a décidé de ne pas poursuivre l'action publique au seul motif que des poursuites pénales ont été engagées dans un autre État membre à l'encontre du même prévenu et pour les mêmes faits, et ce en l'absence de toute appréciation sur le fond. Or, sans qu'il soit nécessaire de statuer, dans la présente affaire, sur la question de savoir si un acquittement qui ne repose pas sur une appréciation sur le fond est susceptible de relever de cet article, il y a lieu de constater qu'un acquittement pour insuffisance de preuves est fondé sur une telle appréciation ».

[11] Dans ce sens, Chr. VAN DEN WIJNGAERT et G. STESSENS, « The International *non bis in idem* Principle : Resolving Some of the Unanswered Questions », *Int. and Comparative Law Quarterly* 1999, p. 792 ; R. M. KNIEBÜHLER, *Transnationales* ne bis in idem, Berlin, Duncker & Humblot, 2005, p. 114 et suiv.

[12] R. ROTH, « *Non bis in idem* transnational : vers de nouveaux paradigmes » *in* S. BRAUM and A. WEYEMBERGH (eds), *Le contrôle juridictionnel dans l'espace pénal européen*, Éd. de l'Université de Bruxelles, 2009, p. 128.

[13] CJUE 5 juin 2014, affaire C-398/12, *M*, ECLI:EU:C:2014:1057.

[14] Articles 128 et 246 et s. du Code d'instruction criminelle (CIC).

fait obstacle à l'ouverture ou au déroulement d'un procès tenu pour les mêmes faits et à l'encontre d'une même personne dans un autre État membre. Suivant en cela les conclusions de l'Avocat général Eleanor Sharpston[15], la CJUE a répondu positivement à la question, le jugement définitif de non-lieu rendu en Belgique fondant donc bien le *bis*. Un des éléments principaux pris en compte à cet égard a été de voir si cette décision avait bien été rendue à la suite d'une appréciation portée sur le fond de l'affaire[16]. Ce passage de l'arrêt de la Cour laisse donc clairement penser que cette appréciation au fond est nécessaire pour conclure à l'existence du *bis*.

Dans ce contexte, l'arrêt *Kossowski* du 29 juin 2016[17] était attendu impatiemment car une des questions à trancher consistait précisément à savoir si la Cour allait reprendre l'approche procédurale/formelle du *bis* comme dans l'affaire *Gasparini* ou si elle allait, au contraire, exiger qu'il y ait eu une appréciation au fond. Dans cette affaire, Kossowski était inculpé en Allemagne pour avoir commis à Hambourg en octobre 2005 des actes constitutifs d'extorsion assimilée au vol aggravé. Les autorités polonaises avaient peu après arrêté l'individu pour lui faire exécuter une peine d'emprisonnement prononcée en Pologne dans une autre affaire. Elles avaient aussi ouvert une procédure d'instruction relative aux faits commis à Hambourg mais avaient décidé en décembre 2006 de mettre fin à la procédure pénale visant l'inculpé, en l'absence de charges suffisantes. Cette décision était motivée par le fait que l'inculpé avait refusé de faire une déposition et que la victime en cause au principal et un témoin par ouï-dire résidaient en Allemagne, si bien qu'ils n'avaient pas pu être entendus au cours de la procédure d'instruction et que les indications

---

[15] Conclusions, 6 février 2014, ECLI:EU:C:2014:65.

[16] Voy. les points 28 à 30 :

«28. Afin de déterminer si une décision judiciaire constitue une décision jugeant définitivement une personne, au sens de cet article, il convient de s'assurer que cette décision a été rendue à la suite d'une appréciation portée sur le fond de l'affaire (voir, en ce sens, arrêt *Miraglia*, C-469/03, EU:C:2005:156, point 30).

29. À cet effet, la Cour a jugé qu'une décision des autorités judiciaires d'un État contractant, par laquelle un prévenu a été définitivement acquitté pour insuffisance de preuves, doit être considérée comme étant fondée sur une telle appréciation (voir, en ce sens, arrêt *van Straaten*, C-150/05, EU:C:2006:614, point 60).

30. Il convient donc de constater qu'une ordonnance de non-lieu prononcée à la suite d'une instruction au cours de laquelle ont été rassemblés et examinés divers moyens de preuve doit être considérée comme ayant fait l'objet d'une appréciation portée sur le fond, au sens de l'arrêt *Miraglia* (EU:C:2005:156), dans la mesure où elle comporte une décision définitive sur le caractère insuffisant de ces preuves et exclut toute possibilité que l'affaire soit rouverte sur la base du même faisceau d'indices ».

[17] CJUE 29 juin 2016, affaire C-486/14, *Kossowski*, ECLI:EU:C:2016:483.

de cette victime n'avaient pas pu être vérifiées. En juillet 2009, le parquet de Hambourg émet un mandat d'arrêt européen contre l'inculpé mais son exécution est refusée sur la base du *ne bis in idem*. Le 7 février 2014, l'inculpé, toujours recherché en Allemagne, est arrêté à Berlin. Le tribunal régional de Hambourg refuse d'ouvrir la procédure de jugement, fondant sa décision sur l'extinction de l'action publique, au sens de l'article 54 de la CAAS, par la décision polonaise mettant fin aux poursuites pénales. Kossowski est libéré. Saisi par le parquet de Hambourg d'un appel contre cette décision, le tribunal régional supérieur de Hambourg saisit la CJUE d'un renvoi préjudiciel. Une des questions posées visait à savoir si l'inculpé peut être considéré comme ayant été «définitivement jugé », au sens de l'article 54 de la CAAS, ou « acquitté [...] par un jugement pénal définitif », au sens de l'article 50 de la Charte. La juridiction de renvoi estimait que l'affaire était différente de l'affaire *M*, en raison de l'absence d'une instruction approfondie ayant précédé la décision de décembre 2006 mettant fin aux poursuites pénales.

Dans ses conclusions, l'Avocat Général Yves Bot[18] avait considéré qu'une ordonnance de non-lieu telle que concernée dans l'espèce, adoptée par le ministère public et clôturant la procédure d'instruction, ne permet pas de fonder le *bis*. Elle ne peut en effet pas être qualifiée de « jugement définitif », car il ressort manifestement de la motivation de celle-ci que les éléments qui constituent la substance même de la situation juridique, tels que l'audition de la victime et celle du témoin, n'ont pas été examinés par les autorités judiciaires concernées. Selon Yves Bot, il ne pouvait donc pas y avoir de *bis* puisque l'ordonnance de non-lieu n'était pas basée sur un examen au fond de l'affaire.

Dans son arrêt, la Cour a suivi ces conclusions et a considéré que la décision fondant le *bis* doit avoir été fondée sur un examen au fond. S'appuyant sur les arrêts *Miraglia* et *M*, elle déclare que pour déterminer si une décision telle que celle en cause au principal constitue une décision jugeant définitivement une personne, au sens de l'article 54 de la CAAS, il convient de s'assurer que cette décision a été rendue à la suite d'une appréciation portée sur le fond de l'affaire[19]. Elle poursuit en considérant que l'interprétation du caractère définitif, au sens de l'article 54 de la CAAS, d'une décision pénale d'un État membre, doit se faire à la lumière non seulement de la nécessité de garantir la libre circulation des personnes mais aussi de celle de pro-

[18] Conclusions, 15 décembre 2015, ECLI:EU:C:2015:812
[19] Point 42.

mouvoir la prévention de la criminalité et de lutter contre ce phénomène au sein de l'espace de liberté, de sécurité et de justice[20]. Une décision comme celle en cause en l'espèce ne constitue pas une décision ayant été précédée d'une appréciation portée sur le fond[21]. L'inverse aurait pour effet de rendre plus difficile, voire de faire obstacle à toute possibilité concrète de sanctionner dans les États membres concernés le comportement illicite reproché à l'inculpé[22]. Certes, dit la Cour, l'article 54 de la CAAS implique nécessairement qu'il existe une confiance mutuelle des États contractants dans leurs systèmes respectifs de justice pénale et que chacun de ceux-ci accepte l'application du droit pénal en vigueur dans les autres États contractants, quand bien même la mise en œuvre de son propre droit national conduirait à une solution différente[23] mais cette confiance mutuelle ne saurait prospérer que si le second État contractant est en mesure de s'assurer, sur la base des pièces communiquées par le premier État contractant, que la décision concernée prise par les autorités compétentes de celui-ci constitue bien une décision définitive contenant une appréciation sur le fond de l'affaire[24].

Ce faisant la Cour a donc tranché clairement la question qui demeurait pendante en faveur d'une approche substantielle du *bis,* en faisant une claire balance entre les intérêts de l'individu concerné et les impératifs liés à la lutte contre le crime et l'impunité.

II. Quelle interaction ou compatibilité entre les articles 54 et suivants de la Convention d'application de l'Accord de Schengen et l'article 50 de la Charte des droits fondamentaux de l'UE ?

Dans l'Union européenne, deux instruments principaux consacrent le principe *ne bis in idem*. Leur formulation n'est toutefois pas identique, ce qui crée certaines tensions et soulève certaines interrogations.

Il y a, d'une part, les articles 54 et s. CAAS. Pour rappel, la CAAS a été signée le 19 juin 1990 et a été adoptée dans un cadre purement intergouvernemental hors cadre institutionnel communautaire. Elle a par la suite été intégrée dans le droit secondaire UE via le Traité

---

[20] Point 47.
[21] Point 48.
[22] Point 49.
[23] Points 50 et 51.
[24] Point 52.

d'Amsterdam, plus précisément via le Protocole intégrant l'acquis de Schengen dans le cadre de l'Union européenne[25].

Il y a, d'autre part, l'article 50 de la Charte. Cette dernière a été proclamée le 7 décembre 2000[26], soit bien plus tard, dans un contexte tout à fait différent. Elle relève non du droit secondaire mais bien du droit européen primaire depuis l'entrée en vigueur du traité de Lisbonne[27]. Elle est dès lors, dans la hiérarchie des normes, d'un niveau supérieur à celui de la CAAS.

Il n'est donc pas si étonnant que les formulations respectives ne soient pas identiques. Il s'agit de textes relevant de générations différentes et reflétant des approches et des sensibilités différentes : l'un organise des mécanismes de coopération tandis que l'autre a pour objectif principal la protection des droits fondamentaux. Ces deux textes doivent pourtant coexister, ce qui impose la gestion de leurs divergences.

Il y a ici en réalité deux sous-questions : celles de la compatibilité avec l'article 50 de la Charte de l'article 54 CAAS *in fine* (A) et de l'article 55, § 1er CAAS (B).

A. La validité de l'article 54 CAAS *in fine* au regard de l'article 50 de la Charte

L'article 54 *in fine* restreint l'application du principe *ne bis in idem* lorsque les décisions définitives sont des décisions de condamnation. Dans ce cas, il ne s'applique qu'à la condition que « la sanction ait été subie ou soit actuellement en cours d'exécution ou ne puisse plus être exécutée selon les lois de la Partie contractante de condamnation ». L'article 50 de la Charte par contre ne prévoit pas une telle restriction. La question se posait dès lors de savoir comment concilier les deux textes.

Comme le mentionne Daniel Flore dans sa contribution, cette question a été tranchée par la CJUE dans son arrêt du 27 mai 2014 dans l'affaire *Zoran Spasic*[28].

La Cour avait été saisie d'un renvoi préjudiciel dans le cadre de poursuites pénales engagées en Allemagne par le parquet de Ratisbonne contre M. Spasic, ressortissant serbe, du chef d'une escroquerie que celui-ci avait commise en Italie en mars 2009. Un mandat d'arrêt

---

25 Protocole 19, *JO* 1997 n° C 340, p. 93.

26 *JO*, 18 décembre 2000, n° C 364, p. 6 et s.

27 Article 6, § 1er TUE.

28 CJUE 27 mai 2014 , affaire C-129/14 PPU, *Zoran Spasic*, ECLI:EU:C:2014:586

européen avait été émis à cette fin. Le 18 juin 2012, l'intéressé avait fait l'objet pour les mêmes faits d'une décision de condamnation par contumace par le *Tribunale ordinario di Milano*. Mais, détenu pour d'autres faits en Autriche puis remis par l'Autriche à l'Allemagne en exécution du mandat d'arrêt européen précité, il n'avait pas pu purger sa peine privative de liberté d'un an mais s'était acquitté du paiement de l'amende de 800 euros. M. Spasic a attaqué la décision ordonnant son maintien en détention en Allemagne, en se fondant sur le principe *ne bis in idem*. Mais il a été débouté par l'*Amtsgericht Regensburg* d'abord et par le *Landgericht Regensburg* ensuite. Ayant saisi l'*Oberlandesgericht Nürnberg* d'un recours à l'encontre de la décision du *Landgericht Regensburg*, il a fait valoir que les dispositions limitatives de l'article 54 de la CAAS ne peuvent valablement restreindre la portée de l'article 50 de la Charte et que, s'étant acquitté de l'amende de 800 euros, il devait être remis en liberté. Une des questions posées par l'*Oberlandesgericht Nürnberg*, à la CJUE consistait à savoir si l'article 54 de la CAAS est compatible avec l'article 50 de la Charte en ce qu'il soumet le principe *ne bis in idem* à la condition que, en cas de condamnation, la sanction ait été subie ou soit actuellement en cours d'exécution ou ne puisse plus être exécutée selon les lois de l'État de condamnation.

À cet égard, la Cour se réfère tout d'abord aux explications relatives à la Charte[29], lesquelles « couvrent » les restrictions en question[30]. Mais, celles-ci n'étant qu'indicatives, la Cour ne s'est heureusement pas arrêtée là. Elle poursuit en examinant si les conditions prévues par l'article 52 § 1er de la Charte auxquelles doit satisfaire toute restriction aux droits qu'elle consacre sont bien remplies. Aux termes de cette disposition, toute limitation de l'exercice des droits et des libertés doit être prévue par la loi et respecter le contenu essentiel de ces droits. Elle doit également respecter le principe de proportionnalité : une limitation ne peut être apportée que si elle est nécessaire et répond effectivement à des objectifs d'intérêt général reconnus par l'Union ou au besoin de protection des droits et libertés d'autrui. La Cour considère que chacune de ces conditions est satisfaite. L'argument majeur qui la guide à cet égard repose sur l'objectif poursuivi par les restrictions contenues dans l'article 54 *in fine*, à savoir la lutte contre

---

[29] Voy. points 54 et 55 de l'arrêt.

[30] Pour les explications relatives à la Charte, voy. CHARTE 4473/1/00 REV 1, 19 octobre 2000, p. 50 et publiées au *JO* n° C 303, 14 décembre 2007, p. 17.

l'impunité. Elle conclut que les restrictions prévues par l'article 54 CAAS *in fine* sont bien compatibles avec l'article 50 de la Charte[31].

Ce faisant, la CJUE s'est écartée de la prise de position extrêmement fouillée et nuancée de l'Avocat général Niilo Jääskinen[32]. Celui-ci faisait notamment valoir qu'en l'état actuel du droit de l'Union et entre autres de la mise en œuvre du principe de reconnaissance mutuelle[33], la condition d'exécution prévue par l'article 54 *in fine* dans son application généralisée ne satisfait pas au critère de proportionnalité et ne peut pas être considérée comme une atteinte justifiée au droit de ne pas être poursuivi ou jugé pénalement deux fois au sens de l'article 52 de la Charte. L'Avocat général considérait que cette condition peut toutefois encore être admissible mais dans certains cas seulement[34].

Par sa réponse à cette question, la Cour confirme, par contre, l'approche retenue par certaines juridictions suprêmes nationales qui s'étaient déjà penchées sur le rapport entre l'article 50 de la Charte et l'article 54 CAAS. C'était le cas de la *Bundesgerichtshof* ou Cour de cassation fédérale allemande, qui, dans une décision du 25 octobre 2010, avait conclu à la non-application du principe *ne bis in idem* en raison des limites à son application prévues en cas de condamnation par l'article 54 de la CAAS. Elle avait déclaré à cet égard que l'article 50 de la Charte ne conduit pas à une autre conclusion dans la mesure où les limites précitées sont couvertes par l'article 52 § 1 de la Charte et s'était également référée aux explications relatives à la Charte fournies par le Présidium de la Convention sur l'avenir de l'UE[35]. Cette approche avait été confirmée quelques semaines plus tard dans un cas d'espèce similaire, d'une part, à nouveau par la *Bundesgerichtshof* via

---

[31] Points 57 et s.

[32] Prise de position présentée le 2 mai 2014, ECLI:EU:C:2014:739.

[33] L'Avocat général se référait notamment au livre vert de la Commission sur les conflits de compétences et le principe *ne bis in idem* dans le cadre des procédures pénales (COM (2005) 696 final, 23 décembre 2005, p. 9), dans lequel la Commission déclarait que « [c]ette condition se justifiait dans un système d'entraide judiciaire classique, dans le cadre duquel l'exécution d'une sanction dans d'autres États membres pouvait parfois s'avérer difficile. On peut se demander si elle se justifie encore dans un espace de liberté, de sécurité et de justice, où l'exécution transfrontalière s'opère désormais grâce aux instruments de l'UE sur la reconnaissance mutuelle » (point 52). L'Avocat général faisait aussi mention de l'article 4 du protocole 7 à la CEDH qui, comme l'article 50, ne prévoit pas de condition semblable à l'article 54 *in fine* (points 61 et s.).

[34] Points 103 et s. de sa prise de position.

[35] BGH, Beschluss vom 25 Oktober 2010 – 1 StR 57/10, § 6 et s. et spécialement § 13. À cet égard, voy. entre autres C. BURCHARD ET D. BRODOWSKI, « The Post-Lisbon Principle of Transnational *Ne bis in idem* », *NJECL* 3 2010, pp. 310-327.

un arrêt du 1er décembre 2010[36], fort brièvement motivé, qui se référait au raisonnement tenu dans la décision précédente et, d'autre part, par la *Bundesverfassungsgericht* à travers un arrêt du 15 décembre 2011[37]. Dans son arrêt *Spasic*, la CJUE ne se réfère toutefois pas expressément au raisonnement de ces juridictions. Il faut dire qu'à l'inverse de l'*Oberlandesgericht Nürnberg* qui a eu le mérite dans cette affaire d'avoir établi le dialogue avec la CJUE, ces juridictions suprêmes n'avaient pas jugé bon de la saisir d'un renvoi préjudiciel sur la question.

Acceptant de la sorte les limites de l'article 54 CAAS *in fine*, la CJUE a manifestement mis l'accent sur la lutte contre l'impunité et la sécurité et limité l'étendue de la confiance mutuelle[38]. Cet arrêt a fait l'objet de certains commentaires fort critiques, dont celui de Martin Wasmeier[39], qui a insisté sur la différence d'approche avec d'autres décisions de la Cour, tout particulièrement dans l'affaire *M.*, décision rendue à quelques jours d'intervalle, qui est elle au contraire centrée sur la liberté de circulation et une large confiance mutuelle.

B. La compatibilité des déclarations faites au titre de l'article 55, § 1er CAAS avec l'article 50 de la Charte

L'article 55, § 1er de la CAAS permet à toute Partie contractante de déclarer qu'elle n'est pas liée par le principe *ne bis in idem* : lorsque les faits visés par le jugement étranger ont eu lieu soit en tout, soit en partie sur son territoire (a), lorsque les faits visés par le jugement étranger constituent une infraction contre la sûreté de l'État ou d'autres intérêts également essentiels de cette Partie contractante (b) et/ou lorsque les faits visés par le jugement étranger ont été commis par un fonctionnaire de cette Partie contractante en violation des obligations de sa charge (c). Ces exceptions potentielles tiennent donc pour l'essentiel soit au lieu de commission de l'infraction, soit au caractère public de son auteur, soit encore au caractère public de la cible de l'infraction. Elles permettent clairement aux États membres de « préserver » leur souveraineté nationale.

L'article 50 de la Charte ne prévoyant aucune exception de ce type, la question se pose bien sûr de savoir si elles sont compatibles avec cette disposition de droit primaire. Ce problème a été soumis à la CJUE

[36] BGH, Beschluss vom 1 Dezember 2010 – 2 StR 420/10.
[37] BverfG, 2 BvR 148/11, spécialement § 43.
[38] Voy. entre autres M. WASMEIER, exposé présenté à la VUB, le 23 juin 2014.
[39] M. WASMEIER, « *Ne bis in idem* and the Enforcement Condition : Balancing Freedom, Security and Justice ? », *NJECL* 2014-4.

dans l'affaire *Kossowski* précitée. La première des questions posées par la juridiction de renvoi consistait en effet à savoir si la réserve émise par la République fédérale d'Allemagne au titre de l'article 55, § 1er, sous a), de la CAAS est encore valide après l'intégration de l'acquis de Schengen et si elle est une limitation proportionnée de l'article 50 de la Charte au sens de l'article 52, § 1, de celle-ci. Si tel était le cas, le principe *ne bis in idem* n'aurait pas pu être appliqué en l'espèce, étant donné que les faits reprochés à l'inculpé ont eu lieu sur le territoire allemand et que les services répressifs allemands n'avaient pas demandé la poursuite aux autorités polonaises au sens de l'article 55, § 4, de la CAAS qui prévoit que les exceptions qui ont fait l'objet d'une déclaration ne s'appliquent pas lorsque la Partie Contractante concernée a, pour les mêmes faits, demandé la poursuite à l'autre Partie Contractante ou accordé l'extradition de la personne concernée.

Dans ses conclusions, l'Avocat général Yves Bot faisait valoir que les réserves en question ne sont pas problématiques au regard de l'intégration de Schengen dans l'acquis de l'UE en tant que telle[40] mais que, par contre, elles le sont au regard de la Charte. Qu'en effet ces réserves vident de leur contenu le principe *ne bis in idem* et que cette seule considération suffit à conclure que cette réserve doit être déclarée invalide[41]. Une exception ne pourrait être apportée à cette affirmation que si elle se trouvait justifiée par la nécessité d'attribuer à ladite réserve un effet utile allant dans le sens d'un intérêt supérieur qui ne serait pas d'un effet contraire à l'élaboration de l'espace de liberté, de sécurité et de justice[42]. L'Avocat Général examine ensuite l'utilité ou la nécessité de la réserve et conclut à son inutilité[43] et dès lors à son invalidité au regard de l'article 50 de la Charte.

Dans son arrêt du 29 juin 2016, la Cour n'a pas répondu à cette question. Elle est en effet directement passée à la seconde question qui lui était posée par le juge de renvoi, c'est-à-dire celle de savoir si la décision polonaise ayant clos l'affaire était constitutive d'un *bis*[44]. La Cour ayant répondu, comme vu précédemment, par la négative, il n'était plus nécessaire selon elle de trancher au sujet de la compatibilité des déclarations faites sur la base de l'article 55 § 2e avec la Charte[45].

---

[40] Points 33 et s.
[41] Point 48.
[42] Point 49.
[43] Points 50 et s.
[44] Point 30.
[45] Point 55.

La question de savoir si la CJUE étendra le raisonnement qu'elle a tenu dans l'arrêt *Zoran Spasic* concernant l'article 54 *in fine* aux déclarations faites sur la base de l'article 55 § 1er CAAS et considérera donc que ces limites sont valables au regard de l'article 50 de la Charte reste ouverte. C'est là une interrogation fondamentale car y est sous-jacente celle particulièrement sensible de l'équilibre entre confiance mutuelle et souveraineté nationale des États membres.

Certaines juridictions nationales se sont déjà prononcées à cet égard. S'il n'est pas expressément question de l'article 55 de la CAAS dans les arrêts précités du *Bundesgerichtshof*, l'arrêt du *Bundesverfassungsgericht* paraît étendre le raisonnement tenu sur la compatibilité des limites contenues à l'article 54 *in fine* aux déclarations de l'article 55 § 1er CAAS[46]. Cette approche est logique, si comme ces deux juridictions l'on se fie aux explications données par le Présidium qui déclarent en général que les exceptions permettant aux États membres de déroger au principe *ne bis in idem* sont couvertes par la clause horizontale de l'article 52, § 1, sans faire de distinction entre les articles 54 et 55 de la CAAS. Si, par contre, l'on relativise le statut des explications en question et si l'on procède à un examen approfondi de conformité de ces exceptions aux quatre conditions de l'article 52 § 1er précité comme l'a fait l'Avocat général dans l'affaire *Kossowski*, l'on s'apercevra que la réalisation de la condition exigeant que les limitations respectent le contenu essentiel du principe *ne bis in idem* est sujette à caution. Ces dérogations donnent la priorité aux intérêts des États et à des considérations liées à la défense de leur souveraineté nationale sur les droits fondamentaux et la réalisation d'un espace de justice au sein de l'UE[47]. Certains juges nationaux ont considéré que ces réserves sont invalides car incompatibles avec l'article 50 de la Charte. C'est le cas d'une décision rendue par le *Tribunale di Milano* le 6 juillet 2011[48] qui, se basant principalement sur l'« applicabilité immédiate et directe » de l'article 50 de la Charte, écarte l'application des dérogations fondées sur l'article 55 § 1er a) de la CAAS. Par ailleurs, par sa décision n° 1/2011, la Cour suprême grecque (*Areios Pagos*) a également conclu à l'incompatibilité de ces déclarations avec l'article 50 de la Charte, celles-ci ne pouvant pas être considérées comme justifiées au regard de son article 52 § 1. La Cour suprême

---

[46] « [...] Damit sind die Art. 54 bis 58 SDÜ erfasst [...] » (§ 44).

[47] Dans ce sens, voy. notamment K. LIGETI, « Rules on the application of *ne bis in idem* in the EU », *Eucrim* 2009 (1-2), p. 41.

[48] Voy. à cet égard, le commentaire critique adressé par C. AMALFITANO, « Il principio del *ne bis in idem* tra caas e carta dei diritti fondamentali del l'Unione Europea », *Cassazione penale* 2012, p. 3889.

grecque en a déduit que la déclaration de la Grèce, qui visait à écarter l'application du principe en matière de trafic de stupéfiants, avait été abolie avec l'entrée en vigueur de la Charte.

Reste donc à espérer que la CJUE aura rapidement une nouvelle opportunité de se prononcer sur cette question délicate.

Certes, toutes les Parties contractantes n'ont pas fait de déclaration sur la base de l'article 55 CAAS[49] ; il est par ailleurs expressément précisé qu'à tout moment une Partie contractante, qui aurait fait une telle déclaration relative à une ou plusieurs exceptions peut la retirer[50] et que ces exceptions ne s'appliquent pas lorsque la Partie contractante concernée a, pour les mêmes faits, demandé la poursuite à l'autre Partie contractante ou accordé l'extradition de la personne visée[51]. Certes, les conséquences choquantes que certaines de ces exceptions peuvent entraîner au plan individuel[52] sont amoindries par la « clause de déduction de la peine » prévue à l'article 56 de la convention. Il n'en demeure pas moins que la possibilité de prévoir des dérogations au principe *ne bis in idem* et le recours relativement fréquent qui y a été fait vident la disposition en question d'une bonne partie de son contenu. En résulte en outre une application à géométrie variable du *ne bis in idem* au sein de l'Union, ce au détriment du principe de la sécurité juridique.

Ces inconvénients ne sont bien entendu pas étrangers au fait que le programme de mesures destiné à mettre en œuvre le principe de la reconnaissance mutuelle prévoyait que le « réexamen des articles 54 à 57 de la CAAS » devrait entre autres porter sur les possibilités de réserves selon l'article 55 de cette convention, en particulier celle autorisant un État à déclarer qu'il n'est pas lié par le principe quand les faits visés par le jugement étranger ont eu lieu en partie sur son territoire[53]. Dans le prolongement de ces orientations programmatoires, l'initiative de la République hellénique en vue de l'adoption d'une décision-cadre du Conseil relative à l'application du principe *ne bis in idem*[54] visait à supprimer la possibilité de déclaration pour

---

[49] La Belgique par exemple n'a pas fait usage de la possibilité consacrée par l'article 55 de la CAAS.

[50] Article 55, § 3.

[51] Article 55, § 4.

[52] À propos des conséquences choquantes que peut avoir la limitation territoriale, voy. David 2003, 19.

[53] *JO* 15 janvier 2001, n° C 12, p. 10 et s.

[54] Initiative de la République hellénique en vue de l'adoption d'une décision-cadre du Conseil relative à l'application du principe « *non bis in idem* », *JO* 26 avril 2003, n° C 100, p. 24 et s.

l'exception liée au lieu de commission de l'infraction mais maintenait cette possibilité pour celles relatives au caractère public de l'auteur de l'infraction et au caractère public de sa cible[55]. Ces dispositions ont fait l'objet de nombreuses critiques allant en sens divers : certains ont regretté qu'elles ne réduisent pas suffisamment les possibilités de dérogations offertes par les dispositions Schengen[56], d'autres leur ont reproché leurs trop vastes ambitions. Ces dispositions ont ainsi constitué la principale pierre d'achoppement des négociations de ladite proposition grecque[57]. Les positions des États membres à leur égard se sont révélées très divergentes[58]. Selon certains d'entre eux, de même que pour la Commission européenne et le Parlement européen, aucune de ces trois exceptions ne se justifiait encore dans un espace judiciaire européen. À l'inverse, d'autres États souhaitaient les maintenir toutes les trois. C'était entre autres le cas du Gouvernement français qui se prévalait des difficultés d'ordre constitutionnel interne qu'entraînerait une suppression ou une réduction des exceptions, le maintien de l'ensemble de ces exceptions étant nécessaire pour garantir le respect du principe de la souveraineté nationale, principe de valeur constitutionnelle[59]. Enfin, d'autres États membres encore défendaient une position intermédiaire en acceptant de renoncer à certaines exceptions seulement. Diverses propositions de compromis ont été présentées mais aucune n'a recueilli l'adhésion de tous les États membres. Ainsi, alors que, selon de nombreux commentateurs, la suppression ou la réduction des dérogations au principe *ne bis in idem* représentait la principale plus-value de l'initiative grecque, c'est précisément ce point qui a cristallisé les oppositions et a mené à l'impasse de l'initiative en question, témoignant par-là de la sensibilité extrême de

---

[55] Article 4 de la proposition grecque initiale.

[56] Dans ce sens, voy. entre autres les prises de position de *Justice* (voy. entre autres Justice, *Implementing the ne bis in idem principle in the EU*, May 2003 ; Justice, *Note on the draft framework decision on ne bis in idem*, November 2003)

[57] Voy. A. WEYEMBERGH, « Le principe *ne bis in idem :* pierre d'achoppement de l'espace pénal européen ? », *Cahiers de droit européen* 2004, pp. 337-375.

[58] Sur ce point, voy. entre autres la communication de M. Pierre FAUCHON sur le projet de décision-cadre relative à l'application du principe *non bis in idem*, réunion de la délégation pour l'UE du mardi 18 novembre 2003, comptes rendus des débats, Sénat (à consulter sur le site du Sénat français à l'adresse suivante : http://www.senat.fr/europe/r18112003.html).

[59] Cette position du gouvernement français était contredite par le Sénat (voy. *ibid.*). Saisi d'une demande d'avis sur la question, le Conseil d'État a considéré que seule la possibilité pour les juridictions nationales de réprimer des infractions contre la sûreté de l'État ou d'autres intérêts également essentiels, malgré l'intervention d'un jugement définitif émanant d'un autre État membre de l'Union, doit, pour des motifs d'ordre constitutionnel, être maintenue (séance du 29 avril 2004).

la problématique… Aucune nouvelle initiative législative à ce sujet n'a été déposée depuis.

Conclusion

Outre les questions examinées précédemment, tranchées ou non encore tranchées par la CJUE, de nombreuses autres interrogations demeurent. Qu'il nous soit permis d'en mentionner trois brièvement à titre d'exemples. La première est celle de savoir ce qui va advenir de l'actuelle géométrie variable du *ne bis in idem* selon la matière envisagée. Le principe n'est pas appliqué de manière uniforme dans tous les domaines du droit européen par la CJUE : celle-ci ne retient pas les mêmes critères de l'*idem* dans tous les secteurs et en particulier dans les secteurs pénal et de la concurrence[60]. Nous renvoyons sur ce point à d'autres contributions du présent ouvrage. Le deuxième exemple a trait à l'identité des faits, plus précisément au degré d'identité factuelle nécessaire ou aux contours exacts de *l'idem factum*. On sait que la Cour a retenu un tel *idem* factuel et a ainsi rejeté une approche de l'*idem* basée sur la qualification juridique ou *idem crimen*[61]. Dans certaines affaires elle a donné quelques précisions supplémentaires : ainsi dans l'arrêt *Van Straaten* elle a précisé que l'identité nécessaire ne doit pas être totale[62]. Il n'est toutefois pas toujours aisé d'identifier le niveau minimal qu'elle doit atteindre pour conclure à l'existence effective de l'*idem factum*. La Cour a orienté les autorités nationales en indiquant que l'ensemble des faits doivent, par leur nature même, être indissociablement liés dans le temps, dans l'espace ainsi que par leur objet. Mais la mise en œuvre de ces critères est loin d'être simple dans la pratique et dépendra des spécificités de chaque cas d'espèce. Nul doute que la CJUE sera encore souvent appelée à donner des éclaircissements aux autorités nationales en la matière et aura autant d'occasions de poursuivre son œuvre d'interprétation. Le second exemple fourni pour illustrer les nombreuses questions qui demeurent est relatif à l'identité de l'auteur, et entre autres aux personnes morales[63]. L'article 54 CAAS ne précise rien à cet égard mais utilise le

---

[60] Alors qu'elle n'a retenu que le critère de l'identité des faits matériels dans une procédure disciplinaire relative au droit de la fonction publique.

[61] Voy. surtout CJUE 9 mars 2005, affaire C-436/04, *Van Esbroeck*, ECLI:EU:C:2006:165 mais aussi CJUE 28 septembre 2006, affaire C-467/04, *Gasparini,* ECLI:EU:C:2006:610 (points 53 et s) ; CJUE 28 septembre 2006, *affaire* C-150/05, *Van Straaten,* ECLI:EU:C:2006:614 (points 49 et 50) ; CJUE 18 juillet 2007, C-288/05, *Kretzinger,* ECLI:EU:C:2007:441 (points 34 et s.) et CJUE 18 juillet 2007, C-367/05, *Kraaijenbrink,* ECLI:EU:C:2007:444 (points 23 et s.).

[62] Points 49 et 50.

[63] À cet égard, voy. notamment R. ROTH, *op. cit*, p. 125.

terme général de « personne ». Si l'on admet le principe de la responsabilité pénale des personnes morales, on ne voit pas ce qui permettrait de les exclure du champ du principe. La proposition grecque susmentionnée ne disait rien à ce propos mais ce que l'on a coutume d'appeler la « *Freiburg proposal* » est claire à ce sujet[64]. Elle identifie plusieurs problématiques en la matière, parmi lesquelles, d'une part, le fait qu'il est parfois malaisé de déterminer si plusieurs entités constituent en réalité la même personne morale et, d'autre part, la situation où les destinataires des doubles poursuites ou sanctions sont des entités juridiques différentes, i.e. une personne morale et une personne physique liée à la personne morale. Dans un tel cas, selon la *Freiburg Proposal* le principe *ne bis in idem* ne devrait pas s'appliquer, dans la mesure où il ne s'agit pas de la même personne. Toutefois, le principe devrait malgré tout s'appliquer lorsque le degré d'identité entre la personne physique et le groupement est très élevé, comme lorsque la personne physique est le seul actionnaire du groupement et est aussi pleinement responsable de la gestion et de la direction de celui-ci.

La présente contribution s'est surtout penchée sur la jurisprudence de la CJUE en la matière. Celle-ci est fondamentale. Elle ne rend cependant pas superflue une intervention du législateur de l'Union européenne bien au contraire[65]. Une codification de certaines précisions apportées par la Cour dans sa jurisprudence de même que la résolution de certaines interrogations restées sans réponse à ce jour ne seraient pas inutiles. Surtout, pareille initiative devrait viser à actualiser ou moderniser le principe *ne bis in idem* de manière à le mettre davantage en conformité avec les objectifs qui sont aujourd'hui ceux de l'Union, et ce au plan de l'*idem*, du *bis* mais également au plan des limitations et des exceptions mises ou admises au principe par les article 54 et s. de la CAAS. À cet égard, on regrettera qu'aucun des textes programmatoires récents en matière d'espace de liberté, de sécurité et de justice ne mette à l'agenda des travaux une initiative

---

[64] A. BIEHLER, R. KNIEBÜHLER, J. LELIEUR-FISCHER & S. STEIN (eds), *Freiburg Proposal on and the Prohibition of Multiple Prosecutions in the European Union*, Max Planck Institute, 2003, p. 9 et s.

[65] À cet égard, voy. entre autres I. ARMADA & A. WEYEMBERGH, « The principle of *ne bis in idem* in Europe's Area of Freedom, Security and Justice », *in* V. MITSILEGAS, M. BERGSTRÖM, T. KONSTADINIDES (eds), *Research Handbook on EU Criminal Law*, Edward Elgar, 2016.

législative destinée à développer le principe *ne bis in idem*[66]. Il n'en est question ni dans les points relatifs aux développements du principe de la reconnaissance mutuelle, ni dans ceux relatifs au rapprochement des garanties procédurales en matière pénale[67].

Enfin, pour terminer, on relèvera que le *ne bis in idem* a un rôle trop important dans le droit de l'UE dans le sens où il n'y a pas à l'heure actuelle dans l'UE de mécanisme efficace de prévention des conflits de juridiction, et ce malgré la décision-cadre 2009/948/JAI du 30 novembre 2009 relative à la prévention et au règlement des conflits en matière d'exercice de la compétence dans le cadre des procédures pénales et les compétences d'Eurojust. Or le principe *ne bis in idem* bien qu'essentiel n'est pas la solution à tous les maux. Il intervient en réalité « en aval », lorsqu'un conflit positif de juridiction n'a pu être prévenu et conduit à privilégier le premier État qui est intervenu. Il convient dès lors d'en accompagner les développements par la fixation de critères communs de compétence, qui interviendraient en amont et devraient permettre de prévenir les conflits mais aussi de favoriser et faciliter l'approfondissement du principe *ne bis in idem*[68]. À propos des conflits de compétence, relevons que des projets de recherche fort intéressants sont actuellement menés[69]. Espérons qu'ils puissent déboucher sur des propositions législatives concrètes.

Février 2017

---

[66] Voy. notamment le silence sur ce point du Programme de Stockholm (Le Programme de Stockholm — une Europe ouverte et sûre qui sert et protège les citoyens), *JO* 4 mai 2010, n° C 115, p. 1 et s. de même que des orientations stratégiques adoptées par le Conseil européen des 26 et 27 juin 2014, *JO* 24 juillet 2014, C 240, p. 13.

[67] Une telle initiative aurait notamment pu trouver sa place dans le cadre de la feuille de route visant à renforcer les droits procéduraux des suspects ou des personnes poursuivies dans le cadre des procédures pénales. Mais cela n'a pas été le cas (*JO* 4 décembre 2009, n° C 295, p. 1 et s.)

[68] Voy. sur ce point le livre vert de la Commission.

[69] Voy. en particulier le projet CJCL - *Prevention and Settlement of Conflicts of Exercise of Jurisdiction in Criminal Law* coordonné par Katalin LIGETI (Université du Luxembourg et ELI).

Table des matières

Membres Correspondants

Eylem AKSOY RETORNAZ
Professeur à l'Université de Galatasaray (Turquie)

Mehmet Emin ARTUK
Professeur à l'Université de Marmara (Turquie)
Doyen de la Faculté de droit

Christophe BARON
Avocat au Barreau du Costa Rica (Costa Rica)

Tarsis BARRETO OLIVEIRA
Professeur à l'Université de Tocantins (Brésil)

Marie-Aude BEERNAERT
Professeur à l'Université catholique de Louvain (Belgique)

Philippe BONFILS
Professeur à l'Université d'Aix-Marseille (France)
Doyen de la Faculté de droit
Avocat à la cour

Jacques BUISSON
Conseiller à la Cour de Cassation (France)

Mohamed CHAWKI
Vice-Président du Conseil d'Etat (Egypte)
Président de l'Association Internationale de lutte contre la Cybercriminalité

Rodrigo DE SOUZA COSTA
Professeur à l'Université Fédérale Fluminense (Brésil)

Julie DESROSIER
Professeure à l'Université de Laval (Canada)

Ndiaw DIOUF
Professeur à l'Université Cheikh Anta Diop de Dakar (Sénégal)
Doyen de la Faculté des sciences Juridiques et Politiques

Gustavo GARIBALDI
Professeur à l'Université de Buenos-Aires (Argentine)
Magistrat

Aleksandras GONČARKO
Professeur à l'Université Mykolas Romeris (Lituanie)
Avocat

Audrey GUINCHARD
Professeur à l'Université d'Essex (Royaume-Uni)

Joseph A. HADDAH
Avocat au barreau de Beyrouth (Liban)

Christian JAËGER
Professeur à l'Université de Bayreuth (Allemagne)

Mohamed JAOUHAR
Professeur à l'Université de Casablanca (Maroc)
Vice Doyen de la Faculté de Droit

Manon JENDLY
Maître d'enseignement et de recherche à l'Université de Lausanne (Suisse)

Ahmed KHALIFA
Professeur à l'Université Ain Shams du Caire (Egypte)

André KUHN
Professeur à l'université de Neuchâtel (Suisse)

Katalin LIGETI
Professeur à l'Université du Luxembourg (Luxembourg)

Carlos Alberto MAHIQUES
Président de chambre du Tribunal de Cassation pénal,

Buenos Aires (Argentine)
Professeur à l'Université de Buenos Aires

Valérie MALABAT
Professeur à l'Université de Bordeaux (France)

Mostefa MAOUENE
Professeur à l'Université Sidi bel abbès (Algérie)

Anabela MIRANDA RODRIGUES
Professeur à l'Université de Coimbra (Portugal)
Doyen de la faculté de droit

Yvan MONTOYA
Professeur à l'Université Pontificale Catholique du Pérou à Lima (Pérou)

Philomene NASR
Professeur à l'Université Libanaise (Liban)
Doyen honoraire de la Faculté de droit

Nicky PADFIELD
Professeur à l'Université de Cambridge (Royaume-Uni)

Théodore PAPATHEODOROU
Recteur de l'Université du Péloponnèse (Grèce)

Hugues PARENT
Professeur à l'Université de Montréal (Canada)

Priit PIKAMÃE
Président de la Chambre criminelle à la Cour Suprême d'Estonie (Estonie)

Xavier PIN
Professeur à l'Université de Lyon 3 (France)

Jean PRADEL
Professeur émérite de l'Université de Poitiers (France)
Président honoraire de l'Association Française de Droit Pénal

---

Pierre RAINVILLE
Professeur à l'Université de Laval (Canada)

Joan Miquel RASCAGNERES
Avocat au Barreau d'Andorre (Andorre)
Ancien Bâtonnier (Andorre)
Ancien Membre du CPT (Conseil de l'Europe)

Jean-Christophe SAINT-PAU
Professeur à l'Université de Bordeaux (France)
Doyen de la faculté de droit
Directeur de l'Institut de Sciences Criminelles et de la Justice

---

Mana SCHIMAPKA
Professeur à l'Université d'Osaka (Japon)

Altin SHEGANI
Professeur à l'Université de Tirana (Albanie)
Doyen de la Faculté de droit

Yuji SHIRATORI
Professeur à l'Université d'Okkaido (Japon)

Rosaria SICURELLA
Professeur à l'Université de Catania (Italie)

Piotr STENIAK
Professeur à l'Université de Poznan (Pologne)

Florin STRETEANU
Professeur à l'Université de Cluj-Napoca (Roumanie)
Doyen de la Faculté de Droit

Anas TALBI
Professeur à l'Université de Marrakech (Maroc)
Président du groupe Marocain de Droit Pénal

Tudorel TOADER
Professeur à l'Université de Lasi (Roumanie)
Doyen de la Faculté de droit

Membre de la Cour constitutionnelle

Hongyu WANG
Professeur à l'Université de Hainan (Chine)

Xiaowei ZHANG
Professeur à l'Université de Shangai (Chine)

Dans la même collection

LA GARDE À VUE
Regards croisés belges, français et européens
Sous la direction de François FOURMENT et Ann JACOBS
Collection du Comité international des pénalistes francophones
ISBN : 978-2-343-02912-2 • mai 2014 • 190 pages

LES ALTERNATIVES AU PROCÈS PÉNAL
Sous la direction d'Ann JACOBS
Collection du Comité international des pénalistes francophones
ISBN : 978-2-343-01373-2 • octobre 2013 • 290 pages

LA RESPONSABILITÉ PÉNALE DE LA PERSONNE MORALE
Enjeux et avenir
Sous la direction de Delphine BRACH-THIEL et Ann JACOBS (Sous la direction de)
Collection du Comité international des pénalistes francophones
ISBN : 978-2-343-05690-6 • mars 2015 • 222 pages

LES COMBATTANTS EUROPÉENS EN SYRIE
Sous la direction d'Ann JACOBS et Daniel FLORE
Collection du Comité international des pénalistes francophones
ISBN : 978-2-343-07389-7 • octobre 2015 • 250 pages

QUESTIONS JURIDIQUES

AUX ÉDITIONS L'HARMATTAN

Dernières parutions

LES OBJECTIFS DE LA RÉGULATION ÉCONOMIQUE ET FINANCIÈRE
Sous la direction de Gabriel Eckert et Jean-Philippe Kovar
Les buts de la régulation économique et financière impriment profondément le droit de la régulation mais semblent avoir considérablement évolué depuis une trentaine d'années. Ainsi l'objectif traditionnel de la construction de marchés concurrentiels, dans des secteurs anciennement sous monopole ou très fortement réglementés, est complété par de nouveaux objectifs extraconcurrentiels. La diversité des buts assignés aux régulateurs oblige les autorités de régulation à opérer une conciliation des objectifs au risque de dénaturer leur office.
(Coll. Logiques Juridiques, 28.50 euros, 276 p.)
ISBN : 978-2-343-11504-7, ISBN EBOOK : 978-2-14-003398-8

LA RESPONSABILITÉ CIVILE DES ENSEIGNANTS EN CAS D'ACCIDENT SCOLAIRE
Brusorio Aillaud Marjorie
Le régime de responsabilité civile des enseignants en cas d'accident scolaire fut envisagé dans le Code civil dès 1804 puis modifié en 1899 et 1937. La loi est actuellement inadaptée et critiquée à la fois par les victimes et les enseignants, mais les tentatives de la jurisprudence pour la réformer se révèlent insuffisantes. Il faut rechercher un autre fondement pour engager la responsabilité civile de l'enseignant ou un autre débiteur que ce dernier, afin que les victimes d'accidents scolaires obtiennent facilement réparation.
(Coll. Logiques Juridiques, 55.00 euros, 750 p.)
ISBN : 978-2-343-11346-3, ISBN EBOOK : 978-2-14-003367-4

SPORT ET DROIT EUROPÉEN
Miège Colin
Le droit européen a eu une influence déterminante sur le sport, à mesure que celui-ci devenait une activité économique à part entière. Lorsque le sport a été intégré dans les compétences de l'Union par le traité de Lisbonne en 2007, les organisations sportives avaient déjà subi de plein fouet l'impact du droit européen avec notamment l'arrêt Bosman de 1995. Voici un panorama complet

des règlements ou décisions de justice qui ont eu un impact sur le sport depuis les débuts de la construction européenne.
(Coll. Le Droit aujourd'hui, 34.00 euros, 328 p.)
ISBN : 978-2-343-11822-2, ISBN EBOOK : 978-2-14-003468-8

LES INNOVATIONS CRIMINOLOGIQUES
Sous la direction de Erwan Dieu
Ce livre s'attelle à circonscrire la théorie et la pratique des modèles d'évaluation et d'accompagnement des auteurs et victimes d'infractions via des présentations d'outils d'exercices et de programmes. Les populations visées sont variées : problèmes d'addiction, de violence, d'infraction sexuelle ou conjugale, etc. Au sein des différents chapitres, des présentations de méthodes concrètes explicitent les modèles qui aujourd'hui démontrent des effets pertinents.
(Coll. Logiques des pénalités contemporaines, 39 euros, 406 p.)
ISBN : 978-2-343-11337-1, ISBN EBOOK : 978-2-14-003517-3

70 ANS DE JUSTICE PÉNALE DES MINEURS
Entre spécialisation et despécialisation
Beddiar Nadia
L'année 2015 marque la célébration des 70 ans de l'ordonnance du 2 février 1945 relative à l'enfance délinquante. Par ce texte, la France a institué, après bien d'autres pays, une justice et un traitement pénal des mineurs véritablement spécifiques. Cet anniversaire offre l'occasion de revenir sur le passé, d'aborder le présent et de se projeter dans l'avenir de cette justice qui se veut singulière. Cet ouvrage permettra au lecteur d'apprécier la richesse des débats et les enjeux fondamentaux de ce sujet pour notre société.
(Coll. Colloques et rencontres, 20.50 euros, 196 p.)
ISBN : 978-2-343-11815-4, ISBN EBOOK : 978-2-14-003530-2

LA JURISPRUDENCE ET LA DOCTRINE
Barraud Boris
La jurisprudence est l'un des phénomènes juridiques les plus problématiques, comme source du droit réel mais non officielle. Ce livre retrace son parcours dans l'histoire de la pensée juridique, longtemps dominée par le légicentrisme. Il s'intéresse également à la difficile identification doctrinale des jugements, arrêts et décisions à portée jurisprudentielle. Il s'attache enfin à la jurisprudentialisation du droit, qui constitue l'une des données les plus remarquables du droit contemporain, ainsi qu'aux critiques que la doctrine adresse à un droit trop abandonné au « gouvernement des juges ».
(Coll. Le Droit aujourd'hui, 29.00 euros, 290 p.)
ISBN : 978-2-343-11552-8, ISBN EBOOK : 978-2-14-003187-8

MESURER LE PLURALISME JURIDIQUE
Une expérience
Barraud Boris
Cet ouvrage propose une approche et une analyse scientifiques et statistiques du pluralisme juridique. Défini en tant que coexistence de sources étatiques et non étatiques de règles de droit, le pluralisme juridique appelle à la fois une réponse

théorique et empirique. Ce livre procède à une enquête de terrain et pose les jalons de ce travail scientifique visant à évaluer l'effectivité du pluralisme juridique en n'ayant d'égards que pour les seuls faits normatifs.
(Coll. Le Droit aujourd'hui, 32.00 euros, 308 p.)
ISBN : 978-2-343-11264-0, ISBN EBOOK : 978-2-14-003156-4

L'EXPERTISE SOUS LE REGARD DE LA PSYCHANALYSE
« Faux-Pas » ou la question des mères
Villa-Portenseigne Arlette
C'est toujours un enrichissement personnel et professionnel pour un-e psychologue que d'être nommé-e par la justice pour éclaircir les zones d'ombre qui obscurcissent la vérité. De pratique hospitalière en expertises judiciaires, la psychanalyse a fait voyager l'auteure de cet ouvrage dans tout ce qu'il y a d'intime dans l'être humain. Au-delà des crimes dont la chronique se fait régulièrement l'écho, ce livre émerge d'une réflexion sur la pratique. Croisant les démarches des juges, des soignants et des travailleurs sociaux, il témoigne des ressources de la clinique face aux itinéraires complexes des individus confrontés à la loi.
(Coll. Psycho-Logiques, 17.50 euros, 164 p.)
ISBN : 978-2-343-11083-7, ISBN EBOOK : 978-2-14-003119-9

LE DROIT DU BIEN-ÊTRE ANIMAL DANS LE MONDE
Évolution et universalisation
Brels Sabine
En ce début de XXIe siècle, les consciences s'éveillent de plus en plus à la protection des animaux. La société reconnaît aujourd'hui la sensibilité de ces êtres vivants et le droit à la protection de leur bien-être contre les souffrances évitables qui leur sont infligées. Un tournant s'opère et modifie profondément notre rapport aux animaux dans la société comme dans le droit. Cet ouvrage fait état de la protection juridique du bien-être animal à l'échelle mondiale et de la possibilité d'établir une protection universelle à l'ONU.
(Coll. Le Droit aujourd'hui, 42.00 euros, 500 p.)
ISBN : 978-2-343-10666-3, ISBN EBOOK : 978-2-14-003201-1

ANNALES DE LA FACULTÉ DE DROIT ET SCIENCE POLITIQUE DE NICE
Année 2016
Strickler Yves
Comme les éditions précédentes, ces annales de l'année 2016 parcourent des domaines très variés passant par l'histoire (affaire Calas), l'actualité (laïcité, statut du Ministère public, relations amoureuses au travail, lanceur d'alertes etc.) sans négliger les questions de principe (la liberté académique).
(Coll. Droit privé et sciences criminelles, 36.00 euros, 354 p.)
ISBN : 978-2-343-11519-1, ISBN EBOOK : 978-2-14-003271-4

MÉLANGES EN L'HONNEUR DU DOYEN ROGER BERNARDINI
Parcours pénal
Les « mélanges » sont un recueil d'articles rédigés par ses amis en hommage à un maître. Le doyen Roger Bernardini a été un grand serviteur de l'Université

et fait partie de ces professeurs qui marquent les esprits. Ses amis ont choisi, pour intitulé de ses mélanges « Parcours pénal », champ qu'il n'a jamais cessé d'arpenter, d'explorer, d'approfondir et de rénover.
(Coll. Droit privé et sciences criminelles, 32.50 euros, 315 p.)
ISBN : 978-2-343-10962-6, ISBN EBOOK : 978-2-14-002983-7

OHADA
Traité de fiscalité des entreprises (Première édition)
Amboulou Hygin Didace
La politique fiscale est souvent reconnue comme le domaine par excellence où chaque État exerce sa souveraineté économique en fonction de ses réalités, ses objectifs et ses potentialités. Mais pour réussir l'intégration économique de l'espace OHADA, encourager les investissements, assainir l'environnement des affaires et atténuer la pression fiscale sur les entreprises, les États doivent harmoniser, unifier ou coordonner leurs politiques fiscales. C'est l'objet de ce traité.
(Coll. Études africaines, 29.00 euros, 278 p.)
ISBN : 978-2-343-10523-9, ISBN EBOOK : 978-2-14-003211-0

OHADA
Code des investissements et des activités économiques (première édition)
Amboulou Hygin Didace
Pour mieux accompagner les opérateurs économiques de toutes origines et promouvoir ainsi les investissements, les États membres de l'OHADA disposent chacun d'une législation et d'une réglementation qui régissent l'ensemble des activités économiques, celles des petites et moyennes entreprises et celles des petites et moyennes industries. En attendant l'harmonisation de ces différentes législations, les voici présentées pour chaque État concerné.
(Coll. Études africaines, 42.00 euros, 464 p.)
ISBN : 978-2-343-10520-8, ISBN EBOOK : 978-2-14-003208-0

OHADA
Traité de droit des transports de marchandises par route et des opérations de dédouanement (première édition)
Amboulou Hygin Didace
Pour mieux comprendre la place qu'occupe le droit des transports dans la politique d'intégration économique des États membres de l'OHADA, ce livre analyse en profondeur les dispositions de l'Acte uniforme du 22 mars 2003 et celles de la Convention de Genève dite «CMR» du 19 mai 1956 encore applicable, ces deux législations étant complémentaires et relatives au contrat de transport de marchandises par route. Grâce à une actualité juridique récente et sélectionnée, ce livre s'impose comme un outil de travail de référence, avec un apport remarquable sur la procédure de dédouanement.
(Coll. Études africaines, 31.00 euros, 306 p.)
ISBN : 978-2-343-10524-6, ISBN EBOOK : 978-2-14-003213-4

L'HARMATTAN ITALIA
Via Degli Artisti 15; 10124 Torino
harmattan.italia@gmail.com

L'HARMATTAN HONGRIE
Könyvesbolt ; Kossuth L. u. 14-16
1053 Budapest

L'HARMATTAN KINSHASA
185, avenue Nyangwe
Commune de Lingwala
Kinshasa, R.D. Congo
(00243) 998697603 ou (00243) 999229662

L'HARMATTAN CONGO
67, av. E. P. Lumumba
Bât. – Congo Pharmacie (Bib. Nat.)
BP2874 Brazzaville
harmattan.congo@yahoo.fr

L'HARMATTAN GUINÉE
Almamya Rue KA 028, en face
du restaurant Le Cèdre
OKB agency BP 3470 Conakry
(00224) 657 20 85 08 / 664 28 91 96
harmattanguinee@yahoo.fr

L'HARMATTAN MALI
Rue 73, Porte 536, Niamakoro,
Cité Unicef, Bamako
Tél. 00 (223) 20205724 / +(223) 76378082
poudiougopaul@yahoo.fr
pp.harmattan@gmail.com

L'HARMATTAN CAMEROUN
TSINGA/FECAFOOT
BP 11486 Yaoundé
699198028/675441949
harmattancam@yahoo.com

L'HARMATTAN CÔTE D'IVOIRE
Résidence Karl / cité des arts
Abidjan-Cocody 03 BP 1588 Abidjan 03
(00225) 05 77 87 31
etien_nda@yahoo.fr

L'HARMATTAN BURKINA
Penou Achille Some
Ouagadougou
(+226) 70 26 88 27

L'HARMATTAN SÉNÉGAL
10 VDN en face Mermoz, après le pont de Fann
BP 45034 Dakar Fann
33 825 98 58 / 33 860 9858
senharmattan@gmail.com / senlibraire@gmail.com
www.harmattansenegal.com

www.ingramcontent.com/pod-product-compliance
Lightning Source LLC
LaVergne TN
LVHW011022061026
849535LV00006B/2018